国家出版基金项目
上海高校服务国家重大战略出版工程

秦汉六朝字形谱

第六卷

臧克和　郭　瑞　主编

华东师范大学出版社

木部

【木】

《說文》：木，冒也。冒地而生。東方之行。从中，下象其根。凡木之屬皆从木。

漢銘·大宮鼎一

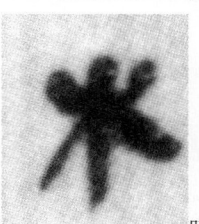
睡·秦律十八種 10

睡·法律答問 91

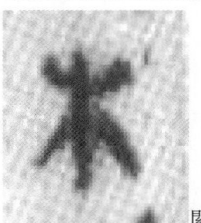
關·病方 363

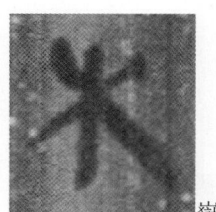
嶽·占夢書 6

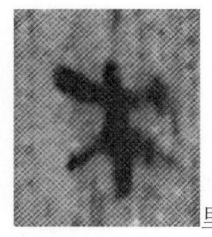
里·第六層 25

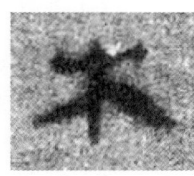
馬壹 9_62 上

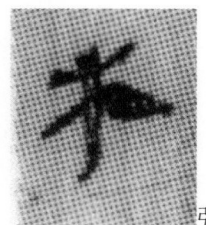
張·田律 249

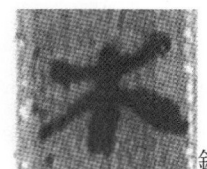
銀貳 1701

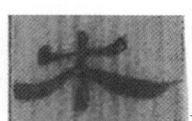
北貳·老子 108

敦煌簡 0253

金關 T08：064

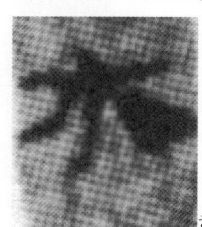
武·甲《少牢》3

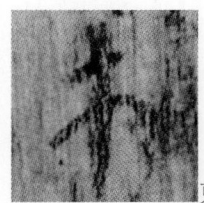
東牌樓 028 背

廿世紀璽印三-SY

○木仁之印

廿世紀璽印三-SP

○木

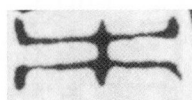
漢晉南北朝印風

○木亭

歷代印匋封泥

○司馬木臣

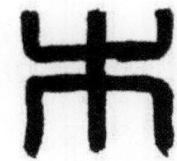
漢印文字徵

○木工司馬

柿葉齋兩漢印萃

○木工司馬

漢晉南北朝印風

○戎木之印

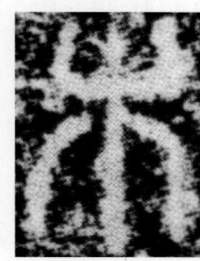
東漢·開母廟石闕銘

○木連理於芊條

北魏·元悅誌

北魏·長孫瑱誌

北魏·元汎略誌

北齊·維摩經碑

【橘】

《說文》：橘，果。出江南。从木矞聲。

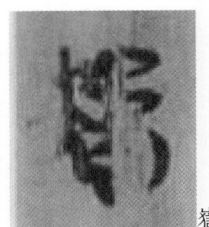
獄·暨過案 96

馬貳 297_24

馬貳 272_161/180

北壹·倉頡篇 16

○常衮土橘蘇夔

廿世紀璽印三-GP

○橘府

歷代印匋封泥

○橘官

廿世紀璽印三-GP

○嚴道橘丞

漢印文字徵

○橘監

漢印文字徵

○嚴道橘園

歷代印匋封泥

○橘監

北齊·高僧護誌

【橙】

《說文》：橙，橘屬。从木登聲。

【柚】

《說文》：柚，條也。似橙而酢。从木由聲。《夏書》曰："厥包橘柚。"

馬貳 233_137

○柚、脯梅笋四

2529

北齊·元洪敬誌

○書比部郎譙國桓柚製序

北齊·董淵造像

【櫨】

《説文》：櫨，果似棃而酢。从木盧聲。

北壹·倉頡篇 35

○啜啗棃櫨粉臇

【棃（梨）】

《説文》：棃，果名。从木称聲。称，古文利。

馬貳 272_155/174

馬貳 233_137

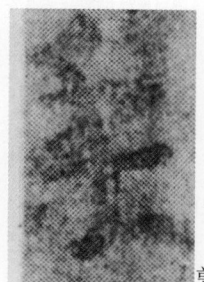敦煌簡 0129

敦煌簡 0111

吳簡嘉禾·四·三八〇

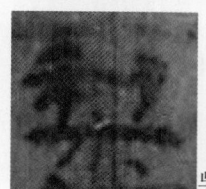吳簡嘉禾·四·三七四

漢印文字徵

○棃遂之印

漢印文字徵

○棃耐私印

漢印文字徵

○昌棃右尉

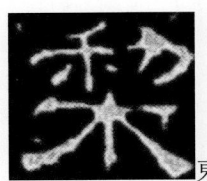
東漢・楊震碑

西晉・臨辟雍碑

北齊・雲榮誌

北齊・高僧護誌

【樿】

《說文》：樿，棗也，似柿。從木粤聲。

里・第八層 569

漢印文字徵

○高樿

【柿】

《說文》：柿，赤實果。從木市聲。

秦代印風

○柿華

北魏・元道隆誌

○乾綱中柿（沛）

【柟】

《說文》：柟，梅也。從木冄聲。

北壹・倉頡篇 42

○桂某柟早欔

【梅】

《說文》：楳，柟也。可食。從木每聲。

【楳】

《說文》：楳，或從某。

里・第八層 1664

東牌樓 006

吳簡嘉禾·五·二六四

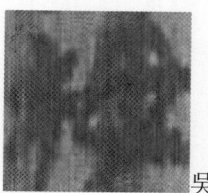
吳簡嘉禾·五·四四二

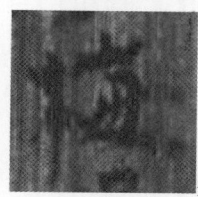
吳簡嘉禾·四·三九〇

廿世紀鉨印三-SY

〇梅墅

漢印文字徵

〇梅陶

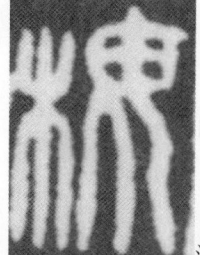
漢晉南北朝印風

〇梅野

北魏·元乂誌

東魏·司馬韶及妻侯氏誌

東魏·高盛碑

【杏】

《說文》：𣐈，果也。从木，可省聲。

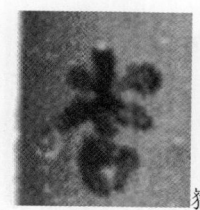
嶽·質日 357

馬貳 69_21/21

金關 T01:275

北壹·倉頡篇 63

〇桃李棗杏

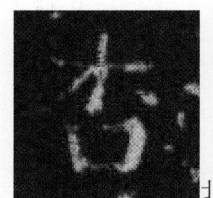北魏・元馗誌

【柰（奈）】

《說文》：柰，果也。从木示聲。

嶽・占夢書 14

行爲柰（祟）

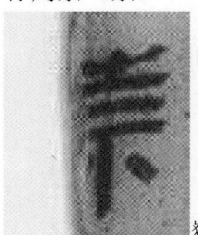嶽・魏盜案 160

柰可（何）

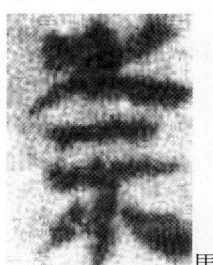馬壹 98_80

柰何以殺愳（懼）之也

馬壹 92_285

恃計柰何

銀壹 260

用之柰何

銀貳 1572

擊之柰何

北貳・老子 101

柰何其以殺懼（懼）之

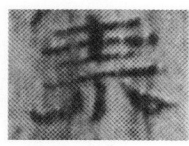敦煌簡 0774

柰老何

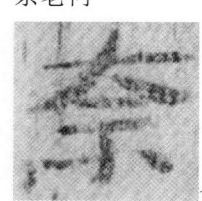金關 T21:213

柰何

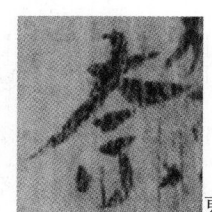東牌樓 055 背

柰其人不□

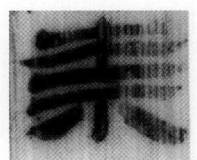

北壹・倉頡篇 39

○讀飾柰璽

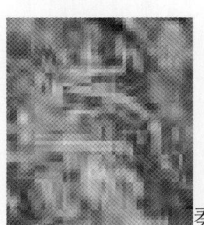

秦駰玉版

無柰（奈）之可（何）

東漢・鮮於璜碑陰

柰何悲夫

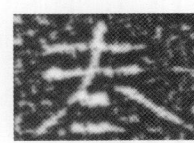

東漢・許安國墓祠題記

柰何

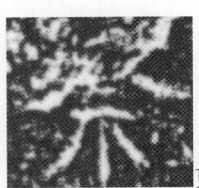

東漢・北海相景君碑陽

柰何朝廷

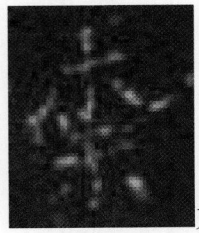

東魏・劉騰造像

柰城非匹

北周・王仕恭誌

【李】

《說文》：𣏏，果也。从木子聲。

【杍】

《說文》：𣓞，古文。

戰晚或秦代・梡陽鼎

漢銘・建武卅二年弩機

漢銘・李游鐖

漢銘・上林銅鑒三

漢銘・綏和鋗

第六卷

漢銘・巨李鍾

漢銘・祝阿侯鍾

漢銘・李氏鼎

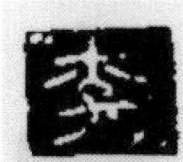
漢銘・上林銅鼎一

睡・日甲《門》145

嶽・占夢書 32

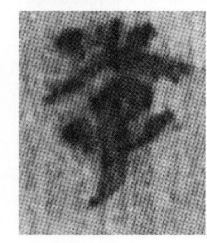
里・第八層 918

張・秩律 472

張・奏讞書 181

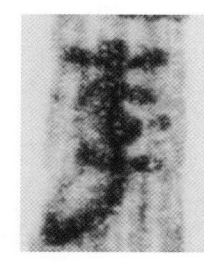
銀壹 891

敦煌簡 0563B

金關 T01:073

東牌樓 005

北壹・倉頡篇 63

○桂桃李棗杏

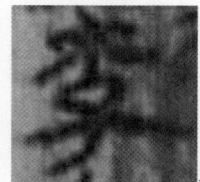
吳簡嘉禾・四・一八九

吳簡嘉禾・四・四五四

廿世紀璽印二-SY

○李獝

廿世紀璽印二-SY

○李朝

廿世紀璽印二-SY

○李須

秦代印風

○李清

秦代印風
○李次非

秦代印風
○李□

秦代印風
○李隱

秦代印風
○李年

秦代印風
○李唐

秦代印風
○李贊

秦代印風
○李昌

秦代印風
○李快印

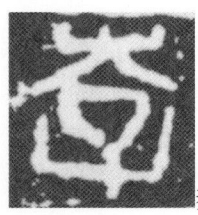秦代印風
○李疘

秦代印風
○李朝

秦代印風
○李甄

秦代印風
○李萃

秦代印風

○李疑

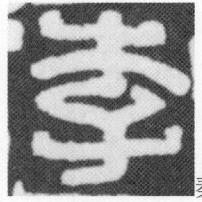
秦代印風

○李得

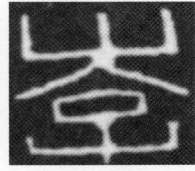
廿世紀璽印三-SY

○李唐

廿世紀璽印三-SY

○李樂弟

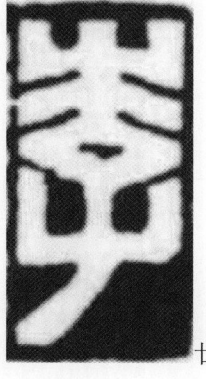
廿世紀璽印三-SY

○李少翁

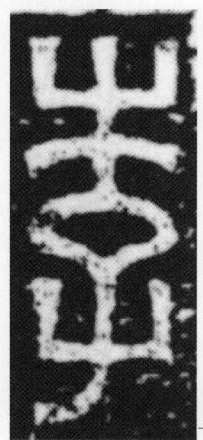
廿世紀璽印三-SY

○李嘉

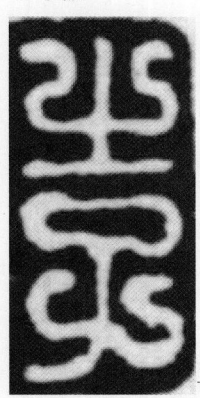
廿世紀璽印三-SY

○李得

廿世紀璽印三-SY

○李信

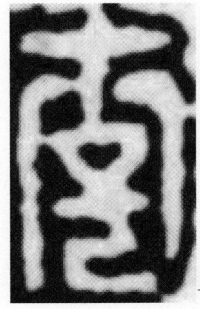

廿世紀鉨印三-SY

○李守

廿世紀鉨印三-SY

○李元始印

歷代印匋封泥

○李和里附城

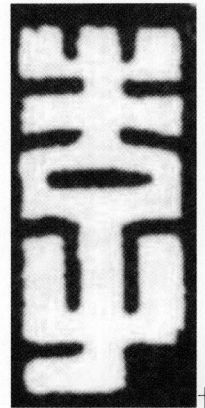

廿世紀鉨印三-SY

○李雎

○李福

廿世紀鉨印三-SY

○李福私印

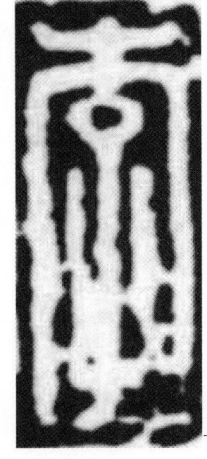

廿世紀鉨印三-SY

○李少卿

歷代印匋封泥

○李乃始印

漢印文字徵

○李霸

漢印文字徵

○李□

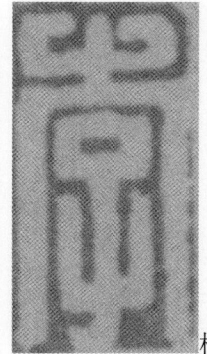

柿葉齋兩漢印萃

○李成

漢印文字徵

○李丁

柿葉齋兩漢印萃

○李付

漢印文字徵

○李倩私印

漢印文字徵

○李尊

柿葉齋兩漢印萃

○李廣之印

漢印文字徵

○李射

漢印文字徵

○李信

柿葉齋兩漢印萃

○李安世印

漢晉南北朝印風

○李壽王

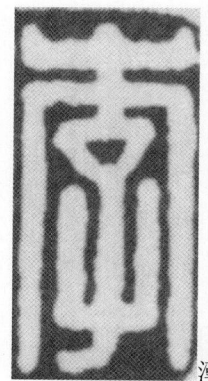
漢晉南北朝印風

○李彭

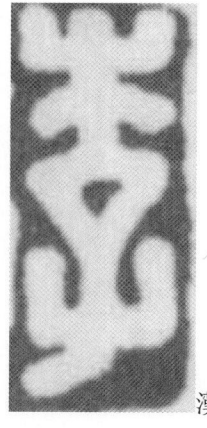
漢晉南北朝印風

○李廣

漢晉南北朝印風

○李柱

漢晉南北朝印風

○李神

漢晉南北朝印風
○李嘉

漢晉南北朝印風
○李臨

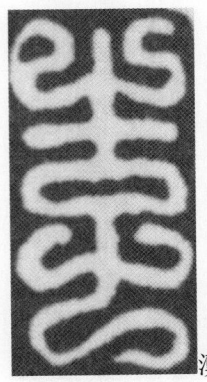
漢晉南北朝印風
○李遂

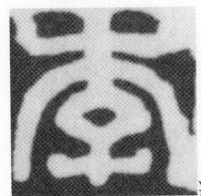
漢晉南北朝印風
○李由之印

漢晉南北朝印風
○李德

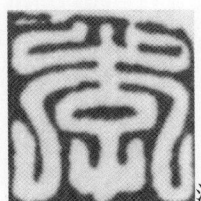
漢晉南北朝印風
○李君興印

漢晉南北朝印風
○李樂

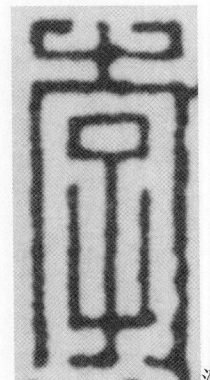
漢晉南北朝印風
○李喜

漢晉南北朝印風
○李舜

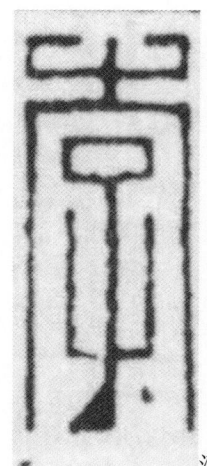
漢晉南北朝印風
○李廣印

漢晉南北朝印風
○李市之印

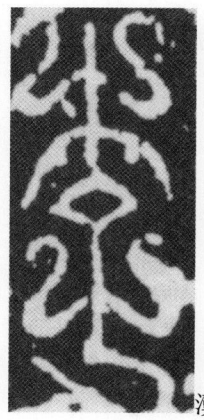
漢晉南北朝印風
○李堪

漢晉南北朝印風
○李豐私印

漢晉南北朝印風
○李忠私印

漢晉南北朝印風
○李自爲印

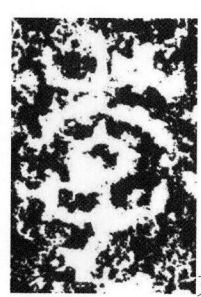
東漢·李昭碑

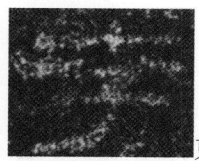
東漢·李孟初神祠碑

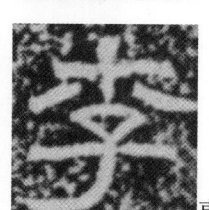
東漢·西狹頌

2543
第六卷

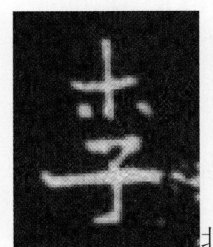
北魏·李媛華誌

東魏·李玄誌蓋
○魏故司空公李君之銘

東魏·元季聰誌蓋
○魏故司徒千乘李公

東魏·王蓋周造像

北齊·李雲誌蓋
○齊故豫州刺史李公銘

【桃】

《說文》：桃，果也。从木兆聲。

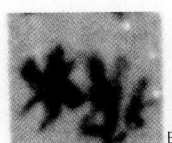
睡·日甲《詰》53

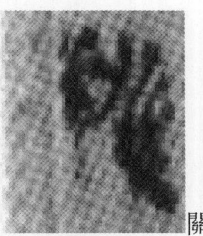
關·病方313

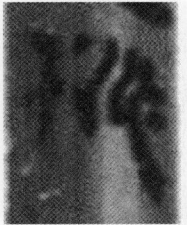
嶽·占夢書31

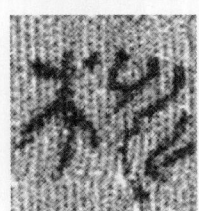
馬壹254_39上

馬壹4_7下

銀貳1811

金關T25:007A

武·甲《有司》16

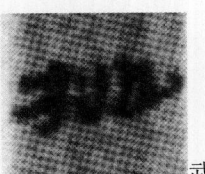
武·甲《泰射》4

北壹・倉頡篇 63
○鬱棣桃李棗

廿世紀璽印三-GP
○右礜桃支

秦代印風
○左礜桃支

漢晉南北朝印風
○左礜桃支

漢印文字徵
○桃少卿

漢印文字徵

○桃喜

漢印文字徵
○桃宮之印

漢印文字徵
○左礜桃支

漢印文字徵
○桃護

漢印文字徵
○桃鄉矦印

漢印文字徵
○桃光私印

漢晉南北朝印風

○桃弔

漢晉南北朝印風

○桃宮之印

東漢・曹全碑陽

北魏・馮迎男誌

○如何桃年

北魏・馮季華誌

北魏・劉氏誌

○桃夭有時

東魏・鄭氏誌

北齊・許儁卅人造像

【橄】

《說文》：橄，冬桃。從木孜聲。讀若髦。

【亲】

《說文》：亲，果，實如小栗。從木辛聲。《春秋傳》曰："女摯不過亲栗。"

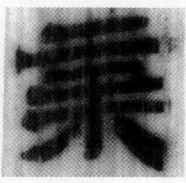

北壹・倉頡篇 25

○蓏茄蓮亲栗

漢印文字徵

○亲副私印

漢印文字徵

○亲僉印信

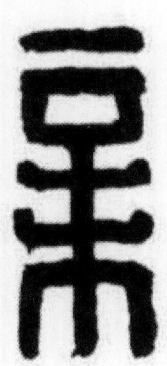

漢印文字徵

○亲青央

【楷】

《說文》：楷，木也。孔子冢蓋樹之者。從木皆聲。

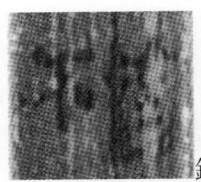
銀貳 1552

北貳·老子 80

柿葉齋兩漢印萃

○楊楷私印

東漢·司馬芳殘碑額

○故吏兵曹杜縣廉楷

東漢·王舍人碑

三國吳·天發神讖碑

北魏·元頊誌

東魏·元季聰誌

【梫】

《説文》：梫，桂也。从木，侵省聲。

東魏·趙紹誌

○胡馬梫聲

【桂】

《説文》：桂，江南木，百藥之長。从木圭聲。

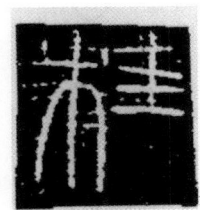
漢銘·桂宮行鐙

漢銘·桂宮鴈足鐙

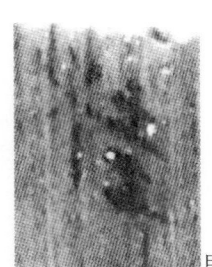
里·第八層 1221

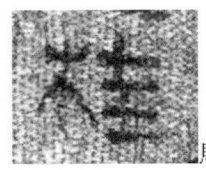
馬貳 71_67/67

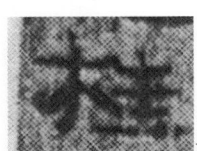
敦煌簡 1730

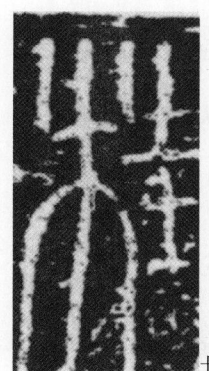
廿世紀璽印三-GY

○桂丞

漢印文字徵

○丞桂

漢印文字徵

○紀桂

北魏·元琰誌

北魏·元顯俊誌

北魏·劉氏誌

北魏·李伯欽誌

【棠】

《說文》：棠，牡曰棠，牝曰杜。从木尚聲。

秦文字編 871

敦煌簡 2130

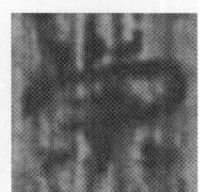
吳簡嘉禾·四·六三

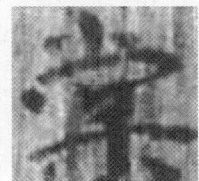
吳簡嘉禾·五·三〇四

漢印文字徵

○丁棠

漢晉南北朝印風

○朁棠里

東漢・張遷碑陽

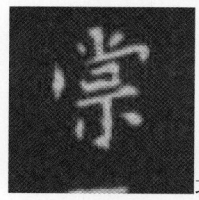
北魏・元融誌

北魏・元熙誌

北魏・元羽誌

【杜】

《說文》：杜，甘棠也。从木土聲。

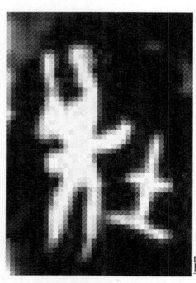
戰中・杜虎符

漢銘・杜鼎二

漢銘・杜陽虎符

漢銘・杜宣鼎

漢銘・杜鼎一

漢銘・杜鼎一

漢銘・鼇屋鼎蓋

漢銘・成山宮渠斗

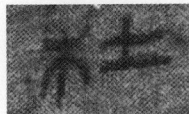
馬貳 111_48/48

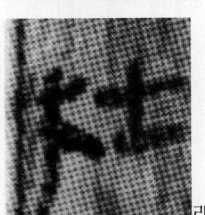
張・具律 113

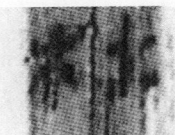
銀貳 1433

○杜子曰不能

敦煌簡 1569

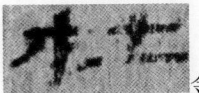
金關 T03:035

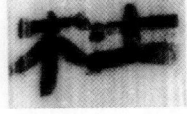
北壹・倉頡篇 63

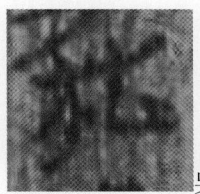
吳簡嘉禾・四・六四

○男子杜佃田二町

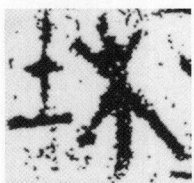
歷代印匋封泥

○□杜

廿世紀璽印二-SP

○杜徐

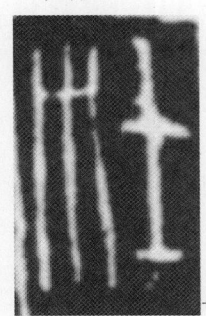
廿世紀璽印二-SY

○杜開

秦代印風

歷代印匋封泥

歷代印匋封泥

秦代印風

廿世紀璽印三-GP

○杜南苑丞

秦代印風

○杜誇

秦代印風

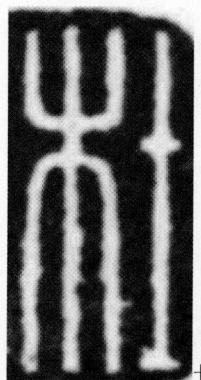
廿世紀璽印三-SY

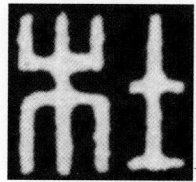
廿世紀璽印三-SY

漢印文字徵

○杜緩

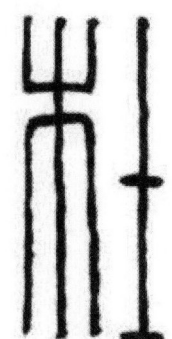
漢印文字徵

漢代官印選

漢印文字徵

○王印杜

漢印文字徵
○杜孟

漢晉南北朝印風
○杜臨私印

漢晉南北朝印風

漢晉南北朝印風

漢晉南北朝印風
○杜況私印

漢晉南北朝印風
○杜況私印

漢晉南北朝印風
○杜宏私印

漢晉南北朝印風
○杜子沙印
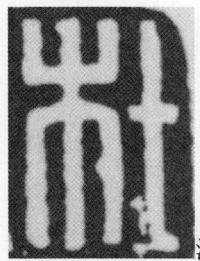
漢晉南北朝印風

東漢・倉頡廟碑側

東漢・李固殘碑

北朝・趙阿令造像
○邑子幽州總管參軍杜伯奇

北魏・杜法真誌

東魏・惠朗造像

【楷】

《說文》：槢，木也。从木習聲。

【檀】

《說文》：檀，木也。可以爲櫛。从木單聲。

銀貳 1121
〇名爲檀其骨獨居之

【樟】

《說文》：樟，木也。可屈爲杅者。从木韋聲。

【楢】

《說文》：楢，柔木也。工官以爲耎輪。从木酉聲。讀若糗。

秦文字編 874

北魏·元謐誌

【梛】

《說文》：梛，杈梮木也。从木邛聲。

【棆】

《說文》：棆，毋杶也。从木侖聲。讀若《易》卦屯。

【楈】

《說文》：楈，木也。从木胥聲。讀若芟刈之芟。

【柍】

《說文》：柍，梅也。从木央聲。一曰江南橦材，其實謂之柍。

秦文字編 874

【楑】

《說文》：楑，木也。从木癸聲。又，度也。

馬壹 36_48 上

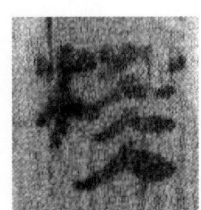
馬貳 206_34

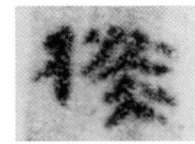
銀壹 416

【梏】

《說文》：梏，木也。从木告聲。讀若皓。

石鼓·作原
○櫻楷□鳴

【椆】

《說文》：椆，木也。从木周聲。讀若丩。

關·病方377

吳簡嘉禾·五·五五一

【樕】

《說文》：樕，樸樕，木。从木欶聲。

【檉】

《說文》：檉，木也。从木彝聲。

【梣】

《說文》：梣，青皮木。从木岑聲。

【檷】

《說文》：檷，或从宀省。宀，籀文寢。

北貳·老子68

【棳】

《說文》：棳，木也。从木叕聲。益州有棳縣。

【虢】

《說文》：虢，木也。从木，號省聲。

【棪】

《說文》：棪，遬其也。从木炎聲。讀若三年導服之導。

漢印文字徵
○棪何印

【檀】

《說文》：檀，木也。从木遣聲。

【椋】

《說文》：椋，卽來也。从木京聲。

漢印文字徵

○椋五印

漢印文字徵

○椋始昌

漢印文字徵

○椋安國

【檍】

《說文》：檍，杶也。从木意聲。

【櫕】

《說文》：櫕，木也。从木贊聲。

【樗】

《說文》：樗，木也。从木虖聲。

北壹・倉頡篇 37

○條簪欒樗

秦文字編 874

【楀】

《說文》：楀，木也。从木禹聲。

【藀】

《說文》：藀，木也。从木靁聲。

【䨻】

《說文》：䨻，籀文。

【棲】

《說文》：棲，赤棟也。从木夷聲。《詩》曰："隰有杞棲。"

【栟】

《說文》：栟，栟櫚也。从木并聲。

【椶】

《說文》：椶，栟櫚也。可作萆。从木㚇聲。

秦文字編 874

【櫃】

《說文》：櫃，楸也。从木賈聲。《春秋傳》曰："樹六櫃於蒲圃。"

北魏·元純陀誌

北魏·元誘誌

【椅】

《說文》：椅，梓也。从木奇聲。

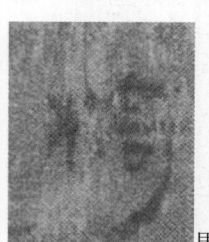

馬貳 113_82/82

〇椅桐汁

銀貳 1935

〇五穀椅橋

北壹·倉頡篇 43

〇購薁椅姘

【梓】

《說文》：榟，楸也。从木，宰省聲。

【梓】

《說文》：梓，或不省。

里·第八層 1445

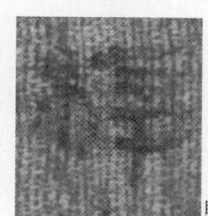

馬貳 84_315/305

〇炙梓葉溫之

北壹·倉頡篇 63

〇械桐梓杜

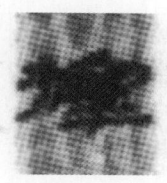

武·甲《泰射》42

〇士與梓（梓）人

廿世紀璽印三-GP

〇梓潼之印

漢印文字徵
○梓潼令印

歷代印匋封泥
○梓潼之印

東漢・景君碑

東漢・景君碑

東漢・史晨後碑

北魏・高貞碑
○杞梓備陳

北齊・宋靈媛誌

【楸】

《説文》：楸，梓也。从木秋聲。

北魏・元項誌

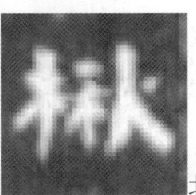
北周・叱羅協誌

【楷】

《説文》：楷，梓屬。大者可爲棺椁，小者可爲弓材。从木啻聲。

【柀】

《説文》：柀，榝也。从木皮聲。一曰折也。

睡・秦律十八種 162
○佐史柀免

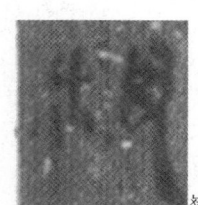
嶽・占夢書 10
○夢身柀枯妻若女必

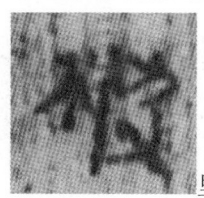
里・第八層 197
○居吏柀繇（徭）

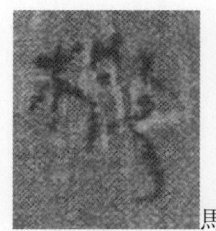
馬貳 112_60/60

○侮即柀（破）缺

銀壹 242

○擊柀（破）

【櫼】

《說文》：櫼，木也。从木䛐聲。

【榛】

《說文》：榛，木也。从木秦聲。一曰菆也。

東魏・王令媛誌

○榛楛濟濟

【朹】

《說文》：朹，山樆也。从木尻聲。

【杶】

《說文》：杶，木也。从木屯聲。《夏書》曰："杶榦栝柏。"

【櫄】

《說文》：櫄，或从熏。

【枬】

《說文》：枬，古文杶。

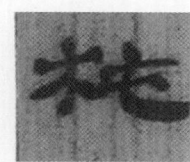
北貳・老子 160

○杶（敦）虖（乎）其如樸

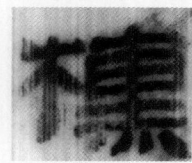
北壹・倉頡篇 42

○妖羔櫄杪

北魏・元昭誌

○挺質杻陽之臺

【樻】

《說文》：樻，杶也。从木筍聲。

【桵】

《說文》：桵，白桵，棫。从木妥聲。

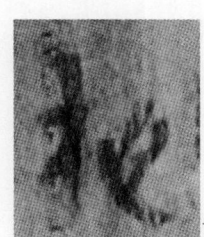
東牌樓 034 背

○日日桵久

【棫】

《說文》：棫，白桵也。从木或聲。

漢銘・雎棫陽鼎

馬壹 211_15

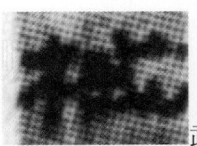

武・甲《特牲》2

北壹・倉頡篇 63

○松柏播棫桐梓

漢印文字徵

○李棫

石鼓・作原

【檍】

《說文》：檍，木也。从木息聲。

【椐】

《說文》：椐，樻也。从木居聲。

馬壹 226_62

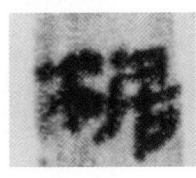

銀壹 346

武・甲《少牢》17

【樻】

《說文》：樻，椐也。从木貴聲。

【栩】

《說文》：栩，柔也。从木羽聲。其皁，一曰樣。

秦代印風

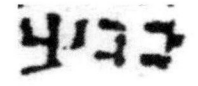

○栩公

廿世紀璽印三-GP

○殳栩丞印

漢印文字徵

○楊栩私印

漢印文字徵

○栩左

漢晉南北朝印風

○楊栩私印

【柔】

《說文》：柔，栩也。从木予聲。讀若杼。

【樣】

《說文》：樣，栩實。从木羕聲。

【杙】

《說文》：杙，劉，劉杙。从木弋聲。

秦文字編 875

秦文字編 875

【枇】

《說文》：枇，枇杷，木也。从木比聲。

馬貳 299_44

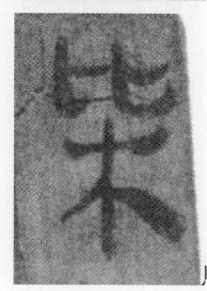

馬貳 272_162/181

○柴（枇）一笥

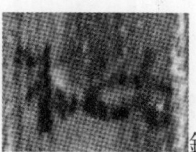

銀貳 1548

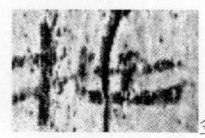

金關 T07:214

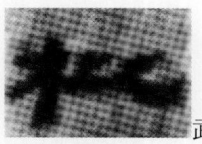

武·甲《特牲》14

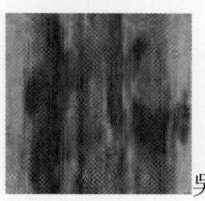

吳簡嘉禾·五·一〇二八

○男子周枇

【桔】

《說文》：桔，桔梗，藥名。从木吉聲。一曰直木。

2560

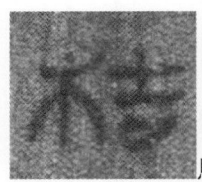

馬貳 117_149/149

敦煌簡 2000

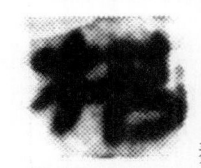

秦文字編 875

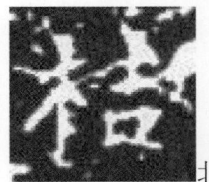

北齊・刁翔誌

〇桔梗

【柞】

《説文》：柞，木也。从木乍聲。

漢銘・五柞宮鼎蓋

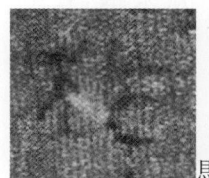

馬貳 87_380/370

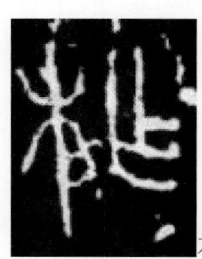

石鼓・作原

〇柞棫其□

【枰】

《説文》：枰，木。出橐山。从木乎聲。

【榗】

《説文》：榗，木也。从木晉聲。《書》曰竹箭如榗。

【㯉】

《説文》：㯉，羅也。从木豙聲。《詩》曰："隰有樹㯉。"

【椵】

《説文》：椵，木。可作牀几。从木叚聲。讀若賈。

【橞】

《説文》：橞，木也。从木惠聲。

【楛】

《説文》：楛，木也。从木苦聲。《詩》曰："榛楛濟濟。"

馬壹 12_68 下

居・EPT51.212A

居·EPT51.212B

西晉·臨辟雍碑

○楷矢石砮

【檤】

《說文》：楷，木也。可以爲大車軸。从木齊聲。

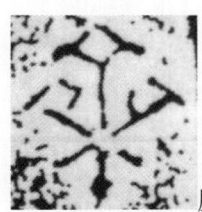

歷代印匋封泥

○昌檤陳固南左里敀亭區

【枦】

《說文》：枦，木也。从木乃聲。讀若仍。

【櫙】

《說文》：櫙，木也。从木顖聲。

【樲】

《說文》：樲，酸棗也。从木貳聲。

【樸】

《說文》：樸，棗也。从木僕聲。

居·EPT50.7A

○鴻嘉四年九月戊子故士吏樸

【橪】

《說文》：橪，酸小棗。从木然聲。一曰染也。

【柅】

《說文》：柅，木也。實如棃。从木尼聲。

【梢】

《說文》：梢，木也。从木肖聲。

【槸】

《說文》：槸，木也。从木隸聲。

【柠】

《說文》：柠，木也。从木㝆聲。

【梭】

《說文》：梭，木也。从木夋聲。

【檉】

《說文》：檉，木也。从木畢聲。

【梸】

《說文》：梸，木也。从木刺聲。

【枸】

《說文》：枸，木也。可爲醬。出蜀。从木句聲。

2562

里·第八層 455

馬貳 219_41/52

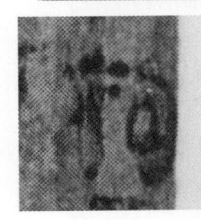

敦煌簡 0846A

【㯕】

《說文》：㯕，木。出發鳩山。从木庶聲。

【枋】

《說文》：枋，木。可作車。从木方聲。

睡·日甲《詰》66

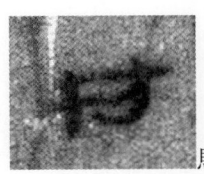

馬壹 127_53 下

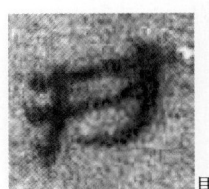

馬壹 127_52 下

馬貳 280_249/240

銀貳 1532

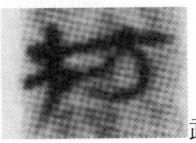

武·甲《少牢》8

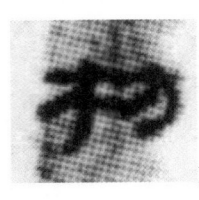

武·甲《有司》5

漢印文字徵

○郝枋私印

北魏·元固誌

○蕭蕭宗枋(枋)

【櫃】

《說文》：櫃，枋也。从木畕聲。一曰鉏柄名。

里·第八層 1221

【樗】

《說文》：樗，木也。以其皮裹松脂。从木雩聲。讀若華。

【㯃】

《說文》：㯃，或从蒦。

【檗】

《說文》：檗，黃木也。从木辟聲。

漢印文字徵

○檗慶印

【棻】

《說文》：棻，香木也。从木芬聲。

【櫠】

《說文》：櫠，似茱萸。出淮南。从木殺聲。

【櫨】

《說文》：櫨，木。可作大車輮。从木戚聲。

【楊】

《說文》：楊，木也。从木昜聲。

戰晚·十年寺工戈

漢銘·上林銅鑒七

漢銘·建初元年鐎

漢銘·上林銅鑒五

漢銘·留里楊黑酒器

漢銘·楊氏區

漢銘・長楊五年鼎

漢銘・楊鼎

漢銘・長楊鼎二

獄・為吏 79

馬貳 32_14 上

張・算數書 105

敦煌簡 0254

○楊鴻

金關 T24:416A

○候史楊卿蒲繩解兌

金關 T32:002

○棘陽楊里大夫鄭黜

北壹・倉頡篇 63

○桐梓杜楊鬱□

廿世紀璽印二-SY

○楊歲

廿世紀璽印二-SY

○楊猗

歷代印匋封泥

○楊工犢

秦代印風

秦代印風

秦代印風

秦代印風

秦代印風

○楊悍

秦代印風

秦代印風

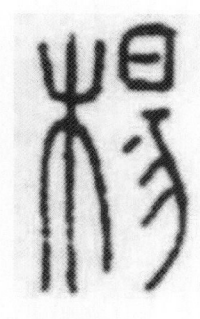

廿世紀璽印三-SY

○楊羞

秦代印風

廿世紀璽印三-SY

廿世紀璽印三-SY

廿世紀璽印三-SY

廿世紀璽印三-SY

廿世紀璽印三-SY

廿世紀璽印三-SY

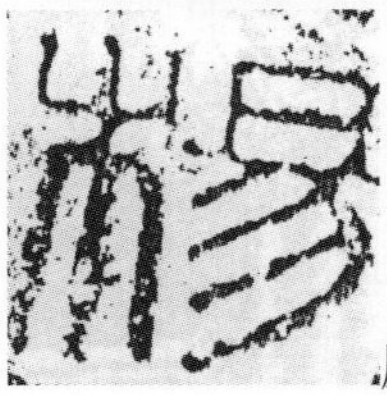

歷代印匋封泥
○楊

柿葉齋兩漢印萃
○楊卿印信

漢晉南北朝印風
○楊胥私印

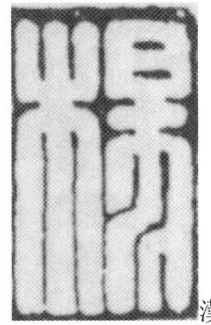

漢晉南北朝印風
○楊子功

漢晉南北朝印風
○楊解中

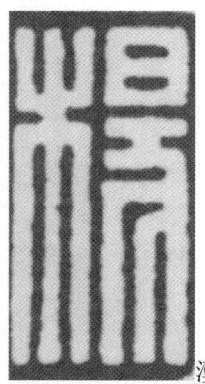

漢晉南北朝印風

漢晉南北朝印風
○楊辟

漢晉南北朝印風

漢晉南北朝印風

漢晉南北朝印風

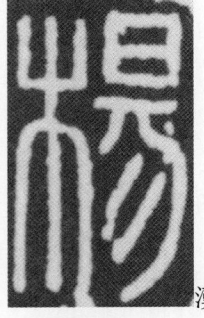

漢晉南北朝印風

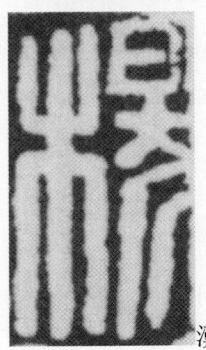

漢晉南北朝印風

漢晉南北朝印風

漢晉南北朝印風

漢晉南北朝印風

漢晉南北朝印風

○楊玉

漢晉南北朝印風

○楊循私印

漢晉南北朝印風

漢晉南北朝印風

石鼓·汧殹

瑯琊刻石

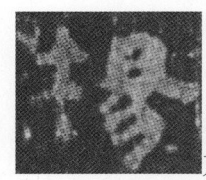

東漢·楊統碑陽

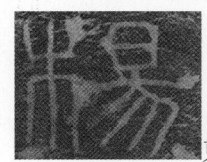

東漢·楊子輿崖墓題記

〇楊子輿

東漢·曹全碑陽

北魏·尹愛姜等造像

〇楊醜姜

北魏·寇臻誌

〇天水楊望所生

北魏·元伯楊誌

〇二宮貽楊(惕)

北魏·陳天寶造像

〇楊(揚)莨住之續像

北魏·長孫盛誌

〇楊(揚)州

北魏·韓震誌

〇身沒名楊(揚)

北齊·元賢誌

〇楊(揚)州刺史

【檉】

《說文》：檉，河柳也。从木聖聲。

【柳（栁）】

《說文》：柳，小楊也。从木丣聲。丣，古文酉。

漢銘・中山內府銅盆一

漢銘・中山內府鈁二

漢銘・中山內府鈁一

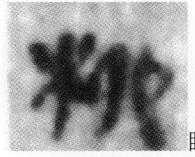

睡・秦律十八種 131

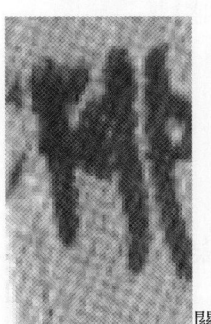

關・日書 154

獄・癸瑣案 18

馬壹 181_103 上

張・奏讞書 177

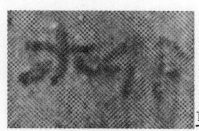

敦煌簡 0562A

金關 T10:152

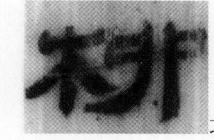

北壹・倉頡篇 34

〇柳櫟檀柘

歷代印匋封泥

〇咸亭當柳恚器

秦代印風

〇柳

廿世紀璽印三-SY

〇王成柳

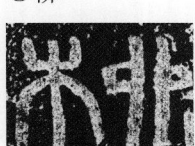

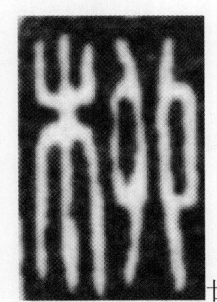

廿世紀璽印三-SY

〇宋柳

漢晉南北朝印風

○高柳寒尉

漢印文字徵

○柳廣

漢印文字徵

○魯柳

漢印文字徵

○高柳塞尉

漢晉南北朝印風

○張柳私印

石鼓·汧殿

北魏·伏君妻昝雙仁誌

北魏·楊濟誌

北魏·元譚妻司馬氏誌

北周·豆盧恩碑

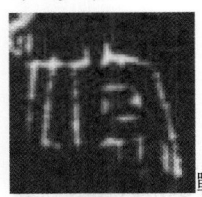

【樗（枂）】

《説文》：樗，大木。可爲鉬柄。从木䓈聲。

戰晚·枂矛

秦文字編 878

北壹·倉頡篇 37

○枂（樗）梗杉棘

廿世紀璽印二-SP

○枸邑利瓦

漢印文字徵

漢代官印選

【欒】

《說文》：欒，木。似欄。从木䜌聲。
《禮》：天子樹松，諸侯柏，大夫欒，士楊。

秦文字編 878

北壹・倉頡篇 37

○棘條箠欒棷百

漢印文字徵

○欒崇

漢印文字徵

○欒印

漢印文字徵

○欒信私印

漢印文字徵

○欒相

漢印文字徵

○欒長卿

柿葉齋兩漢印萃

○欒遷

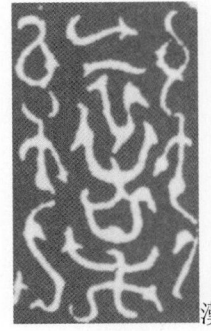

漢晉南北朝印風

○欒犀

東漢・曹全碑陽

北魏・爾朱紹誌

【桗】

《說文》：桗，棠棣也。从木多聲。

馬貳 237_184

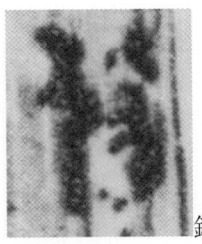

銀壹 839

北壹・倉頡篇 37

○梗桗棘條

【棣】

《說文》：棣，白棣也。从木隶聲。

漢印文字徵

○棣交

漢印文字徵

○棣

柿葉齋兩漢印萃

○董棣私印

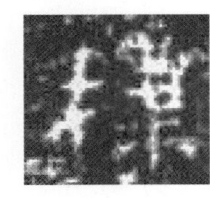

東漢・魯峻碑陽

2573

○定陶棣真子然五百

北魏・王普賢誌

○常棣之華

北魏・元緒誌

○常棣之風

【枳】

《說文》：枳，木。似橘。从木只聲。

睡・日甲《反枳》153

睡・日甲《玄戈》49

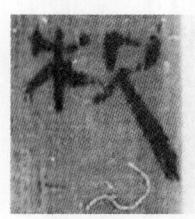

里・第八層855

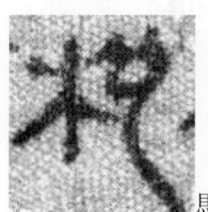

馬壹242_7 上\15 上

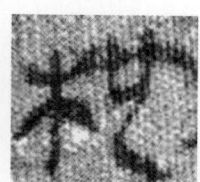

馬壹242_3 上\11 上

張・賊律27

漢印文字徵

○枳左尉印

東晉・楊陽神道闕

○都尉枳楊府君之

東魏・元悰誌

【楓】

《說文》：楓，木也。厚葉弱枝，善搖。一名欇。从木風聲。

【權】

《說文》：權，黃華木。从木藋聲。一曰反常。

漢銘·新鈞權

漢銘·新鈞權

漢銘·大司農權

睡·封診式 65

○上終權（橡）再

睡·為吏 27

獄·為吏 84

馬壹 113_44\395

張·引書 45

銀壹 869

敦煌簡 0171

漢印文字徵

○權償信印

東漢·張遷碑陽

○聰麗權略

東漢·譙敏碑

西晉·石尠誌

○權駐鄉里

北魏·元子正誌

北魏·元誘誌

北魏·于纂誌

○執權州部

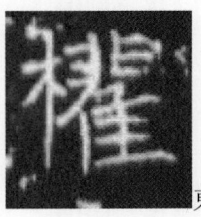

東魏·劉幼妃誌

○權窆於鄴西

東魏·劉懿誌

【柜】

《說文》：柜，木也。从木巨聲。

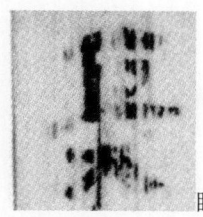

睡·為吏19

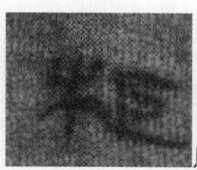

馬貳134_4/55+59

漢晉南北朝印風
○櫃長之印

漢印文字徵
○柜長之印

東漢·成陽靈臺碑

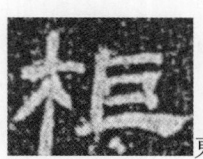

東漢·尚博殘碑

【槐】

《說文》：槐，木也。从木鬼聲。

戰晚或秦代·梡陽鼎

漢銘·鏊厔鼎蓋
漢銘·鄜廚金鼎 
漢銘·槐里壺 
里·第八層 217 
馬貳 117_144/144 
張·秩律 443 
金關 T10:176 

漢晉南北朝印風
○琅槐丞印
廿世紀璽印三-GP 
○槐里丞印
漢印文字徵 
○琅槐丞印
漢代官印選 
○槐里令印
歷代印匋封泥 
○槐里丞印
漢印文字徵 
○槐里丞印
漢印文字徵 
○金國辛千夷槐佰右小長

漢印文字徵

○琅槐丞印

東漢・北海相景君碑陰

○字槐寶

東漢・韓仁銘

東漢・曹全碑陽

東漢・曹全碑陽

西晉・郭槐柩記

北魏・元瞻誌

【榖】

《説文》：榖，楮也。从木殻聲。

【楮】

《説文》：㯱，榖也。从木者聲。

【柠】

《説文》：㭔，楮或从宁。

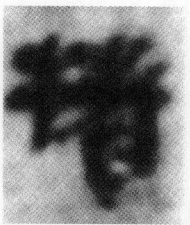

睡・日甲《行》130

馬壹 101_152

○去楮（奢）以道

馬貳 279_242/13

○各一楮（堵）

三國魏・上尊號碑

○臣楮

北齊・褚道澄造像

○□□榖楮細

【檵】

《説文》：檵，枸杞也。从木，繼省聲。一曰監木也。

2578

【杞】

《說文》：杞，枸杞也。从木己聲。

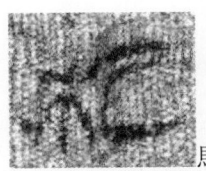

馬貳 71_73/73

敦煌簡 1673

○立繳枲杞

金關 T22:016

○份杞里馮

秦代印風

○韓杞

漢印文字徵

○王杞

漢印文字徵

○杞丘偏

東漢·伯興妻殘碑

東漢·開母廟石闕銘

北魏·馮邕妻元氏誌

東魏·元仲英誌

○連陰杞梓

【枒】

《說文》：枒，木也。从木牙聲。一曰車輞會也。

【檀】

《說文》：檀，木也。从木亶聲。

里·第八層 581

○用檀木

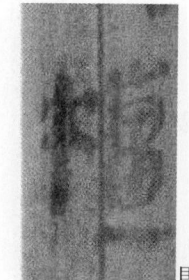

馬貳 210_86

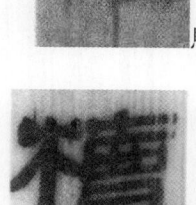

北壹・倉頡篇 34

○柳櫟檀柘

秦代印風

○檀佗

漢印文字徵

○檀壽

漢印文字徵

○檀壽

柿葉齋兩漢印萃

○壇壽

東漢・三公山碑

北朝・十六佛名號

○第十一多摩跋旃檀香神通佛

北魏・淨悟浮圖記

東魏・志朗造像

○諸檀越王

北齊・姜纂造像

○雕檀刻削

北周·祁令和造像

○故檀泉寺

【櫟】

《說文》：櫟，木也。从木樂聲。

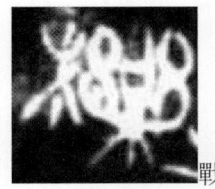

戰中·四年相邦樛斿戈

秦代·元年丞相斯戈

漢銘·櫟鼎

漢銘·高平宮金鼎

漢銘·高平宮金鼎

睡·效律 38

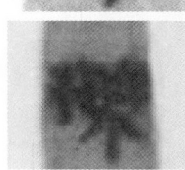

獄·□盜殺安、宜等案 156

張·置吏律 218

敦煌簡 0679

北壹·倉頡篇 34

○柳櫟檀柘

廿世紀璽印三-GP

○櫟陽丞印

歷代印匋封泥

○櫟市

秦代印風

○櫟陽鄉印

歷代印匋封泥

○櫟陽右工室丞

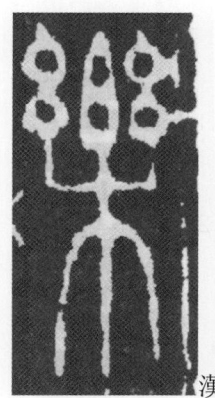

漢代官印選
○櫟陽令

漢印文字徵
○櫟印便上

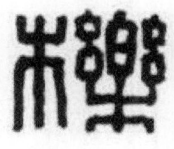

漢印文字徵
○櫟陽並印

漢印文字徵
○櫟陽護印

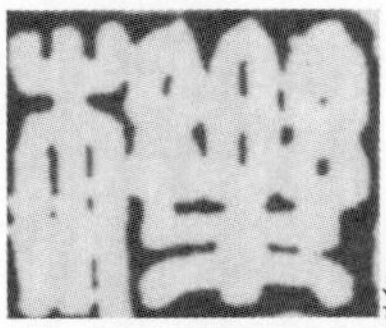

漢晉南北朝印風
○櫟陽延年

北魏·元楨誌

【梂】

《說文》：梂，櫟實。一曰鑿首。从木求聲。

【棘】

《說文》：棘，木也。从木朿聲。

【檿】

《說文》：檿，山桑也。从木厭聲。《詩》曰："其檿其柘。"

【柘】

《說文》：柘，桑也。从木石聲。

里·第八層143

馬貳218_31/42

金關T01:164

北壹·倉頡篇34

○柳櫟檀柘柱橈

北魏·楊氏誌
○典斯宗柘（祐）

2582

北魏・楊氏誌

○七柘(祐)孝敬

東魏・趙紹誌

○南陽柘人也

北齊・崔昂誌

○遂持檀柘

【楰】

《說文》：楰，木，可爲杖。从木叟聲。

【櫰】

《說文》：櫰，槐味，稌棗。从木褱聲。

【梧】

《說文》：梧，梧桐木。从木吾聲。一名櫬。

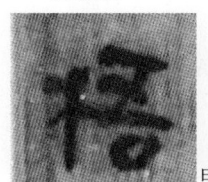

里・第八層 376

馬壹 91_272

張・奏讞書 131

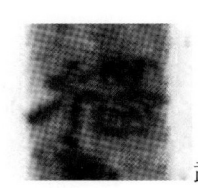

武・甲《泰射》54

北壹・倉頡篇 44

○梧域邸造

廿世紀璽印三-GP

○蒼梧

漢晉南北朝印風

○蒼梧侯丞

漢印文字徵
○程番梧

漢印文字徵
○梧成右尉

歷代印匋封泥
○梧邑丞印

東晉・張鎮誌
○威將軍蒼梧吳二

北齊・劉雙仁誌
○楸梧春綠

北齊・閭炫誌

【榮】

《說文》：榮，桐木也。从木，熒省聲。一曰屋梠之兩頭起者爲榮。

漢銘・弘農宮銅方鑪

秦文字編 879

秦文字編 879

馬壹 139_11 下 153 下

北貳・老子 190

敦煌簡 0639A

金關 T10:105

武・甲《特牲》47

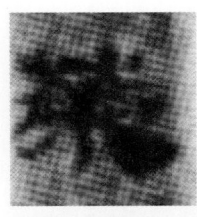

武·甲《少牢》8

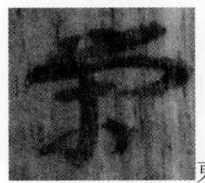

東牌樓048背

○虛竊榮祿

北壹·倉頡篇64

廿世紀璽印三-SY

漢印文字徵

漢印文字徵

○榮賢私印

柿葉齋兩漢印萃

柿葉齋兩漢印萃

歷代印匋封泥

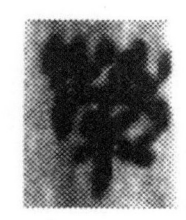

○榮系

秦文字編879

東漢·成陽靈臺碑

北魏·緱靜誌

北齊·元賢誌

北齊·崔頠誌

北齊·劉悅誌

北齊·徐顯秀誌

北周·高妙儀誌

【桐】

《說文》：桐，榮也。从木同聲。

馬壹 133_23 下\100 下

馬貳 33_17 下

金關 T27:048

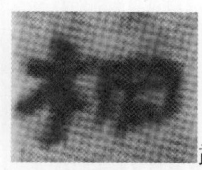

武·儀禮甲《服傳》2

東牌樓 100 正

北壹·倉頡篇 63

吳簡嘉禾·四·三一三

漢印文字徵

秦文字編 880

東漢·史晨後碑

東漢·桐柏淮源廟碑

東漢·桐柏淮源廟碑

北魏·張玄誌

北齊·閆炫誌

【橎】

《說文》：橎，木也。从木番聲。讀若樊。

北壹·倉頡篇 63

○箱松柏橎棫桐

吳簡嘉禾·五·五六九

○男子蔡橎

漢印文字徵

○橎樂

秦文字編 880

【榆】

《說文》：榆，榆，白枌。从木俞聲。

馬壹 90_238

北貳·老子 14

敦煌簡 2179B

金關 T01:005

北壹·倉頡篇 63

漢晉南北朝印風

○榆畜府

漢印文字徵

漢印文字徵

漢晉南北朝印風

廿世紀璽印四-GY

秦文字編 880

東漢・田文成畫像石題記

東漢・郭稚文畫像石墓題記

○圉陽西鄉榆里郭稚文萬年室宅

北魏・元顥誌

北魏・元液誌

○榆關震疊

東魏・趙紹誌

【枌】

《説文》：枌，榆也。从木分聲。

北齊・天柱山銘

【梗】

《説文》：梗，山枌榆。有束，莢可爲蕪夷者。从木更聲。

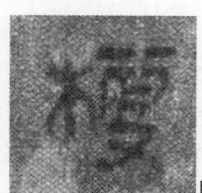

睡・日甲《盜者》71

馬貳 117_149/149

敦煌簡 1177

北壹・倉頡篇 37

○梣梗杙棘

漢印文字徵

○南郭梗

北魏·元暐誌

○朝廷以山西猶梗

北魏·李謀誌

北周·華岳廟碑

【樵】

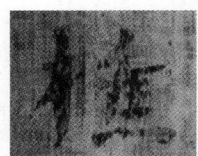

《説文》：樵，散也。从木焦聲。

東牌樓 055 背

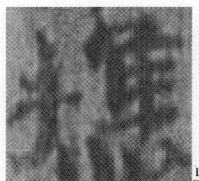

○相見樵母

吳簡嘉禾·五·九〇二

○男子鄭樵

北周·安伽誌

○拱木俄樵

【松】

《説文》：松，木也。从木公聲。

【案】

《説文》：案，松或从容。

馬貳 32_9 上

○上有松柏

銀貳 1663

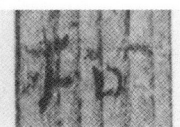

敦煌簡 0228

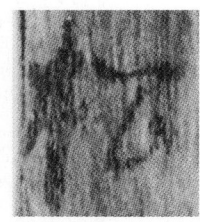

東牌樓 064 正

北壹·倉頡篇 63

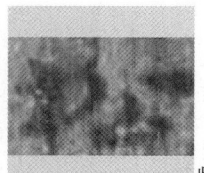

○㧒箱松柏檣

吳簡嘉禾·五·三四五

漢印文字徵

漢印文字徵

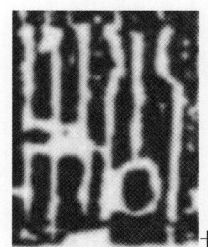

廿世紀璽印四-SY

廿世紀璽印四-SY

漢晉南北朝印風

漢晉南北朝印風

○高松私印

漢晉南北朝印風

東漢·肥致碑

北魏·寇慰誌

○松竹其貞

北魏·元彬誌

北魏·元朗誌

○風急松阡

北魏·和醜仁誌

東魏·王僧誌

東魏·元仲英誌

北周·王榮及妻誌

【檜】

《說文》：檜，松心木。从木芮聲。

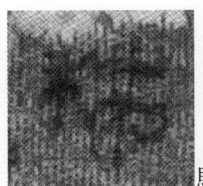

馬貳 85_337/327

北壹·倉頡篇 71

○）炫熱檜

【檜】

《說文》：檜，柏葉松身。从木會聲。

【樅】

《說文》：樅，松葉柏身。从木從聲。

【柏】

《說文》：柏，鞠也。从木白聲。

睡·日甲《詰》35

里·第八層 659

○丈人柏及

馬壹 40_6 下

○至今柏（霸）王之君

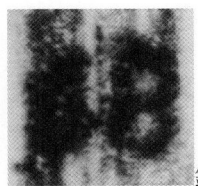

銀壹 600

○柏常騫曰

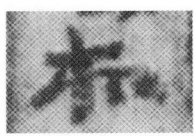

敦煌簡 1322

○所□柏人

金關 T21:424

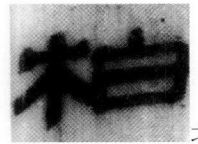

北壹·倉頡篇 63

○□箱松柏櫄械

魏晉殘紙

秦代印風

○柏如

秦代印風

○孔柏

廿世紀璽印三-SY

○笆柏

秦代印風

○任伯

秦代印風

○公柏

秦代印風

○武柏私府

秦代印風

○楊柏

漢印文字徵

○柏稱

漢印文字徵

○柏商私印

漢晉南北朝印風

東漢·石祠堂石柱題記額

東漢·許安國墓祠題記

東漢·元嘉三年畫像石題記

北魏·楊熙僭誌

【机】

《説文》：机，木也。从木几聲。

馬貳240_216

○漆畫木變机（几）一

張·遣策36

○伏机（几）一鋌

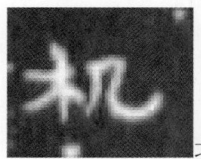

北周·李綸誌

○隱机省書

【枮】

《說文》：枮，木也。从木占聲。

【栟】

《說文》：栟，木也。从木弄聲。益州有栟棟縣。

【楰】

《說文》：楰，鼠梓木。从木臾聲。《詩》曰："北山有楰。"

敦煌簡2179B

【桅】

《說文》：桅，黃木，可染者。从木危聲。

【朷】

《說文》：朷，桯朷也。从木刃聲。

【樀】

《說文》：樀，樀樬，木也。从木遆聲。

【樬】

《說文》：樬，樀樬。果似李。从木荅聲。讀若嗒。

【某】

《說文》：某，酸果也。从木从甘。闕。

【槑】

《說文》：槑，古文某从口。

睡·秦律十八種168

關·病方326

嶽·為吏74

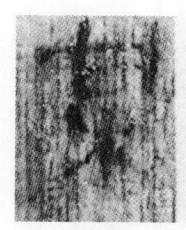

里·第八層背 1451

馬壹 81_46

張·行書律 275

敦煌簡 2460

金關 T21:058

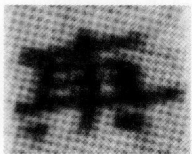

武·儀禮甲《士相見之禮》1

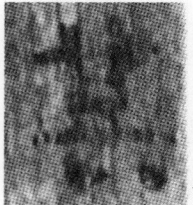

東牌樓 079

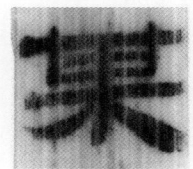

北壹·倉頡篇 42

○某枏早蘿

北齊·感孝頌

【檾】

《說文》：檾，崐崘河隅之長木也。从木繇聲。

【樹】

《樹》，生植之總名。从木尌聲。

【尌】

《說文》：尌，籀文。

里·第八層 1527

○春鄉樹枝（枳）

馬壹 88_206

○曰樹德者莫如茲

馬壹 258_2 上\18 上

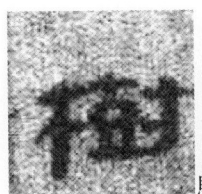

馬貳37_54下
○有樹產（生）

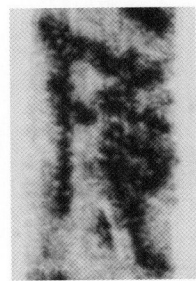

銀壹641
○次樹斂

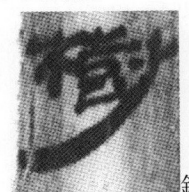

銀貳1056
○出樹賦直

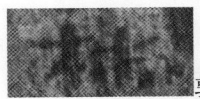

敦煌簡1465A
○贛岑樹露

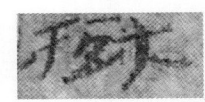

敦煌簡0639B
○得伐樹木

居‧EPF22.53A
○風至樹木

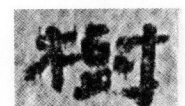

金關T08:064

北壹‧倉頡篇69
○頗科樹莖裡

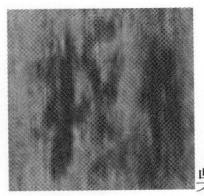

吳簡嘉禾‧五‧一〇五六
○男子黃樹

漢印文字徵
○樹小臣

漢印文字徵
○樹充私印

秦代印風
○嬰樹

東漢‧肥致碑

北魏‧鄭君妻誌
○參差孔樹

北魏‧唐雲誌
○陳疾雨以樹聲

北魏・元維誌

○高唐樹雨

北魏・爾朱襲誌

東魏・司馬興龍誌

○雲上雜樹

石鼓・作原

北齊・徐顯秀誌

○樹風不靜

【本】

《説文》：𣎵，木下曰本。从木，一在其下。

【㮺】

《説文》：㮺，古文。

漢銘・尹續有盤

漢銘・綏和鐎

睡・秦律十八種 38

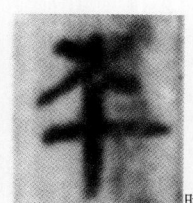

○其有本者

睡・封診式 53

○艮（根）本絕鼻腔壞

關・病方 315

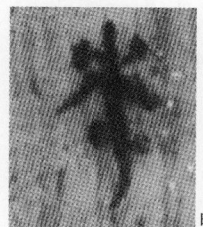

○取藁本小弱者

里・第八層 355

○俗好本事不好末作

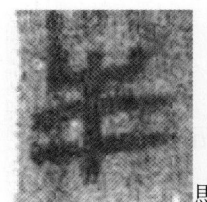

馬壹 14_2 下\95 下

○不失本刑（形）

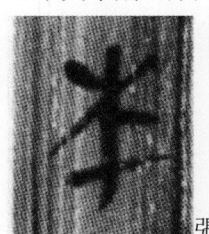

張・脈書 39

○舌本是勭(動)

銀壹 431

北貳・老子 8

○貴以賤爲本

敦煌簡 0123

金關 T01:139

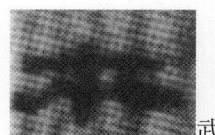

武・儀禮甲《服傳》3

○各齊其心皆下本

武・甲《特牲》48

東牌樓 104 背

北壹・倉頡篇 64

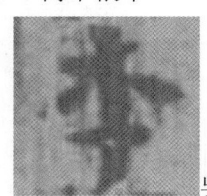

○崇末根本

吳簡嘉禾・四・二八九

歷代印匋封泥

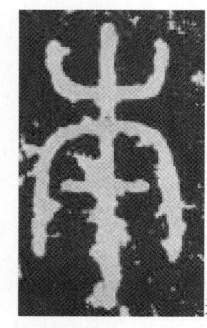

泰山刻石

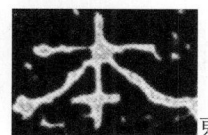

東漢・楊震碑

西晉·石尠誌

○本國功曹

北齊·赫連子悅誌

【柢】

《說文》：柢，木根也。从木氏聲。

睡·語書 11

○有冒柢（抵）之

北周·尉遲運誌

○深柢槏囷

【朱】

《說文》：朱，赤心木。松柏屬。从木，一在其中。

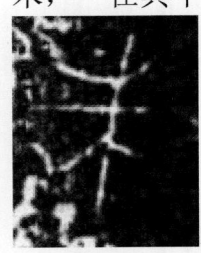

戰晚·卅六年私官鼎

漢銘·永和六年洗

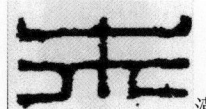

漢銘·永建五年朱提洗

漢銘·永和二年洗

漢銘·羽陽宮鼎

漢銘·大官北宮鼎一

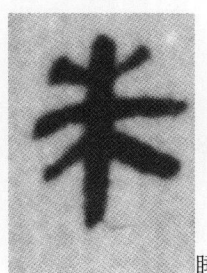

睡·效律 7

○正半朱（銖）

睡·法律答問 140

○盜出朱（珠）玉

嶽·數 19

○十七朱（銖）

里·第八層 254
○兩八朱（銖）
里·第八層 34 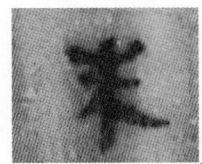
○五百朱（銖）
馬壹 114_28\431 
○復庚朱（侏）襦（儒）
馬貳 141_4 
○毋使朱（侏）儒
張·市律 258 
○朱縷
張·算數書 29 
○九分朱（銖）乘

銀壹 45
○稱朱（銖）敗
敦煌簡 2117 
○平望朱爵隧
金關 T05:039 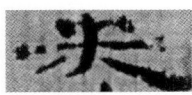
○大夫朱定□
武·甲《燕禮》51 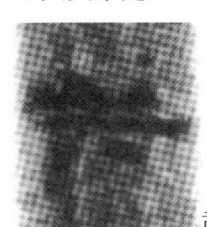
○則爲下射袒朱襦
東牌樓 030 背 
○千萬朱□□□□
吳簡嘉禾·五·一八七 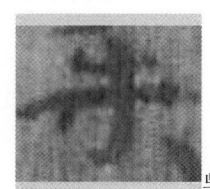
○男子朱戰佃田三町
廿世紀璽印二-SP 
○朱

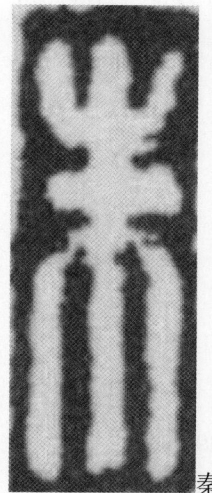

秦代印風
○朱頎

廿世紀璽印三-SY
○朱曾壽印

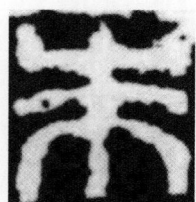

廿世紀璽印三-SY
○朱武之印

廿世紀璽印三-SY
○朱奉國印

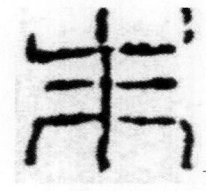

廿世紀璽印三-GP
○朱虛令印

廿世紀璽印三-SY
○朱博

廿世紀璽印三-SY
○朱齊客印

漢印文字徵
○河間私長朱宏

柿葉齋兩漢印萃
○朱君□印

漢印文字徵
○朱湳私印

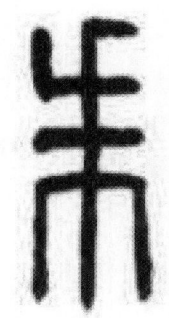

漢印文字徵
○朱慎

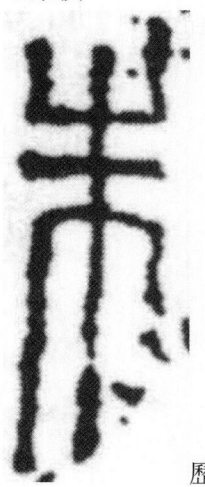

歷代印匋封泥
○朱嬰

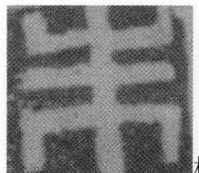

柿葉齋兩漢印萃
○朱虎侯印

柿葉齋兩漢印萃
○朱宣私印

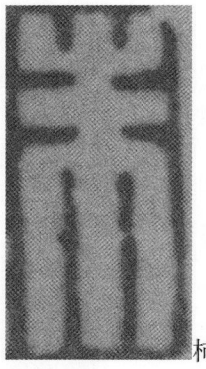

柿葉齋兩漢印萃
○朱不信

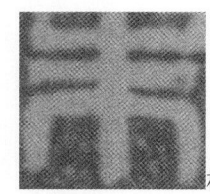

柿葉齋兩漢印萃
○朱衆印

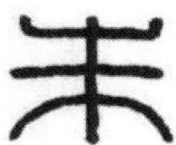

漢印文字徵
○朱虛丞印

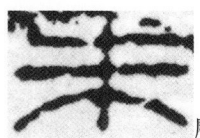

歷代印匋封泥
○朱虛

漢晉南北朝印風
○朱顗印信

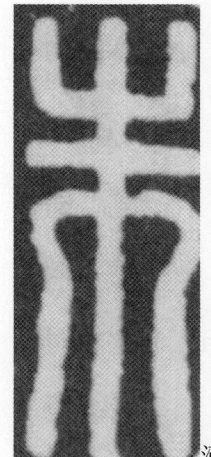

漢晉南北朝印風
○朱樂

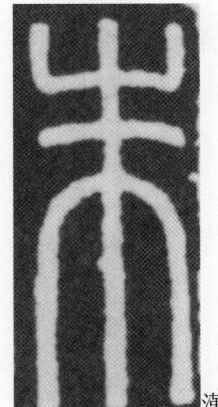

漢晉南北朝印風
○朱偃

漢晉南北朝印風
○朱音

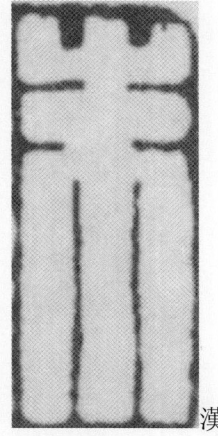

漢晉南北朝印風
○朱賤

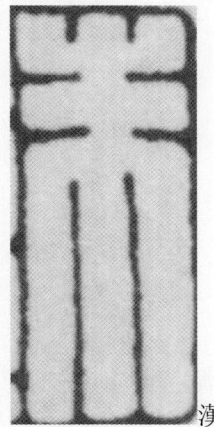

漢晉南北朝印風
○朱翁卿

漢晉南北朝印風
○朱憙印

漢晉南北朝印風
○朱惲私印

漢晉南北朝印風
○朱並私印

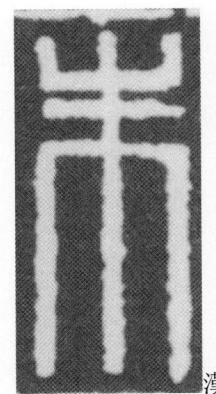

漢晉南北朝印風
○朱□

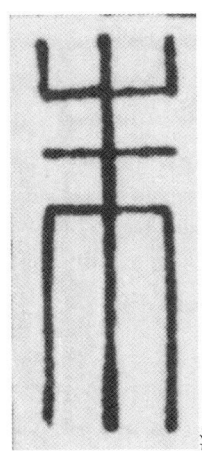

漢晉南北朝印風
○朱聚

漢晉南北朝印風
○朱傅私印

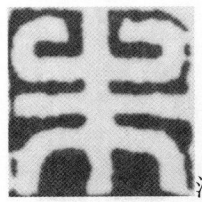

漢晉南北朝印風
○朱萬歲印

東漢・太室石闕銘
○朱寵

東漢・北海相景君碑陰
○故午朱虛炅詩

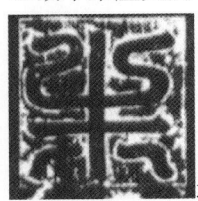

北魏・爾朱襲誌蓋
○魏故儀同爾朱君墓誌

【根】

《說文》：根，木株也。从木艮聲。

里・第八層645
○鄉守根敢言之牒書

馬壹4_10下

馬壹8_33下

馬壹3_10上

銀壹524

北貳·老子 138

敦煌簡 0564

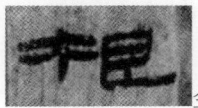

金關 T24:148

北壹·倉頡篇 64

○尚末根本蔣

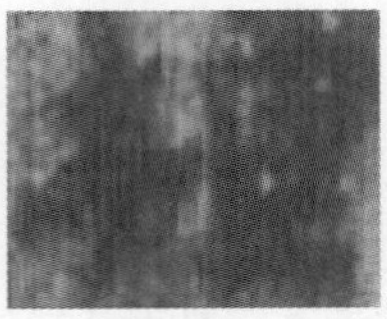

吳簡嘉禾·五·一八○

○男子潘根佃田

廿世紀璽印三-GP

○官根

廿世紀璽印三-SY

○王根

漢印文字徵

○楊已根印

漢印文字徵

○雖根私印

漢印文字徵

○彭終根

漢印文字徵

○餘蒲根印

漢印文字徵

○張根私印

柿葉齋兩漢印萃

○司宮兌根

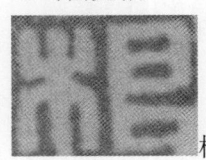

柿葉齋兩漢印萃

○張根之印

漢晉南北朝印風
○幹根印

漢晉南北朝印風
○程根之印

東漢・曹全碑陽

北魏・郭定興誌
○其根既深

北魏・趙光誌

北魏・韓顯祖造像

北魏・元弼誌

北周・豆盧恩碑
○自葉流根

【株】

《說文》：株，木根也。从木朱聲。

馬壹 107_91\260
○親執株（誅）閒

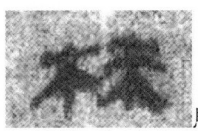

馬壹 9_62 上
○困于株木入于要

漢印文字徵
○株根私印

漢晉南北朝印風
○株乃始印

北魏・于纂誌
○三荊歡株

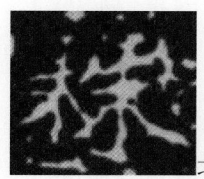

北魏·龍泉古井銘

〇更有煙柳千株

【末】

《說文》：末，木上曰末。从木，一在其上。

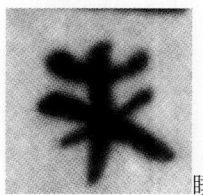

睡·日甲 2

關·日書 201

里·第八層 1620

馬壹 36_49 上

馬貳 205_30

張·蓋盧 2

銀壹 898

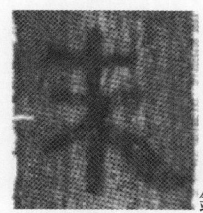

銀貳 1541

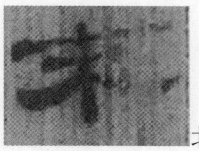

北貳·老子 75

武·甲《特牲》48

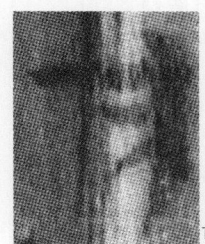

束牌樓 022 正

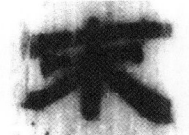

北壹‧倉頡篇 64

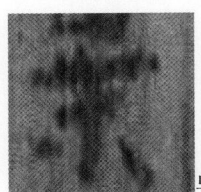

○薗蔣喦末根本

吳簡嘉禾‧四‧三二二

東漢‧白石神君碑

東漢‧樊敏碑

北魏‧元宥誌

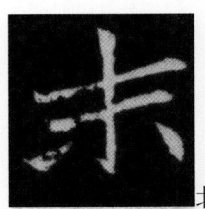

北魏‧鄭君妻誌

北齊‧高百年誌

【櫟】

《說文》：櫟，細理木也。从木樂聲。

【果】

《說文》：果，木實也。从木，象果形在木之上。

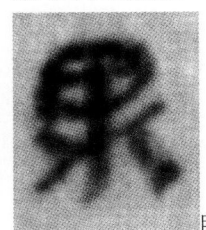

睡‧日甲《取妻》155

睡‧日甲 3

嶽‧癸瑣案 4

里‧第八層 2520

馬壹 75_33

銀壹 560

銀貳 1701

北貳・老子 201

金關 T28:050

東牌樓 050 正

北壹・倉頡篇 25

○奧蓼藕果蘇茄

吳簡嘉禾・五・七二二

廿世紀璽印三-SY

○果成

秦代印風

○上官果

秦代印風

○果

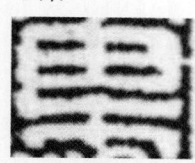

廿世紀璽印三-SY

○使掌果池水中黃門趙許私印

漢代官印選

○少府果丞

漢印文字徵

○龍果

漢印文字徵

○果得

漢印文字徵

○魏果成

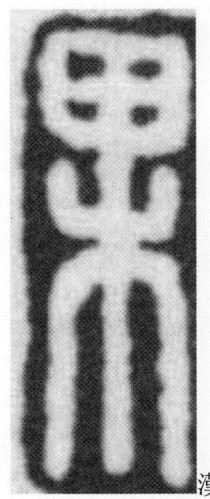

漢晉南北朝印風

○鮑果

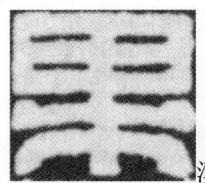

漢晉南北朝印風

○張果成印

東漢·趙寬碑

東漢·建寧三年殘碑

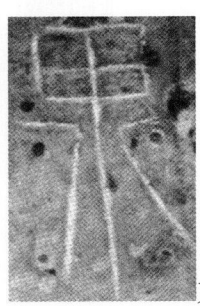

東漢·永和一年崖墓題記

○果

北魏·塔基石函銘刻

北齊·高建妻王氏誌

【檾】

《說文》：檾，木實也。从木系聲。

【杈】

《說文》：杈，枝也。从木叉聲。

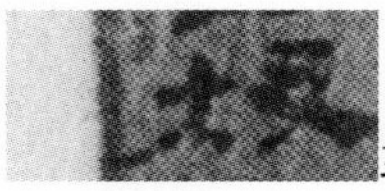

敦煌簡 0681

○簪杈各二珥一具

【枝】

《說文》：枝，木別生條也。从木支聲。

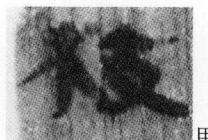

里・第八層 455

馬壹 90_239

馬壹 41_13 上

○亓（其）四枝（肢）苦

馬貳 37_57 下

銀貳 1803

北壹・倉頡篇 34

○柘柱橈枝枎瓦

秦代印風

○枝起

漢印文字徵

○枝王私印

漢印文字徵

○枝長樂

漢晉南北朝印風

○燕女枝印

漢晉南北朝印風

○枝長樂

東漢・劉熊碑

東漢・曹全碑陽

東晉・霍□誌

○荊州南郡枝江

北魏·元晫誌

北魏·郭定興誌

○其枝亦茂

北魏·張玄誌

北魏·元廣誌

北齊·石信誌

北齊·張潔誌

○推以枝葉

【朴】

《說文》：朴，木皮也。从木卜聲。

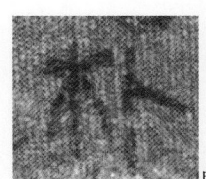

馬貳 85_351/341

○洗煩朴炙之乃傅

漢印文字徵

○朴周

北魏·趙諡誌

○貴閑養朴

【條】

《說文》：條，小枝也。从木攸聲。

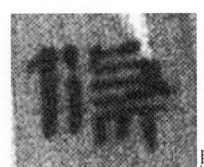

馬壹 38_6 上\30 上

○於條（羑）里

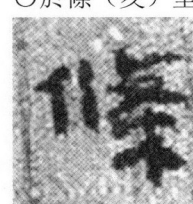

馬壹 176_54 下

敦煌簡 1431

金關 T26:065

○過詔條

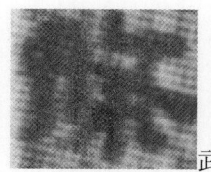

武·儀禮甲《服傳》3

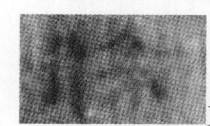

東牌樓 005
○女弟條昔則張弟男

北壹·倉頡篇 37
○條筭榮榑

吳簡嘉禾·一三七零
○請案條罰聞

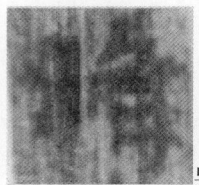

吳簡嘉禾·一六
○男弟條年六歲

漢印文字徵
○條賽

漢代官印選
○條侯印章

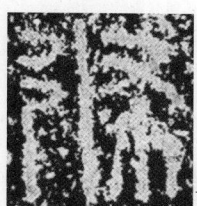

東漢·祀三公山碑

北魏·元暐誌
○作鎮班條

北魏·郭顯誌

北魏·楊胤誌

北齊·高阿難誌
○渤海條人也

北齊·高百年誌
○勃海條人也

北周·安伽誌
○曠野蕭條

【枚】

《說文》：枚，榦也。可爲杖。从木从支。《詩》曰："施于條枚。"

漢銘·上林銅鑒一

漢銘·上林銅鑒八

漢銘·建武卅二年弩䥵

漢銘·一分圭

漢銘·信都食官行鐙

漢銘·東海宮司空盤

漢銘·長安銷

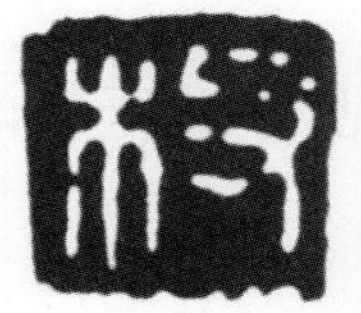

秦文字編 885

里·第六層 32

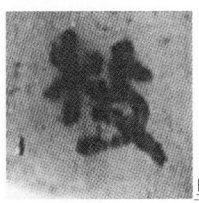

里·第八層 124

馬貳 238_188

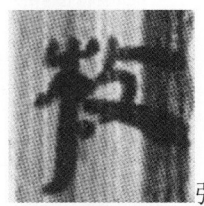

張·奏讞書 172

張·奏讞書 172

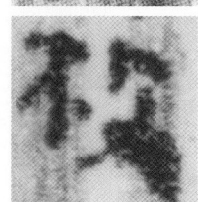

銀壹 806

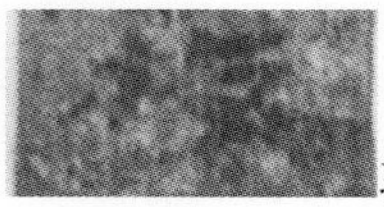

敦煌簡 0557

金關 T04:047A

金關 T21:124

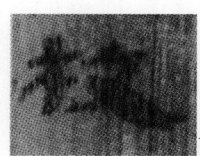

東牌樓 110

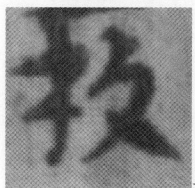

吳簡嘉禾·八二九八

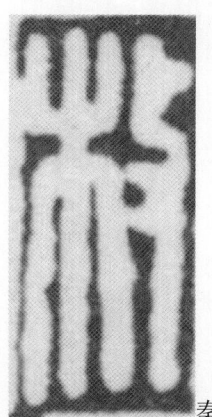

秦代印風

○枚嘉

東漢·建和三年崖墓題記

○穴八尺有□枚

北魏·楊熙僊誌

北魏·元端誌

【橪】

《説文》：橪，樝識也。从木、纨。

闕。《夏書》曰："隨山栞木。"讀若刊。

【栞】

《説文》：栞，篆文从开。

睡·日甲《詰》66

睡·日甲《詰》25

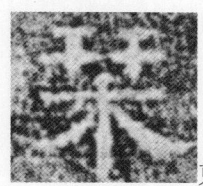

東漢·魯峻碑陽

○無物不栞

【櫐】

《説文》：櫐，木葉搖白也。从木聶聲。

秦代印風

○櫐

【栠】

《説文》：栠，弱皃。从木任聲。

【枖】

《説文》：枖，木少盛皃。从木夭聲。《詩》曰："桃之枖枖。"

【槙】

《說文》：槙，木頂也。从木眞聲。一曰仆木也。

【梃】

《說文》：梃，一枚也。从木廷聲。

睡‧法律答問 90

○以兵刃投（殳）梃

馬貳 32_19 上

○大容梃（莛）江水

銀壹 839

○尺梃長七尺大十

金關 T24:592

○椎連梃各廿斧柯皆

漢晉南北朝印風

○梃中

漢印文字徵

○丞

【槮】

《說文》：槮，眾盛也。从木毚聲。《逸周書》曰："疑沮事。"闕。

【標】

《說文》：標，木杪末也。从木與聲。

北魏‧元崇業誌

○器宇標俊

北魏‧元悶誌

○刊景標立

北魏‧元鸞誌

○少標奇操

北魏‧李伯欽誌

○峻標於冑子矣

2615

北魏·元弼誌

○名標震族

北齊·石柱頌

○標異鄉義慈惠石柱頌

北齊·高湑誌

○秩標方地

【杪】

《說文》：杪，木標末也。从木少聲。

北壹·倉頡篇42

○妖兼櫐杪柴箸

北齊·暴誕誌

○文窮筆杪

【朵】

《說文》：朵，樹木垂朵朵也。从木，象形。此與采同意。

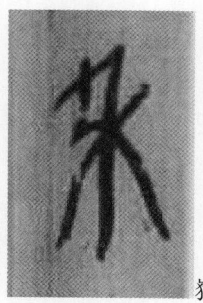

嶽·芮盜案63

○五(伍)朵

馬壹132_26上\103上

【根】

《說文》：根，高木也。从木良聲。

【欄】

《說文》：欄，大木皃。从木閒聲。

【枵】

《說文》：枵，木根也。从木号聲。《春秋傳》曰："歲在玄枵。"玄枵，虛也。

北魏·趙光誌

○玄枵

東魏·隗天念誌

○玄枵

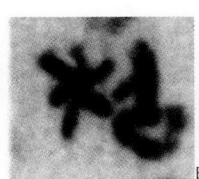

【招】

《説文》：招，樹搖皃。从木召聲。

睡·封診式 81

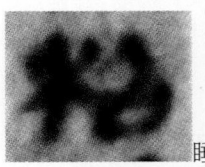

睡·日甲《玄戈》47

馬貳 208_58

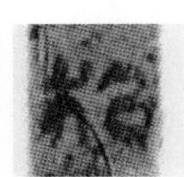

銀壹 348

銀貳 2045

北壹·倉頡篇 46

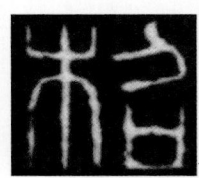

○項祝融招榣奮

廿世紀璽印三-SY

漢印文字徵

漢晉南北朝印風

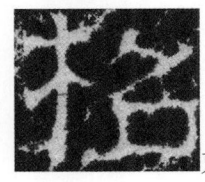

東漢·熹平石經殘石一

○弟招殺陳世□

【榣】

《説文》：榣，樹動也。从木䍃聲。

睡·為吏 14

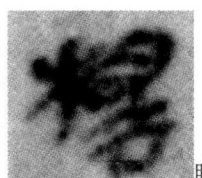

睡·日甲《玄戈》56

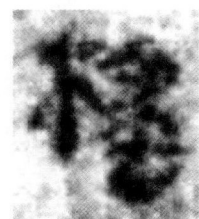

馬壹 211_28

馬貳 7_6 下\16

張·奏讞書 143

張·引書 34

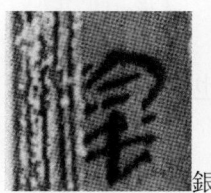

銀貳 1646

北壹·倉頡篇 46

北周·菌香樹摩崖

○榣（搖）枝動葉

戰中·四年相邦樛斿戈

秦代·大官盉

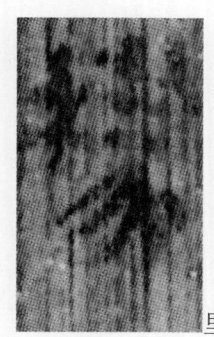

里·第八層 1943

敦煌簡 0639A

秦代印風

○陽樛

秦代印風

○樛

【樛】

《說文》：樛，下句曰樛。从木翏聲。

2618

○樛音私印

漢印文字徵

漢印文字徵

○樛單

漢印文字徵

○樛親

漢印文字徵

○樛長漢

漢印文字徵

○樊樛

漢印文字徵

○樛力之印

漢印文字徵

○樛舜之印

漢晉南北朝印風

○樛舜之印

瑯琊刻石

東魏・馮令華誌

【朻】

《說文》：朻，高木也。从木丩聲。

【桂】

《說文》：桂，袤曲也。从木㞷聲。

2619

獄・癸瑣案 29

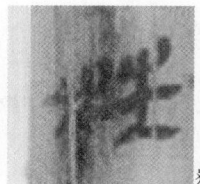

馬壹 101_136

張・盜律 60

銀壹 688

北貳・老子 179

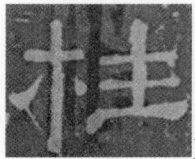

東漢・夏承碑

○彈繩糾枉

東漢・尚博殘碑

○於是操繩墨以彈邪枉

北魏・杜法真誌

東魏・公孫略誌

○門柾縫腋之實

東魏・廣陽元湛誌

【橈】

《説文》：橈，曲木。从木堯聲。

馬壹 37_38 下

馬壹 12_68 下

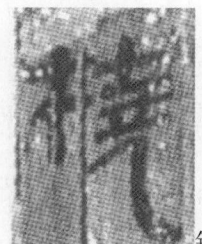

銀貳 1627

北壹・倉頡篇 34

○檀柘柱橈枝枎

2620

北魏·楊穎誌

○不橇下俗

【枎】

《說文》：枎，枎疏，四布也。从木夫聲。

馬貳 270_134/151

○唐（糖）枎于（烏芋）糗一笥

銀貳 1701

○草木檮（凋）枎（枯）

北壹·倉頡篇 34

○柱橈枝枎瓦蓋

漢印文字徵

○枎柳長印

【檹】

《說文》：檹，木檹施。从木猗聲。賈侍中說，檹即椅木，可作琴。

【朴】

《說文》：朴，相高也。从木小聲。

【榴】

《說文》：榴，高皃。从木召聲。

【槮】

《說文》：槮，木長皃。从木參聲。《詩》曰："槮差荇菜。"

【梴】

《說文》：梴，長木也。从木延聲。《詩》曰："松桷有梴。"

【橚】

《說文》：橚，長木皃。从木肅聲。

【杕】

《說文》：杕，樹皃。从木大聲。《詩》曰："有杕之杜。"

睡·秦律十八種 135

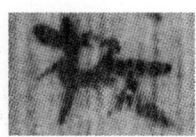

○檟欒杕將司之

里·第八層 2247

○稟人杕出以稟隸臣

【槖】

《說文》：槖，木葉陊也。从木橐聲。讀若薄。

【格】

《說文》：格，木長皃。从木各聲。

里·第八層 455
○格廣半畝

馬壹 149_76/250 下
○過格（客）止故道

張·津關令 494

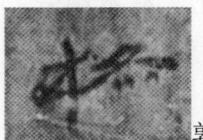

敦煌簡 1028
○葦葦格休

金關 T23∶464
○格殺

歷代印匋封泥
○格氏左司工

廿世紀璽印二-GP
○格氏左司工

廿世紀璽印二-GP
○格氏左司工

歷代印匋封泥
○格氏

漢印文字徵

漢印文字徵

東漢·桐柏淮源廟碑

北魏·元乂誌
○朱紫由其標格

北魏·韓震誌

北魏·石婉誌

東魏·王僧誌

○而民知且格

【槸】

《説文》：槸，木相摩也。从木埶聲。

【𣛛】

《説文》：𣛛，槸或从艸。

【枯】

《説文》：枯，槀也。从木古聲。《夏書》曰："唯箘輅枯。"木名也。

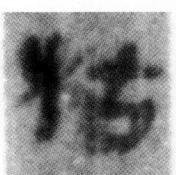

睡·日甲《詰》55

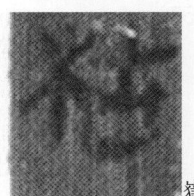

嶽·占夢書 10

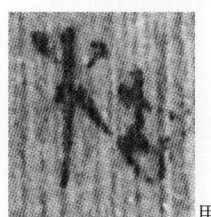

里·第八層 1221

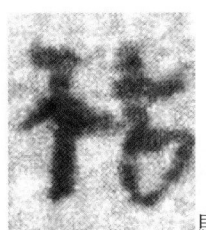

馬壹 114_20\423

馬壹 5_25 上

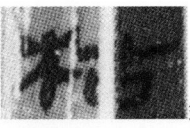

銀貳 1795

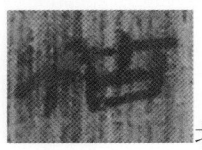

北貳·老子 99

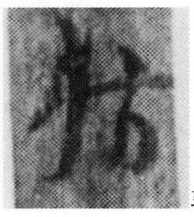

敦煌簡 0206

武·甲《特牲》48

秦代印風

○韓枯

漢印文字徵

○龍枯

北魏・元順誌

東魏・王令媛誌

北周・盧蘭誌

【槀】

《說文》：槀，木枯也。从木高聲。

敦煌簡 1468
○第八隧槀矢箭

金關 T23：145
○槀矢五十完

漢印文字徵
○槀常

東漢・姚孝經墓磚
○姚孝經買槀

北魏・元順誌
○身甘枯槀

【樸】

《說文》：樸，木素也。从木菐聲。

馬壹 149_69/243 下
○極樸散則爲器

馬貳 32_17 上
○樸工弗見良工

北貳・老子 57
○民自樸

石鼓・車工

三國魏・受禪表
○燔燎械樸

2624

北齊・元洪敬誌

○樸(撲)滅元顥邢杲之寇

【楨】

《說文》：楨，剛木也。从木貞聲。上郡有楨林縣。

敦煌簡 2396B

○即付楨中隧長

歷代印匋封泥

○楨

漢晉南北朝印風

○楨翰甯部司馬

漢印文字徵

○楨翰窑部司馬

東漢・樊敏碑

北魏・奚真誌

北齊・張海翼誌

【柔】

《說文》：柔，木曲直也。从木矛聲。

睡・為吏 35

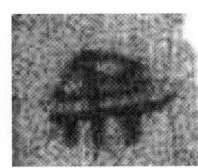

○剛能柔

馬壹 37_22 下

馬壹 15_4 上\97 上

銀貳 1166

北貳・老子 19

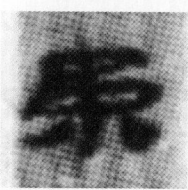

武・甲《少牢》22

漢印文字徵
○柔猛私印

漢印文字徵
○柔猛司馬

東漢・西狹頌

東漢・譙敏碑

西晉・臨辟雍碑

北魏・元恪嬪李氏誌

北魏・元倖誌

北魏・元譚妻司馬氏誌

東魏・元鷙妃公孫甑生誌

北齊・高建妻王氏誌

【檥（柝）】

《說文》：檥，判也。从木虒聲。《易》曰："重門擊檥。"

馬貳 65_31/65
○舌柝（坼）嗌乾

西魏·鄧子詢誌

○擊柝晝休

北周·王德衡誌

○既而秦柝聞城

北周·王鈞誌

○既而秦柝聞城

【朸】

《說文》：朸，木之理也。从木力聲。平原有朸縣。

秦文字編 887

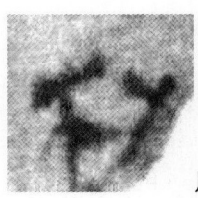

馬壹 102_153

漢印文字徵

○朸次非

漢印文字徵

○朸隆私印

【材】

《說文》：材，木梃也。从木才聲。

睡·法律答問 140

嶽·為吏 13

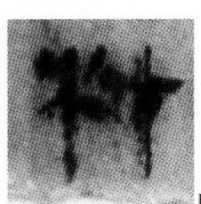

里·第八層 2435

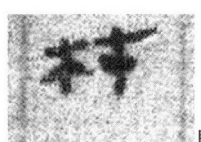

馬壹 124_46 上

馬壹 114_17\420

馬貳 36_59 上

張·田律249

張·蓋盧44

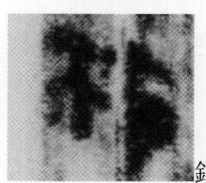

銀壹863

○精材動如雷神

金關T05∶066

魏晉殘紙

歷代印匋封泥

○□中材廥

廿世紀璽印三-GY

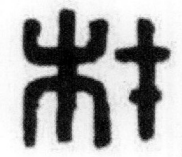

○厨材

漢印文字徵

○左印梁材

漢代官印選

○材官將軍章

東漢·史晨後碑

○斂民錢材

三國魏·三體石經殘·隸書

○材既

北魏·馮邕妻元氏誌

北齊·韓裔誌

○自負材力

【柴】

《説文》：🙰，小木散材。从木此聲。

漢銘·柴是鼎

銀貳 1157

北壹·倉頡篇 42

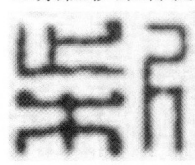

○羑櫨杪柴箸涏

廿世紀璽印三-SY

○柴寬之印

漢印文字徵

○柴幸之印

漢印文字徵

○柴安成

北魏·吐谷渾璣誌

北魏·陶浚誌

【榑】

《說文》：榑，榑桑，神木，日所出也。从木專聲。

馬壹 90_239

○榑（轉）辭也

馬貳 206_38

○胃（謂）榑（搏）精

銀貳 1458

○力榑（搏）

秦代印風

○任樸

【杲】

《說文》：杲，明也。从日在木上。

北貳·老子 156

東牌樓 078 正

北壹·倉頡篇 60

○氣陰陽杲旭宿

吳簡嘉禾·五·二六一

漢印文字徵

北魏·長孫子澤誌

北魏·元天穆誌

【杳】

《說文》：杳，冥也。从日在木下。

北魏·元澄妃誌

北周·安伽誌

【梛】

《說文》：梛，角械也。从木卻聲。一曰木下白也。

【栽】

《說文》：栽，築牆長版也。从木戈

聲。《春秋傳》曰："楚圍蔡，里而栽。"

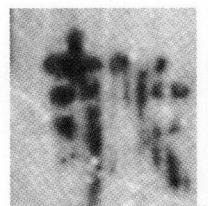

睡·秦律十八種 125

○縣都官用貞(楨)栽為偹(棚)牏

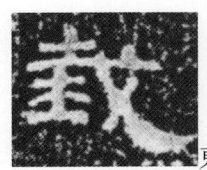

東漢·趙菿殘碑

○嘆曰猗台栽君□

【築】

《説文》：築，擣也。从木筑聲。

【筑】

《説文》：筑，古文。

睡·日甲《秦除》16

○可以築閒（閑）

馬壹 261_2

○上旬築巳傷張

馬壹 258_10 上\26 上

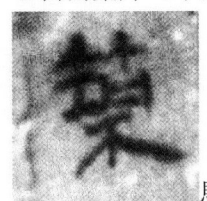

○宮而築庫（庳）東

馬貳 11_8

○毀築武事吉可

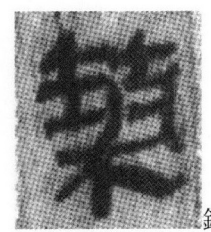

銀貳 1863

○可築垣藩（墻）

廿世紀璽印三-GY

○黃單落築

漢晉南北朝印風

○黃落築單

東漢·徐州%%三年七月刻石

○治石馬及石羊設築石室石□

南朝梁·舊館壇碑

○於館西更築隱居住

【榦】

《説文》：榦，築牆耑木也。从木倝

聲。

睡·秦律雜抄 24
○榦可用而久

里·第八層 1831
○一榦官居宜陽新城

里·第八層背 529
○弩傳榦

馬壹 171_7 上
○歲十二者天榦（干）也

馬壹 130_19 上\96 上
○天有榦地有恆

馬壹 5_20 上
○初六榦父之蠱（箇）

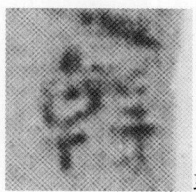

敦煌簡 2267
○堯里榦赤

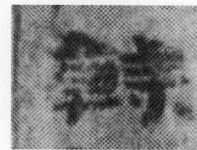

敦煌簡 0512
○隧長榦歆

廿世紀璽印三-GP
○榦官

廿世紀璽印三-GP
○大官榦丞

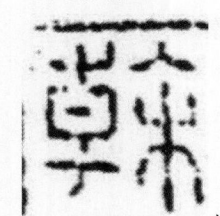

廿世紀璽印三-GP
○北宮榦官

歷代印匋封泥
○少府榦丞

漢印文字徵

○榦中三老

漢印文字徵

○榦穉

漢印文字徵

○榦都私印

漢印文字徵

○榦安私印

漢印文字徵

○榦官泉丞

北魏·元天穆誌

○本枝皇榦

北魏·元鑽遠誌

○忠唯作榦（幹）

北齊·魯思明造像

○抽榦而陵雲

【檥】

《説文》：檥，榦也。从木義聲。

北齊·朱曇思等造塔記

○鏤檥真離

【構】

《説文》：構，蓋也。从木冓聲。杜林以爲椽桷字。

東漢·楊統碑陽

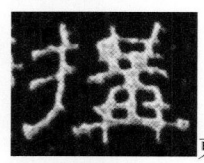

東漢·楊震碑

北魏·公孫猗誌

北魏·元譿誌

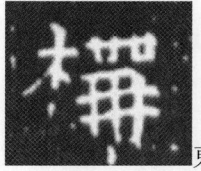

東魏·呂甑誌

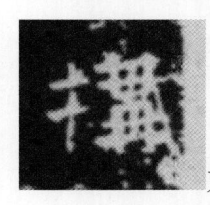

東魏·蔡儁斷碑

東魏·張瓘誌

北齊·王憐妻趙氏誌

【模】

《說文》：模，法也。从木莫聲。讀若嫫母之嫫。

吳簡嘉禾·一二三五

東漢·郎中鄭固碑

東漢·從事馮君碑

西晉·臨辟雍碑

東魏·張瓘誌

【桴】

《說文》：桴，棟名。从木孚聲。

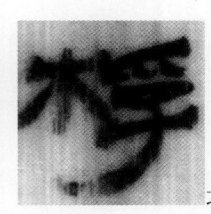

北壹·倉頡篇 54

〇牖戶房桴棍

東魏·廣陽元湛誌

〇桴鼓

【棟】

《說文》：棟，極也。从木東聲。

馬壹 12_68 下

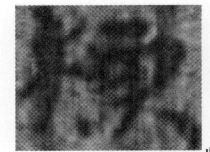

吳簡嘉禾·五·四六〇
○曼周棟凡爲布二丈

吳簡嘉禾·五·九五七
○曼周棟畢凡爲布四

吳簡嘉禾·五·二四五
○曼周棟凡爲布一丈

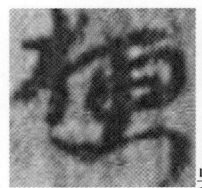

吳簡嘉禾·五·一一
○曼周棟凡爲布二丈五

東漢·譙敏碑

東漢·譙敏碑

北魏·元子正誌

北魏·元謐誌

【極】

《說文》：極，棟也。从木亟聲。

漢銘·大衛無極鼎

馬壹 145_34/208 下

馬壹 121_11 下

馬貳 214_32/133

張·蓋盧 2

張·引書 67

張·引書 51

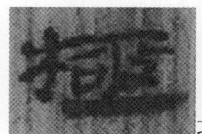

北貳・老子 90

敦煌簡 1305

金關 T24:065A

東牌樓 055 背

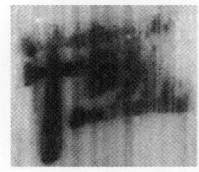

北壹・倉頡篇 25

○瓜堅穀極緻

漢晉南北朝印風

○千歲單祭尊毋極印

廿世紀璽印三-SY

○長樂無極

漢印文字徵

○王極

漢印文字徵

○萬歲無極

秦公大墓石磬

石鼓・霝雨

東漢・成陽靈臺碑

東漢・曹全碑陽

東漢・開母廟石闕銘

○皇極正而降休

西晉・成晃碑

西晉・臨辟雍碑

北魏·元仙誌

北魏·皇興五年造像

北魏·元濬嬪耿氏誌

北魏·元引誌

北魏·元融誌

北魏·元愔誌

北魏·穆亮誌

【柱】

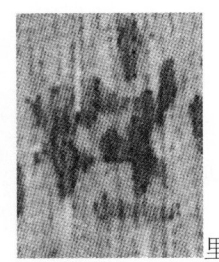

《說文》：柱，楹也。从木主聲。

里·第八層 780

○二人取城□柱爲甄廡

馬壹 114_20\423

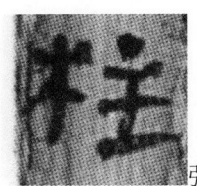

○菜（茅）茨枯（楛）柱

張·脈書 54

敦煌簡 2253

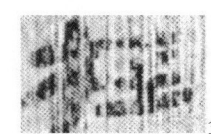

金關 T06:069

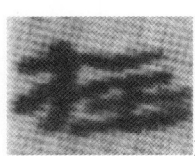

武·儀禮甲《服傳》4

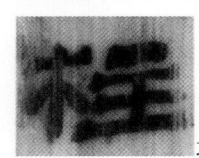

北壹·倉頡篇 54

○桴棍柱枅橋

北壹·倉頡篇 34

○柱橈枝扶

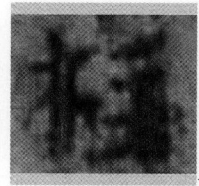

吴简嘉禾·四·三七七

廿世紀璽印三-SY

○王柱私印

漢印文字徵

漢印文字徵

廿世紀璽印四-SY

○柱國之印

漢晉南北朝印風

漢晉南北朝印風

東漢·東漢望都一號墓佚名墓銘
○天下拄（柱）梁

東漢·元嘉元年畫像石墓題記一

三國魏·曹真殘碑
○以柱濩不恣

北魏·李頤誌

北周·宇文儉誌蓋
○大周上柱國

北周·李賢誌蓋
○大周柱國河西公墓銘

【楹】

《說文》：楹，柱也。从木盈聲。《春秋傳》曰："丹桓宮楹。"

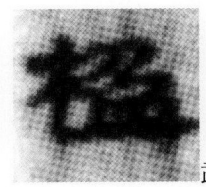

武·甲《有司》19

北魏·王蕃誌

北周·王通誌

【樘】

《說文》：樘，衺柱也。从木堂聲。

【楮】

《說文》：楮，柱砥。古用木，今以石。从木者聲。《易》："楮恆凶。"

【梠】

《說文》：梠，樽櫨也。从木咨聲。

【欂】

《說文》：欂，壁柱。从木，薄省聲。

馬壹 37_21 下

○靁（雷）風相欂（薄）

【櫨】

《說文》：櫨，柱上柎也。从木盧聲。伊尹曰："果之美者，箕山之東，青鳬之所，有櫨橘焉。夏孰也。"一曰宅櫨木，出弘農山也。

【枅】

《說文》：枅，屋櫨也。从木幵聲。

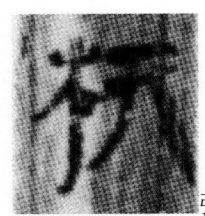

張·奏讞書 101

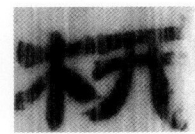

北壹·倉頡篇 54

○棍柱枅橋梁

【栵】

《說文》：栵，栭也。从木列聲。《詩》曰："其灌其栵。"

【栭】

《說文》：栭，屋枅上標。从木而聲。《爾雅》曰："栭謂之楶。"

【檼】

《說文》：檼，棼也。从木㥯聲。

東漢·趙菿殘碑

○□□檼栝之

【橑】

《說文》：橑，椽也。从木尞聲。

漢印文字徵

〇灰橑

【桷】

《說文》：桷，榱也。椽方曰桷。从木角聲。《春秋傳》曰："刻桓宮之桷。"

漢銘·大司農權

漢銘·光和斛二

漢銘·光和斛一

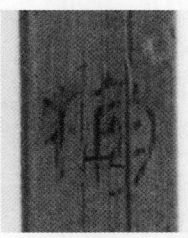

馬貳 213_15/116

東漢·史晨前碑

北魏·席盛誌

【椽】

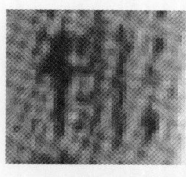

《說文》：椽，榱也。从木彖聲。

關·曆譜 49

馬壹 9_63 上

【榱】

《說文》：榱，秦名爲屋椽，周謂之榱，齊魯謂之桷。从木衰聲。

馬貳 8_19 中\23

〇家母榱生子無

北壹·倉頡篇 54

〇房桴榱仿

東漢·史晨前碑

北魏·元延明誌

○猶榱桷之在目

北周·華岳廟碑

○榱棟崩襹

【楣】

《說文》：楣，秦名屋櫋聯也。齊謂之檐，楚謂之梠。从木眉聲。

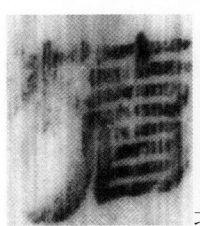

北壹·倉頡篇54

○宇闕廷廟

東魏·穆子巖誌銘

【梠】

《說文》：梠，楣也。从木呂聲。

【枇】

《說文》：枇，梠也。从木㡭聲。讀若枇杷之枇。

【櫋（楊）】

《說文》：櫋，屋櫋聯也。从木，邊省聲。

馬壹 86_160

○櫋（邊）城盡盡拔

北壹·倉頡篇34

○瓦蓋焚櫋

【檐】

《說文》：檐，榱也。从木詹聲。

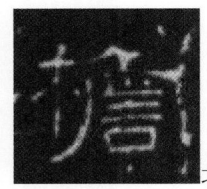

北齊·感孝頌

○聊襭賈琮之檐

【樀】

《說文》：樀，屋梠前也。从木啇聲。一曰蠶槌。

【楠】

《說文》：楠，戶樀也。从木啇聲。《爾雅》曰："檐謂之樀。"讀若滴。

【植】

《說文》：植，戶植也。从木直聲。

第六卷

【櫃】

《說文》：櫃，或从置。

馬壹 93_306
○能自植士卒

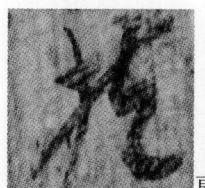

東牌樓 028 背
○□君植竹木荟坐杖

漢印文字徵
○陸植

漢晉南北朝印風
○蘇植私印

北齊·盧脩娥誌
○敬由天植

北周·賀屯植誌
○公諱植字永顯

【樞】

《說文》：樞，戶樞也。从木區聲。

馬貳 12_2

魏晉殘紙

北魏·王蕃誌

東魏·元季聰誌

【槏】

《說文》：槏，戶也。从木兼聲。

【樓】

《說文》：樓，重屋也。从木婁聲。

睡·為吏 22

馬壹 226_72

敦煌簡 2130

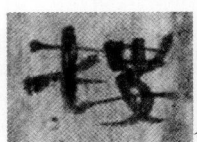

金關 T21:124

廿世紀璽印三-SY

○樓遂

漢印文字徵

○樓廣漢

漢代官印選

○樓船將軍章

柿葉齋兩漢印萃

○樓船將軍

漢印文字徵

○樓信

漢印文字徵

○樓延年

漢印文字徵

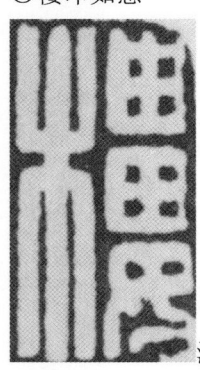

○樓印如意

漢晉南北朝印風

○樓常

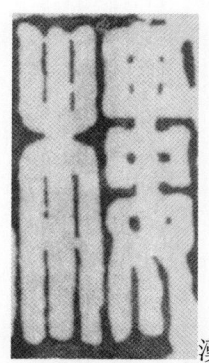

漢晉南北朝印風
○樓信

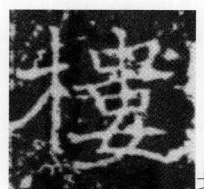

北齊・董桃樹造像

北周・尉遲將男誌

北周・賀屯植誌

【櫳】

《説文》：櫳，房室之疏也。从木龍聲。

【楯】

《説文》：楯，闌檻也。从木盾聲。

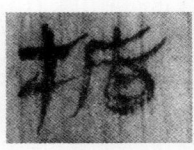

金關 T24：551
○劍一楯一

東漢・張景造土牛碑
○周欄楯拾尺

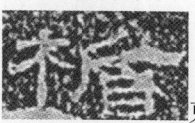

東漢・張景造土牛碑
○欄楯

【櫺】

《説文》：櫺，楯閒子也。从木霝聲。

【宋】

《説文》：宋，棟也。从木亡聲。《爾雅》曰："宋廟謂之梁。"

【棟】

《説文》：棟，短椽也。从木束聲。

【杇】

《説文》：杇，所以涂也。秦謂之杇，關東謂之槾。从木亏聲。

漢代官印選
○因杇將軍章

【槾】

《説文》：槾，杇也。从木曼聲。

【椳】

《説文》：椳，門樞謂之椳。从木畏

聲。

【楣】

《說文》：楣，門樞之橫梁。从木冒聲。

【梱】

《說文》：梱，門橛也。从木困聲。

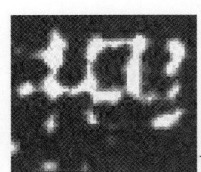

東漢·柳敏碑

【榍】

《說文》：榍，限也。从木屑聲。

【柤】

《說文》：柤，木閑。从木且聲。

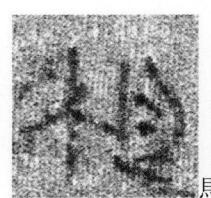

馬貳 28_12
○東方曰柤

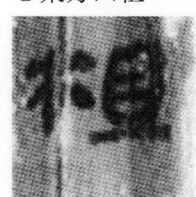

銀貳 1156
○故善者制僉（險）量柤（阻）

武·甲《特牲》11
○事之柤（俎）陳

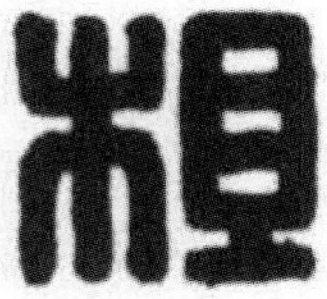

漢印文字徵
○柤城之印

漢晉南北朝印風
○祖城之印

東漢·禮器碑
○爵鹿柤桓

【槍】

《說文》：槍，歫也。从木倉聲。一曰槍，欀也。

睡·為吏 23

金關 T21:134

漢印文字徵
○槍博

漢印文字徵

○槍忠之印

東漢·石門頌

東魏·元均及妻杜氏誌

○故欃槍所指

東魏·叔孫固誌

○欃槍互起

【楗】

《說文》：楗，限門也。从木建聲。

漢銘·熹平鍾

里·第八層406

馬貳211_100

金關T09：237

○楗（犍）爲郡

廿世紀璽印四-SY

○甘楗言事

漢印文字徵

○楗爲太守章

漢印文字徵

○楗鹽左丞

東漢·柳敏碑

○楗（犍）爲屬國

東漢·李昭碑

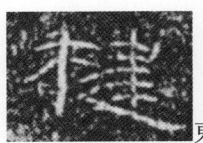

東漢·石門頌

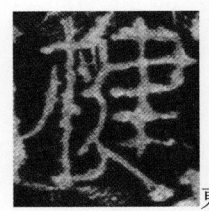

東漢·何君閣道銘

○造尊楗

【櫼】

《說文》：櫼，楔也。从木韱聲。

【楔】

《說文》：楔，櫼也。从木契聲。

【栅】

《說文》：栅，編樹木也。从木从冊，冊亦聲。

北魏·元襲誌

○屠村破栅

北魏·元端誌

○重營疊栅

北魏·楊舒誌

○嚴栅櫓之制

【杝】

《說文》：杝，落也。从木也聲。讀若他。

【㯱】

《說文》：㯱，夜行所擊者。从木櫜聲。《易》曰："重門擊㯱。"

【桓】

《說文》：桓，亭郵表也。从木亘聲。

關·病方316

銀貳1373

敦煌簡1816

金關T06:055

北壹·倉頡篇5

○巧巫景桓昭穆

歷代印匋封泥

○桓段

秦代印風

○桓不梁

廿世紀璽印三-SP

○桓安之

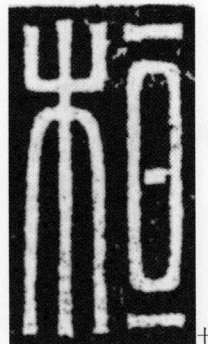

廿世紀璽印三-SY

○桓啟

廿世紀璽印三-SY

○桓平私印

廿世紀璽印三-SY

○桓中孺印

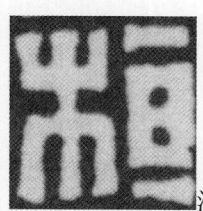

漢晉南北朝印風

○漢保塞烏桓率衆長

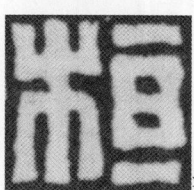

漢晉南北朝印風

○漢保塞烏桓率衆長

漢印文字徵

○桓武里附城

漢印文字徵

○桓光

柿葉齋兩漢印萃

○桓建之印

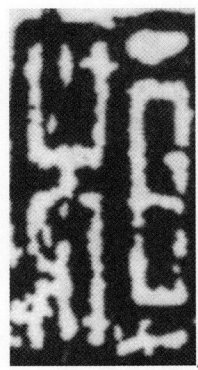

歷代印匋封泥

○景桓

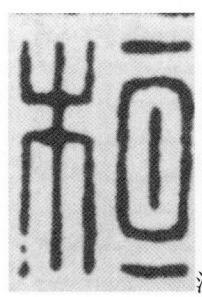

漢晉南北朝印風

○桓千萬

漢晉南北朝印風

○桓啟

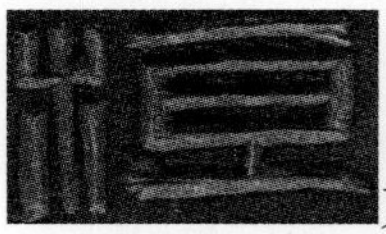

東漢・王威畫像石墓題記

○護烏桓校尉

東晉・溫式之誌

【榅】

《說文》：榅，木帳也。从木屋聲。

馬壹 101_149

○極榅（樸）散

【橦】

《說文》：橦，帳極也。从木童聲。

馬貳 237_178

張・蓋盧 28

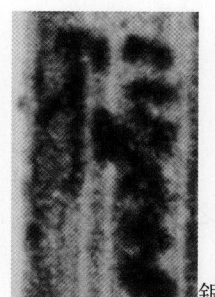

銀壹 800

敦煌簡 0394

【杠】

《說文》：杠，牀前橫木也。从木工聲。

【桯】

《說文》：桯，牀前几。从木呈聲。

秦文字編 889

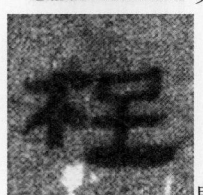

馬壹 133_29 下/106 下
○爲地桯帝曰謹守吾

漢印文字徵
○桯齻

【桱】

《說文》：桱，桱桯也，東方謂之蕩。从木巠聲。

馬貳 258_11/20

【牀】

《說文》：牀，安身之坐者。从木爿聲。

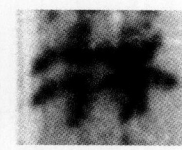

睡·日甲《毀棄》125

關·曆譜 119

馬壹 13_82 上

馬貳 215_3

金關 T27:062

東漢·許安國墓祠題記

2650

○被病在牀

北魏·元瑹誌

北齊·盧脩娥誌

北齊·王憐妻趙氏誌

○珉牀雕戶

北齊·司馬遵業誌

○泊玉牀已跨

北周·叱羅協誌

【枕】

《說文》：枕，臥所薦首者。从木冘聲。

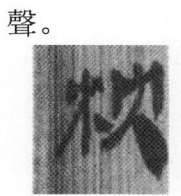

馬貳243_253

張·引書49

銀壹596

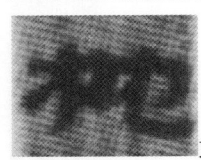

武·儀禮甲《服傳》4

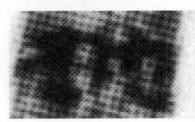

武·乙本《服傳》2

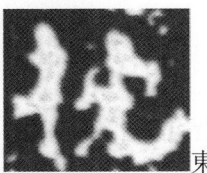

東漢·樊敏碑

○畢志枕丘

北魏·元馗誌

北魏·于纂誌

○南枕脩遂

北魏·甄凱誌

北魏·元飏誌

北魏·元澄妃誌

北魏·韓顯宗誌

○枕疾纏軀

東魏·王令媛誌

東魏·胡佰樂玉枕銘記

○送終玉枕銘

北周·盧蘭誌

○渤河西枕

【槭】

《説文》：槭，槭窬，褻器也。从木威聲。

【櫝】

《説文》：櫝，匱也。从木賣聲。一曰木名。又曰：大梡也。

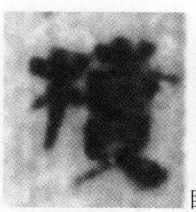

睡·秦律十八種 134

○勿枸櫝欓枕

張·津關令 501

○印封櫝楫

敦煌簡 0999A

○敢辨櫝簿惠幸

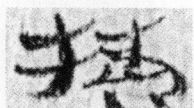

金關 T01∶025

○一弓櫝丸

詛楚文·沈湫

○櫝棺之中

東魏·公孫略誌

○留櫝言歸

【櫛】

《説文》：櫛，梳比之總名也。从木節聲。

2652

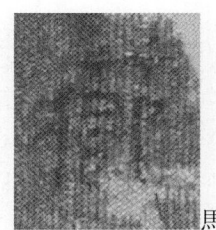

馬貳 92_474/殘片 11+14+13

○櫛令人靡（摩）

西晉·臨辟雍碑

○實賴宣皇帝櫛風沐雨

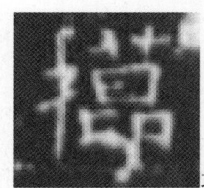

北齊·雲榮誌

○昔櫛風沐雨

【梳】

《説文》：梳，理髮也。从木，疏省聲。

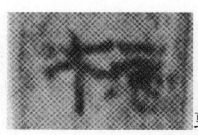

敦煌簡 0827

○八完梳四完

北魏·吐谷渾氏誌

○蓬髮辭梳

【柗】

《説文》：柗，劒柙也。从木合聲。

東漢·譙敏碑

○屛並柗驅

【槈】

《説文》：槈，薅器也。从木辱聲。

【鎒】

《説文》：鎒，或从金。

北壹·倉頡篇 42

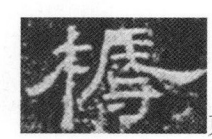

○給勸怖槈桂

東漢·孔宙碑陽

【橐】

《説文》：橐，朩，莖也。从木；入，象形；𦥑聲。

【朩】

《説文》：朩，兩刃臿也。从木；丫，象形。宋魏曰朩也。

【釪】

《説文》：釪，或从金从于。

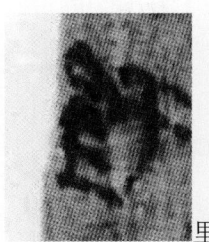

里・第八層 410

○金釾鐶四

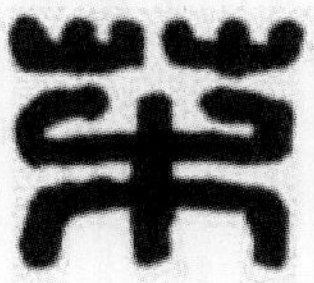

漢印文字徵

○苿信私印

【柏】

《說文》：柏,𣕷也。从木目聲。一曰徙土𦈢,齊人語也。

【梩】

《說文》：梩,或从里。

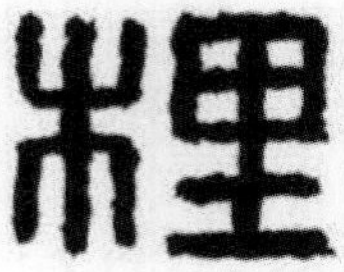

漢印文字徵

東魏・房悅誌

○釋柏雷歉

東漢・元嘉元年畫像石墓題記
一

【枱】

《說文》：枱,耒耑也。从木台聲。

【鈶】

《說文》：鈶,或从金。

【辝】

《說文》：辝,籀文从辞。

秦文字編 890

【楎】

《說文》：楎,六叉犂。一曰犂上曲木,犂轅。从木軍聲。讀若渾天之渾。

【櫌】

《說文》：櫌,摩田器。从木憂聲。《論語》曰："櫌而不輟。"

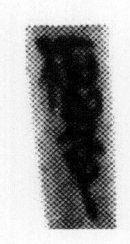

秦文字編 890

【欘】

《說文》：欘,斫也,齊謂之鎡錤。一曰斤柄,性自曲者。从木屬聲。

【櫡】

《說文》：櫡,斫謂之櫡。从木箸聲。

【杷】

《說文》：杷，收麥器。从木巴聲。

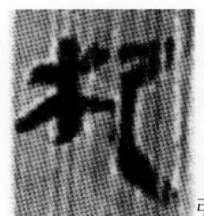

張·引書 88

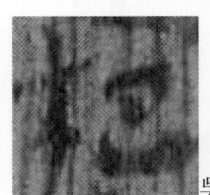

吳簡嘉禾·五·四一三

漢印文字徵

○杷革

【椴】

《說文》：椴，穜樓也。一曰燒麥柃椴。从木役聲。

【柃】

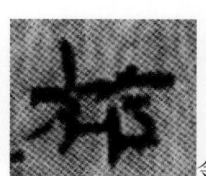

《說文》：柃，木也。从木令聲。

金關 T30：214

東漢·元嘉元年畫像石墓題記

【枎】

《說文》：枎，擊禾連枷也。从木弗聲。

馬壹 5_18 上

銀貳 1261

北魏·李超誌

○枎(拂)衽

【枷】

《說文》：枷，枎也。从木加聲。淮南謂之柍。

【杵】

《說文》：杵，舂杵也。从木午聲。

漢銘·重四斤三兩銅杵

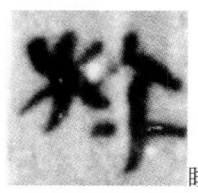

睡·日甲 8

○八日曰杵

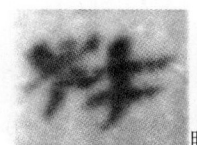

睡·日甲《詰》50
○大如杵赤白

馬壹 212_33
○其端如杵

【櫱（概）】

《說文》：櫱，㮮斗斛。从木旣聲。

漢銘·大司農權

漢銘·光和斛二

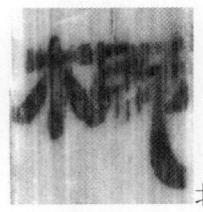

北壹·倉頡篇 55
○桶概參斗

漢印文字徵
○尹櫱

北魏·元暉誌
○以忠概成名

北魏·薛伯徽誌
○夫氏秉忠貞之概

北魏·寇演誌
○概韻逾顯

北魏·王普賢誌
○桀節峻概

北魏·寇臻誌
○功挺風概

北齊·徐顯秀誌
○同歸壯概

【杚】

《說文》：㭊，平也。从木气聲。

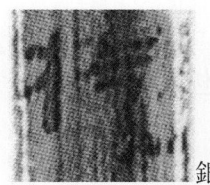

銀貳 1923
○五則如㭊

【楷】

《說文》：楷，木參交以枝炊篝者也。从木省聲。讀若驪駕。

【柶】

《說文》：柶，《禮》有柶。柶，匕也。从木四聲。

武·甲《少牢》27
○有柶尸扱以柶祭羊

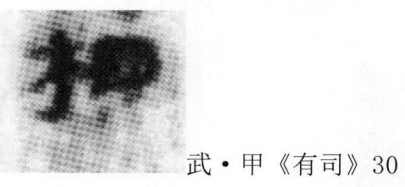

武·甲《有司》30
○柶扱羊刑

【桮（杯）】

《說文》：桮，䉛也。从木否聲。

【匜】

《說文》：匜，籀文桮。

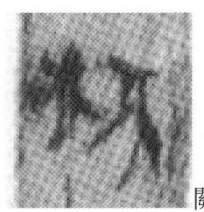

關·病方 341
○左操杯（桮）

里·第八層 1290
○酒一桮（桮）

馬貳 281_254/245
○漆畫小具桮

馬貳 238_190
○漆畫小具杯（桮）

馬貳 237_186
○酒杯（桮）十五

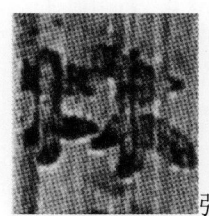

張·遣策35

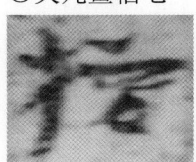

○矢九畫栝七

居·EPT10.33

○栝鼓諸什

金關 T32:020

○官市栝器長

金關 T07:035

○二大杯（栝）

金關 T07:035

○五小杯（栝）

東漢·元嘉元年畫像石墓題記一

北魏·楊熙儼誌

○月生於杯（栝）酒

北齊·崔德誌

○船上流杯

【槃】

《説文》：槃，承槃也。从木般聲。

【鎜】

《説文》：鎜，古文从金。

【盤】

《説文》：盤，籒文从皿。

漢銘·王后家盤

漢銘·東海宮司空盤

漢銘·尚浴府行燭盤

漢銘·筑陽家小立錠

漢銘·新承水盤

2658

漢銘·陽信家常臥銅溫手鑪

張·算數書 66

北魏·賈良造像

北魏·胡明相誌

北魏·檀賓誌

東魏·叔孫固誌

北齊·雲榮誌

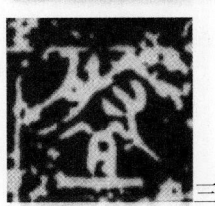

三國魏·三體石經尚書·古文

三國魏·三體石經尚書·篆文

北魏·元子直誌

北魏·元維誌

北魏·唐雲誌

東魏·蕭正表誌

【櫎】

《説文》：櫎，槤也。从木虒聲。

東魏·慧光誌

○法網櫎（摭）維

【案】

《説文》：案，几屬。从木安聲。

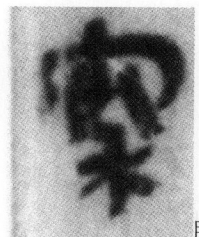

睡・語書 7

獄・為吏 71

里・第八層 155

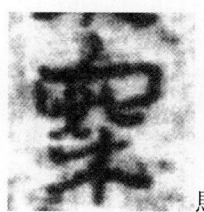

馬壹 85_129

○秦案以負王而取

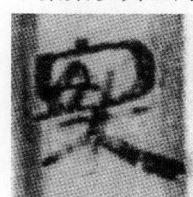

張・戶律 329

銀壹 266

○不離案

銀貳 1779

○韭生蒼案（雁）

敦煌簡 0153

金關 T01:025

東牌樓 066 背

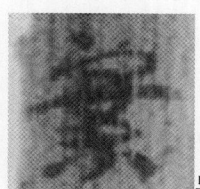

吳簡嘉禾・一三七零

漢印文字徵

○案負

漢印文字徵

○張印案兵

漢印文字徵

○案奢

東漢·成陽靈臺碑

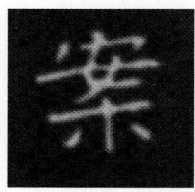

東魏·廣陽元湛誌

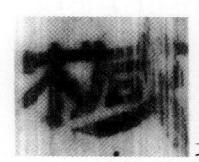

【櫋】

《說文》：櫋，圓案也。从木裏聲。

【椷】

《說文》：椷，篋也。从木咸聲。

北壹·倉頡篇 31

○頑祐椷師

【枓】

《說文》：枓，勺也。从木从斗。

張·遣策 26

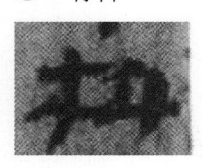

○一有枓

金關 T23:068A

○小枓二

【杓】

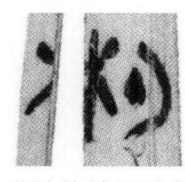

《說文》：杓，枓柄也。从木从勺。

睡·日甲《土忌》138

○地杓神以毁宮毋

東漢·石門頌

○奉魁承杓

【欙】

《說文》：欙，龜目酒尊，刻木作雲雷象。象施不窮也。从木㗊聲。

【𦉢】

《說文》：𦉢，欙或从缶。

【蠱】

《説文》：䀇，櫺或从皿。

【䀇】

《説文》：䀇，籀文櫺。

西晉・臨辟雍碑

北周・盧蘭誌

【椑】

《説文》：椑，圜榼也。从木卑聲。

睡・為吏 22

○樓椑（陴）矢閲

張・遣策 19

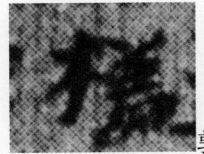

○一椑

敦煌簡 1891

○出入椑

金關 T22:011B

○時椑付萬福卒

漢印文字徵

○椑真私印

漢印文字徵

○椑彭之印

漢印文字徵

○椑誤

漢印文字徵

○椑復之印

【榼】

《説文》：榼，酒器也。从木盍聲。

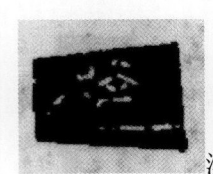

漢銘・河間食官榼

2662

北齊・許儁卅人造像

【橢】

《說文》：橢，車笭中橢橢器也。从木隋聲。

【槌】

《說文》：槌，關東謂之槌，關西謂之持。从木追聲。

【持】

《說文》：持，槌也。从木，特省聲。

【栚】

《說文》：栚，槌之橫者也。關西謂之㮚。从木灷聲。

【槤】

《說文》：槤，瑚槤也。从木連聲。

【㯭】

《說文》：㯭，所以几器。从木廣聲。一曰帷屏風之屬。

【梟】

《說文》：梟，舉食者。从木具聲。

漢印文字徵

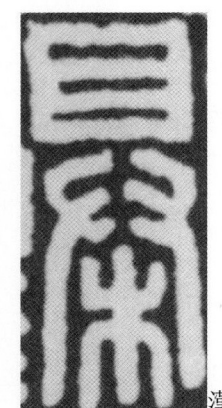

○梟瘮

漢晉南北朝印風

○梟毋擇

秦文字編 891

【㯫】

《說文》：㯫，繘耑木也。从木㱿聲。

【檷】

《說文》：檷，絡絲檷。从木爾聲。讀若柅。

【機】

《說文》：機，主發謂之機。从木幾聲。

2663

里・第六層 25

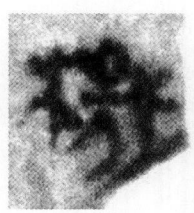

馬壹 108_117\286

張・田律 251

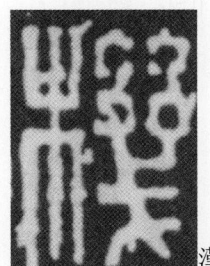

漢晉南北朝印風
○強弩應機司馬

漢印文字徵
○強弩應機司馬

東漢・佐孟機崖墓題記
○佐孟機爲子

東漢・曹全碑陽

西晉・魯銓表
○樹機能亂

西晉・郭槐樞記

北魏・鄭乾誌
○曉運昭機

北魏・元暐誌
○聖主萬機

北魏・元天穆誌

東魏・元悰誌

2664

北齊·雲榮誌

○蹈機握杼

北周·張子開造像

○機匠絕思

【縢】

《說文》：縢，機持經者。从木朕聲。

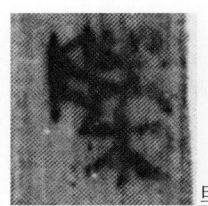

里·第六層 25

○木織縢三

【杼】

《說文》：杼，機之持緯者。从木予聲。

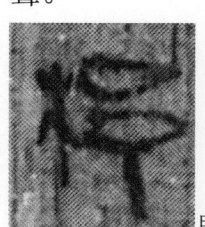

里·第六層 25

○木織杼二

馬壹 176_54 下

○杼十萬

馬壹 175_54 上

○星如杼□□軍死其

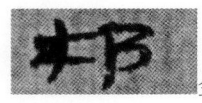

金關 T05∶039

○梁國杼秋東平里士

漢印文字徵

○杼□丞□

東漢·舉孝廉等字殘碑

○戈杼軸聲殫

東漢·曹全碑陰

○故功曹秦杼漢都千

北魏·元略誌

○投杼橫集

東魏·趙氏妻姜氏誌

○晝夜機杼

北齊·雋敬碑

○投杼

【楅】

《說文》：楅，機持繒者。从木复聲。

里·第八層 1680

○木織楅四

【楥】

《說文》：楥，履法也。从木爰聲。讀若指撝。

秦文字編 891

漢印文字徵

○楥雲信印

【桜】

《說文》：桜，蠻夷以木皮爲篋，狀如蔌尊。从木亥聲。

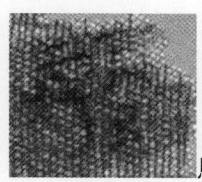

馬貳 92_480

北貳·老子 108

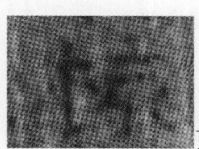

東牌樓 005

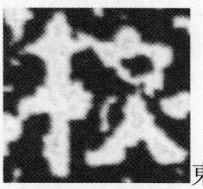

東漢·樊敏碑

東漢·北海相景君碑陽

【棚】

《說文》：棚，棧也。从木朋聲。

【棧】

《說文》：棧，棚也。竹木之車曰棧。从木戔聲。

獄·爲吏 77

○棧歷（櫪）浚除

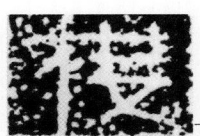

廿世紀璽印三-SY

〇棧天如郎中

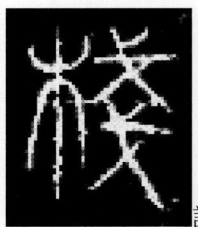

詛楚文・亞駝

〇賦鞣襚棧輿禮使介

詛楚文・巫咸

〇鞣襚棧輿

【栫】

《說文》：栫，以柴木雝也。从木存聲。

【棞】

《說文》：棞，筐當也。从木國聲。

【梯】

《說文》：梯，木階也。从木弟聲。

里・第八層 478

〇木梯一

北魏・侯剛誌

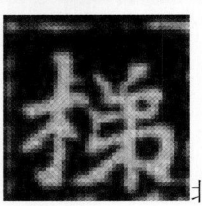

北齊・柴季蘭造像

【根】

《說文》：根，杖也。从木長聲。一曰法也。

【棼】

《說文》：棼，牛鼻中環也。从木弄聲。

【椯】

《說文》：椯，箠也。从木耑聲。一曰椯度也。一曰剟也。

睡・日甲《詰》25

〇椯（段）四隅中

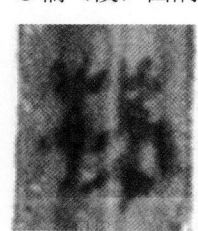

嶽・為吏 72

〇徙上椯（端）

馬貳 219_39/50

○二曰榍（喘）息

北貳·老子36

○無所榍（揣）其

漢印文字徵

○趙榍之印

【櫱（橛）】

《說文》：橜，弋也。从木厥聲。一曰門梱也。

北魏·尉遲氏造像

○亡息牛橜

北魏·韓顯祖造像

○平馬栓（橛）

【樴】

《說文》：樴，弋也。从木哉聲。

【杖】

《說文》：杖，持也。从木丈聲。

馬貳 98_14

○大杖被髮

敦煌簡 0557

○板四杖付御吏夏賞

武·儀禮甲《服傳》2

○帶苴杖竹也

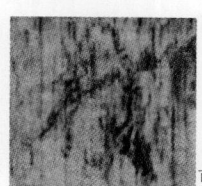

東牌樓 028 背

○杖下諸亭

北齊·無量義經二

○刀杖來加害

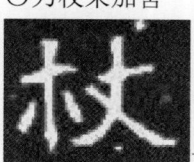

北齊·張海翼誌

○杖策歸漢

【柭】

《說文》：柭，棓也。从木犮聲。

【棓】

《說文》：棓，梲也。从木咅聲。

漢銘·史侯家染栖

漢銘·陽信家溫酒器一

里·第八層623

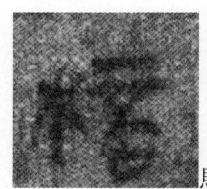

○桮敢

馬貳110_33/33

○桮(栖)漬一日

馬貳69_26/26

○酒盈一衷（中）桮

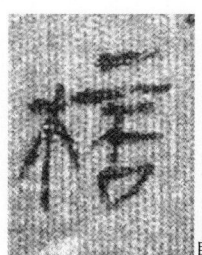

馬貳69_26/26

○一衷（中）桮

張·脈書7

張·引書2

○水一桮

銀壹795

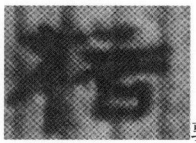

○大桮(栖)三

敦煌簡0008

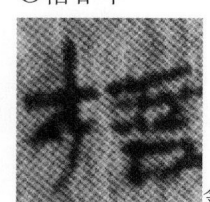

○桮廿斗

金關T30:214

○柱一桮

【椎】

《說文》：椎，擊也。齊謂之終葵。从木隹聲。

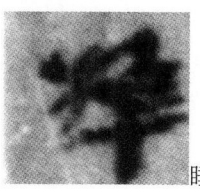

睡·日甲《詰》36

○以棘椎桃秉柄

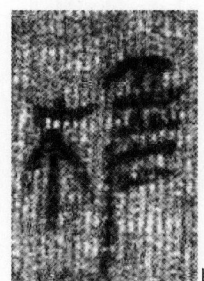

馬貳 79_213/200
○以鐵椎段之

銀壹 838
○長椎枋（柄）

敦煌簡 1698
○短椎二

金關 T24:592
○椎連梃各廿

吳簡嘉禾·五·二一八
○男子鄧椎

秦代印風
○令狐椎

廿世紀璽印三-GY
○椎斧司馬

漢印文字徵
○令狐椎

漢印文字徵
○椎斧司馬

漢晉南北朝印風
○椎斧司馬

【柯】

《說文》：柯，斧柄也。从木可聲。

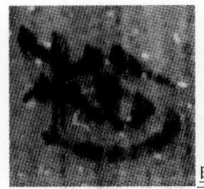

里·第八層 478

馬壹 76_48

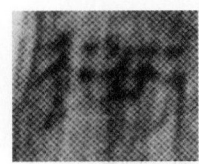

敦煌簡 1418

關沮·蕭·遣冊 6

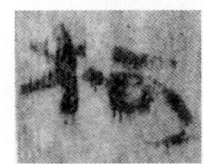

金關 T24∶592

廿世紀璽印三-SY

○吕柯之印

漢印文字徵

○朱柯

漢印文字徵

○孫柯之印

漢代官印選

○牂柯太守印

東漢·曹全碑陰

○故集曹史柯相文舉千

北魏·爾朱紹誌

北魏·寇霄誌

北魏·程法珠誌

【梲】

《說文》：梲，木杖也。从木兌聲。

北壹·倉頡篇 12

○趣等梲咫

【柄】

《説文》：柄，柯也。从木丙聲。

【棅】

《説文》：棅，或从秉。

睡·為吏 5

○操邦柄慎度量來者

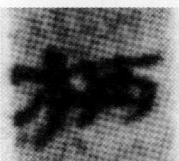

武·甲《少牢》13

○覆之南柄

銀壹 366

北魏·元乂誌

北齊·堯峻誌

【柲】

《説文》：柲，欑也。从木必聲。

秦文字編 892

漢印文字徵

○柲豐私印

漢印文字徵

○柲不識

漢印文字徵

○柲尊私印

漢晉南北朝印風

○柲尊私印

【欑】

《説文》：欑，積竹杖也。从木贊聲。一曰穿也。一曰叢木。

北魏·元鑽遠誌

○嚴欑將撤

北魏·元顯魏誌

○飛霜夜欑

北魏·元譚誌

○龍欑將撤

北魏·元伯陽誌

○飛霜夜欑

北魏·李榘蘭誌

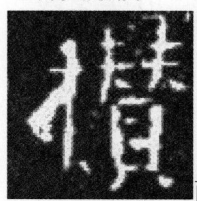

○傳美嚴欑

西魏·朱龍妻任氏誌

○勘欑劇務

【屎】

《説文》：屎，箕柄也。从木尸聲。

【柅】

《説文》：柅，屎或从木尼聲。

睡·日甲《歲》64

○楚夏屎（夷）

【榜】

《説文》：榜，所以輔弓弩。从木旁聲。

東魏·元寶建誌

北齊·崔芬誌

【檠】

《説文》：檠，榜也。从木敬聲。

金關 T06:062A

○過滿弩檠繩齊采色

【櫽】

《説文》：櫽，栝也。从木，隱省聲。

【栝】

《説文》：栝，櫽也。从木昏聲。一曰矢栝，築弦處。

漢印文字徵

○方栝之印

【棋（棋）】

《說文》：棋，博棋。从木其聲。

東魏·李憲誌

○勢若棋壘

北周·董榮暉誌

○彈棋盡書生之擎

【椄】

《說文》：椄，續木也。从木妾聲。

里·第八層 412

馬貳 80_231/218

銀壹 163

漢印文字徵

○椄儒

漢印文字徵

○露椄

漢晉南北朝印風

○椄治

【栙】

《說文》：栙，栙雙也。从木夅聲。讀若鴻。

【栝】

《說文》：栝，炊竈木。从木舌聲。

馬壹 129_73 下

東漢·趙菿殘碑

○□□檼栝之

北魏·員標誌

○英毅栝橐

東魏·王僧誌

○松栝始

【槽】

《說文》：槽，畜獸之食器。从木曹聲。

【臬】

《說文》：臬，射準的也。从木从自。李陽冰曰："自非聲，从劓省。"

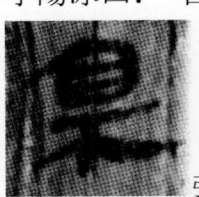

張·引書 16

北魏·元嵩誌

○邦之彥臬

【桶】

《說文》：桶，木方，受六升。从木甬聲。

漢銘·大司農權

漢銘·光和斛二

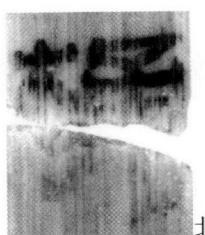

北壹·倉頡篇 55

○窖廩倉桶概參

【櫓】

《說文》：櫓，大盾也。从木魯聲。

【樐】

《說文》：樐，或从鹵。

北魏·楊舒誌

北齊·徐顯秀誌

【樂】

《說文》：樂，五聲八音總名。象鼓鞞。木，虡也。

戰晚・十四年相邦冉戈

秦代・樂府鐘

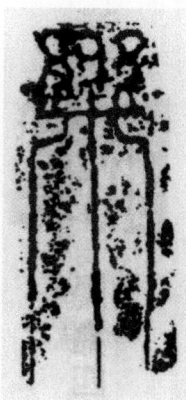

漢銘・禹氏洗

漢銘・長樂洗

漢銘・聖主佐宮中行樂錢

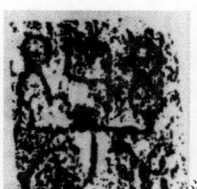

漢銘・樂未央壺

漢銘・文帝九年句鑃四

漢銘・新常樂衛士飯幘

漢銘・富貴昌樂未央甗

漢銘・昆陽乘輿銅鼎

漢銘・內者樂臥行鐙

睡・為吏 40

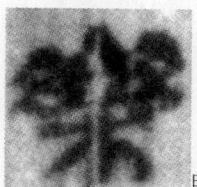

睡・日甲《稷叢辰》32

睡・日甲《詰》32

獄·為吏30

獄·猩敞案55

里·第八層1286

馬壹106_76\245

馬壹43_34上

馬壹4_8下

馬貳216_1/12

張·奏讞書106

張·蓋盧37

銀壹622

北貳·老子206

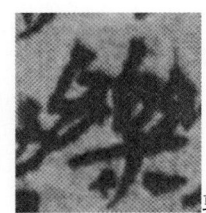

敦煌簡1464A

敦煌簡0639B

敦煌簡 1291

金關 T01:315

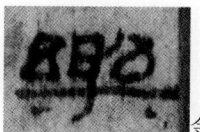

金關 T28:016

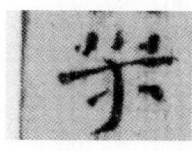

金關 T28:097

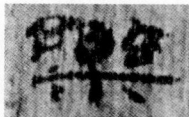

金關 T02:039

金關 T05:023A

武·甲《燕禮》53

吳簡嘉禾·五·一五四

吳簡嘉禾·五·一五六

吳簡嘉禾·五·一五九

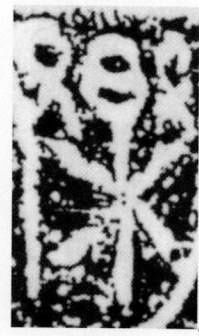

歷代印匋封泥

○樂□

廿世紀璽印二-SY

○樂鞅

歷代印匋封泥

○樂府

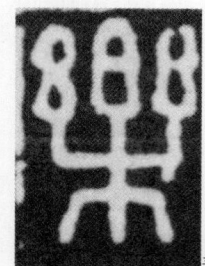

秦代印風

○田樂

秦代印風

○樂家

秦代印風

○吳樂

秦代印風

○樂平君印

廿世紀璽印三-GP

○樂成

秦代印風

○民樂

歷代印匋封泥

○樂府丞印

歷代印匋封泥

○左樂雍鐘

秦代印風

○樂陰右尉

廿世紀璽印三-SY

○王樂印

廿世紀璽印三-SY

○李樂弟

漢晉南北朝印風

○樂鄉

漢晉南北朝印風

○高樂長印

漢晉南北朝印風
○常樂單印

歷代印匋封泥
○樂陸任之印

漢晉南北朝印風
○樂里酒公

廿世紀璽印三-SY
○戴樂世印

廿世紀璽印三-SP
○長樂千万

漢晉南北朝印風
○樂陵校長

漢代官印選
○樂安侯印

漢代官印選
○高樂侯印

漢代官印選
○平樂監印

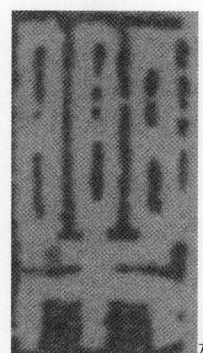

柿葉齋兩漢印萃
○樂通

漢印文字徵
○兒樂安

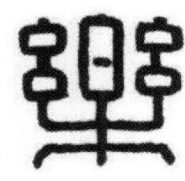

○長樂　漢印文字徵

○長樂　漢印文字徵

○樂雲私印　漢印文字徵

○齊樂府印　漢印文字徵

○樂之印　漢印文字徵

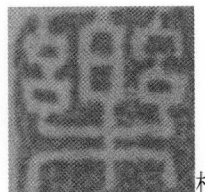

○東門樂印　柿葉齋兩漢印萃

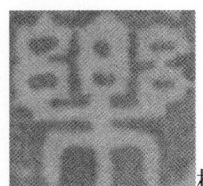

○陽樂侯相　漢印文字徵

○長樂萬歲工　歷代印匋封泥

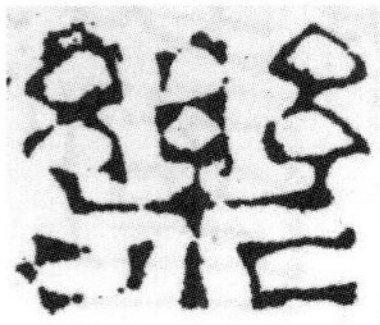

○長樂未央　柿葉齋兩漢印萃

○齊樂府印　歷代印匋封泥

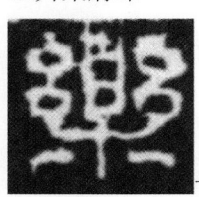

○樂除白事　廿世紀璽印四-SY

○囗樂生印　漢晉南北朝印風

漢晉南北朝印風

○張樂

漢晉南北朝印風

○樂丁

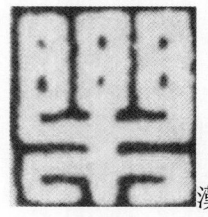

漢晉南北朝印風

○郭常樂印

漢晉南北朝印風

○開樂成

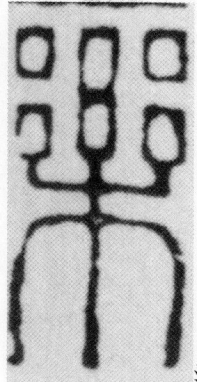

漢晉南北朝印風

○樂崎

漢晉南北朝印風

○李樂

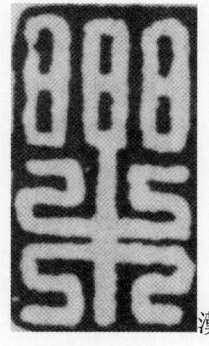

漢晉南北朝印風

○朱樂

漢晉南北朝印風

○樂願

漢晉南北朝印風

○李樂至

漢晉南北朝印風

○王樂平

石鼓・而師

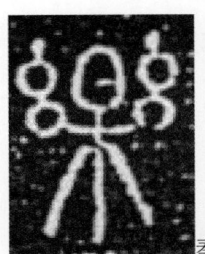

秦公大墓石磬

懷后磬

東漢・建寧三年殘碑

西晉・臨辟雍碑

北齊・斛律氏誌蓋

○齊故樂陵王妃斛律氏墓誌銘

【柎】

《說文》：柎，闌足也。从木付聲。

馬貳 213_15/116

○二曰蟬柎（附）

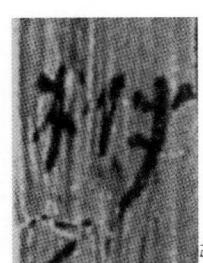

張・脈書 26

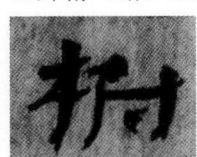

○外柎（跗）上

金關 T30:026

○奴山柎等言案致收

漢印文字徵

○柎更

柿葉齋兩漢印萃

○張山柎印

漢晉南北朝印風

○陳山柎印

北魏·元弼誌

○柎萼方紛

【枹】

《說文》：枹，擊鼓杖也。从木包聲。

馬壹 7_46 上

○枹（包）妄（荒）用馮河

馬壹 4_2 下

○包（枹）羞（憂）

張·奏讞書 164

○且置枹（庖）

銀壹 469

○右慮（攄）枹

【椌】

《說文》：椌，柷樂也。从木空聲。

【柷】

《說文》：柷，樂，木空也。所以止音爲節。从木，祝省聲。

【槧】

《說文》：槧，牘樸也。从木斬聲。

馬壹 82_49

○可毋槧（慚）乎

【札】

《說文》：札，牒也。从木乙聲。

睡·效律 41

2684

○甲旅札贏其籍

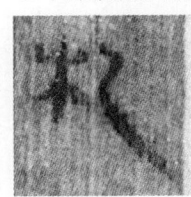

里·第八層999

○擇拾札見絲上皆會

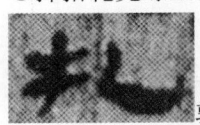

敦煌簡2146

○亭長以札署表

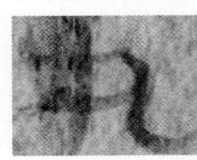

金關 T21:444

○繩四札八孔

東漢·西岳華山廟碑陽

○遏禳凶札

北齊·劉雙仁誌

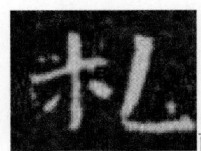

○箭穿七札

南朝齊·劉岱誌

○書札

【檢】

《説文》：檢，書署也。从木僉聲。

馬貳244_256

○繡檢（奩）襪一

敦煌簡0974B

○爲記詫檄檢下

金關 T24:532A

○取偃檢謁移過所縣

東牌樓146

○臣上檢御如此

漢印文字徵

○檢非之印

秦文字編895

東漢·張景造土牛碑

北魏·席盛誌

北齊·赫連子悅誌

【檄】

《說文》：檄，二尺書。从木敫聲。

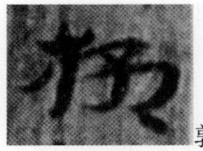

敦煌簡 0974B
○爲記詫檄檢下

金關 T30:170
○與游檄彭祖捕

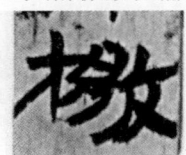

金關 T10:154A
○行檄

東牌樓 070 正
○通檄

北壹·倉頡篇 39
○膩偏檄

東漢·曹全碑陽

晉·大中正殘石

東晉·王建之誌

北齊·崔頠誌
○膺斯府檄

【棨】

《說文》：棨，傳，信也。从木，啟省聲。

【楘】

《說文》：楘，車歷錄束文也。从木孜聲。《詩》曰："五楘梁輈。"

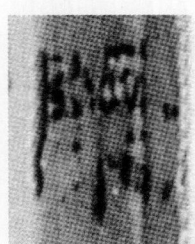

銀貳 1164

漢印文字徵
○楘讓居

2686

【柘】

《説文》：柘，行馬也。从木互聲。《周禮》曰："設柣柘再重。"

【柣】

《説文》：柣，柣柘也。从木，陛省聲。

【极】

《説文》：极，驢上負也。从木及聲。或讀若急。

敦煌簡 1160

秦文字編 895

【柱】

《説文》：柱，极也。从木去聲。

【槅】

《説文》：槅，大車枙也。从木鬲聲。

【槈】

《説文》：槈，車轂中空也。从木梟聲。讀若藪。

漢印文字徵

○槈安之印

【楇】

《説文》：楇，盛膏器。从木咼聲。讀若過。

【柳】

《説文》：柳，馬柱。从木卬聲。一曰堅也。

北壹・倉頡篇 12

○騧虢刻柳

【梱】

《説文》：梱，梱斗，可射鼠。从木固聲。

【欙】

《説文》：欙，山行所乘者。从木纍聲。《虞書》曰："予乘四載。"水行乘舟，陸行乘車，山行乘欙，澤行乘輴。

睡・秦律十八種 134

○枸櫝欙杕鬼薪白粲

【榷】

《説文》：榷，水上橫木，所以渡者也。从木隺聲。

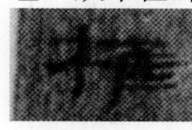

敦煌簡 1418
○安定榷中田

漢印文字徵
○酒榷

漢晉南北朝印風
○酒榷

【橋】

《説文》：橋，水梁也。从木喬聲。

睡・為吏 21
○正以橋（矯）之

睡・為吏 14
○千（阡）佰（陌）津橋

獄・為吏 74
○多草橋陷

馬壹 80_12
○君相橋於宋

張・盜律 66
○橋（矯）相以爲

金關 T01:030
○□里橋定

北壹・倉頡篇 54
○柱枅橋梁

秦代印風
○橋鳥

○橋奮　廿世紀鉨印三-SY

○橋更　秦代印風

○橋息　秦代印風

○橋兜　廿世紀鉨印三-SY

○橋贅　秦代印風

○長夷涇橋　秦代印風

○橋獲　秦代印風

○橋況私印　柿葉齋兩漢印萃

○橋明私印　柿葉齋兩漢印萃

○橋時　漢印文字徵

○橋澤　漢印文字徵

漢印文字徵
○橋之異印

漢印文字徵
○橋捐之

漢印文字徵
○橋就

漢印文字徵
○長夷涇橋

漢印文字徵
○橋明私印

漢晉南北朝印風
○橋湯

漢晉南北朝印風
○橋博

漢晉南北朝印風
○橋轉
東漢・開通褒斜道摩崖刻石
○大橋五

東漢・石門頌
○橋梁斷絕

東魏・義橋石像碑額

○義橋石像之碑

　東魏·廣陽元湛誌

○渭橋之後車

　北齊·柴季蘭造像

○玉橋七寸

【梁】

　《說文》：梁，水橋也。从木从水，刅聲。

【淙】

　《說文》：淙，古文。

　漢銘·新嘉量二

　漢銘·新衡杆

　漢銘·新嘉量一

　漢銘·新銅丈

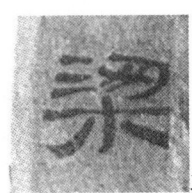

　敦煌簡 0639A

○樛平梁賢尹

　金關 T01:075

○戍卒梁國

　北壹·倉頡篇 54

○柱枅橋梁

　吳簡嘉禾·四·一〇一

○周梁佃田

　歷代印匋封泥

○梁於里附城

漢晉南北朝印風

○梁父令印

廿世紀璽印三-SY

○梁觀印信

漢晉南北朝印風

○梁令之印

漢印文字徵

○蘇梁私印

漢印文字徵

○梁令之印

漢印文字徵

○卑梁國丞

漢印文字徵

○梁廄丞印

漢晉南北朝印風

○梁勝之印

漢晉南北朝印風

○梁秉

東漢·譙敏碑

東漢·肥致碑

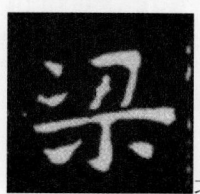

北魏·元尚之誌

○涇梁益

北魏·元演誌

○梁州刺史

北魏·元仙誌

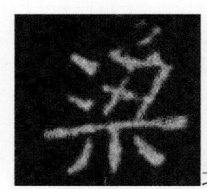

○涇梁益

北齊·暢洛生造像

○梁榮國

北齊·劉洪徽誌蓋

○大齊太尉公平梁王劉君墓誌

北齊·崔德誌

○梁郡太守

北齊·斛律氏誌

○弘陰教於梁邸

【梭】

《説文》：梭，船總名。从木夋聲。

【橃】

《説文》：橃，海中大船。从木發聲。

【楫】

《説文》：楫，舟櫂也。从木咠聲。

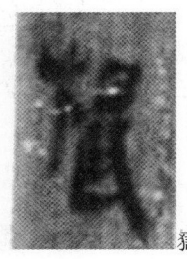

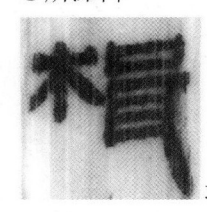

獄·為吏 60

○所深楫

北壹·倉頡篇 58

○維楫舩方百四

北魏·元彧誌

○舟楫生民

北魏·元肅誌

○將爲舟楫

北魏·賈瑾誌

○令棲鳳楫(戢)翼

北魏·元子正誌

○長爲舟楫

北齊・高湑誌
〇浮川俟楫

【檋】

《說文》：檋，江中大船名。从木蠱聲。

【校】

《說文》：校，木囚也。从木交聲。

里・第八層64
〇廷校

馬壹12_79下
〇校滅耳凶（兇）

張・奏讞書80
〇校長丙部

敦煌簡0169
〇茭又盡校

金關T23：272
〇校六月十五日

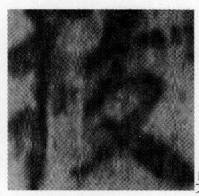

吳簡嘉禾・五・四
〇趙野校

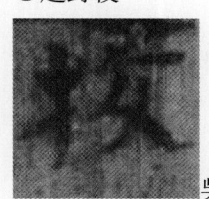

吳簡嘉禾・四・三六二
〇陳通校

漢晉南北朝印風

漢晉南北朝印風

廿世紀璽印三-GP
〇校長

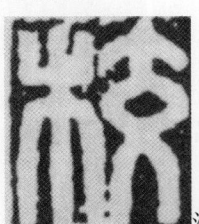

漢晉南北朝印風

○左校令印

廿世紀璽印三-GY

漢晉南北朝印風

漢晉南北朝印風

漢晉南北朝印風

漢代官印選

○城門校尉

漢代官印選

○中壘校尉

歷代印匋封泥

○司丞校印

漢代官印選

○校司馬印

漢印文字徵

○左校丞印

漢印文字徵

○校長

廿世紀璽印四-GY

○折鋒校尉

漢晉南北朝印風

○武猛校尉

漢晉南北朝印風

2695

○中部校尉章

廿世紀璽印四-GY

○武猛校尉

漢晉南北朝印風

○司校起印

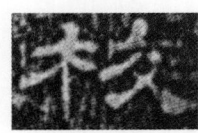

東漢・史晨後碑

○越騎校尉拜

東漢・袁敞殘碑

○步兵校尉

東漢・王威畫像石墓題記

○護烏桓校尉

三國吳・天發神讖碑

○西部校尉

東晉・霍口誌

○南夷校尉

北魏・元偃誌

○城門校尉元偃

北魏・元朗誌

○除步兵校尉直後

東魏・趙秋唐吳造像

北齊・狄湛誌

○領東羌校尉

【櫟】

《說文》：櫟，澤中守艸樓。從木巢聲。

北魏・元朗誌

○京師懷櫟（巢）幕之憂

北魏・元新成妃李氏誌

○居層櫟以作配

【采】

《説文》：采，捋取也。从木从爪。

睡·秦律十八種 181
○半升采（菜）羹

睡·秦律雜抄 23
○右采鐵

嶽·為吏 20
○食畜采（菜）進

里·第八層 454
○采鐵

馬壹 16_6 下\99 下
○文之李（理）采（彩）

馬貳 291_368/268
○笥五采（彩）畫

馬貳 286_318/337
○采（彩）斿（游）豹沈（枕）

銀壹 403
○令以采章

銀貳 1821
○蓄采（菜）

北貳·老子 44
○服文采帶利劍

敦煌簡 0170
○旌鼓采而已

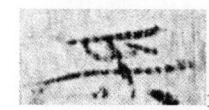

金關 T06:062A
○過滿弩檠繩齊采色

東牌樓 043 背
○名爲采安

廿世紀璽印三-GP
○采銀

廿世紀璽印三-GP
○隍采金印

歷代印匋封泥
○西采金印

廿世紀璽印三-GP
○齊采鐵印

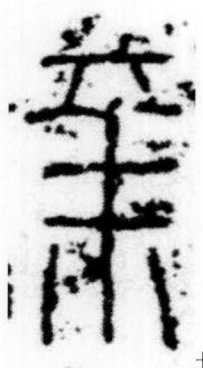

廿世紀璽印三-SP
○臣采

漢晉南北朝印風
○東光采空丞

歷代印匋封泥
○采銅

漢印文字徵
○采勇私印

漢印文字徵
○苦采宮始

漢印文字徵

○采田

漢印文字徵

○采勝

歷代印匋封泥

○楚采銅丞

東漢·白石神君碑

○采玄石勒功名

東漢·尚博殘碑

晉·洛神十三行

○嬉左倚采

北魏·元禮之誌

○桂采松茶

北魏·元珍誌

○亮采百揆

北齊·孫昕造像

○洪元鬱采

北齊·傅華誌

○衣無兼采

【柿】

《說文》：柿，削木札樸也。从木市聲。陳楚謂櫝爲柿。

【橫】

《說文》：橫，闌木也。从木黃聲。

漢銘・横山宮鐙

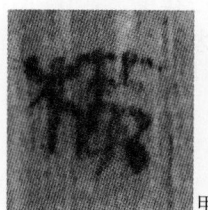

里・第八層背 1434

馬壹 84_120

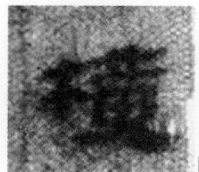

馬貳 34_26 上

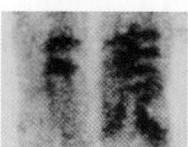

銀壹 241

敦煌簡 0697

金關 T26:217

秦代印風

○郭横

漢晉南北朝印風

○横海侯印

廿世紀璽印三-SY

○尹横之印

漢印文字徵

○編横

漢代官印選

○横海將軍

歷代印匋封泥

○横海侯丞

漢印文字徵

○橫海候印

漢晉南北朝印風

○尹橫之印

漢晉南北朝印風

○竇橫之印

漢晉南北朝印風

○毛橫之印

東漢·曹全碑陽

東漢·楊震碑

北魏·元願平妻王氏誌

北魏·公孫猗誌

北魏·元悌誌

【梜】

《説文》：梜，檢柙也。从木夾聲。

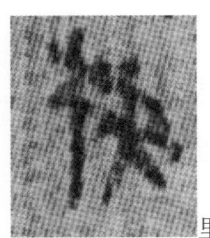

里·第八層 145

○治梟梜

敦煌簡 2139

【桄】

《説文》：桄，充也。从木光聲。

【檇】

《説文》：檇，以木有所擣也。从木雋聲。《春秋傳》曰："越敗吳於檇李。"

【椓】

《説文》：椓，擊也。从木豖聲。

漢印文字徵

○椓池私印

2701

【朾】

《説文》：朾，橦也。从木丁聲。

北壹・倉頡篇 71
○踐羺朾截

【柧】

《説文》：柧，棱也。从木瓜聲。又，柧棱，殿堂上最高之處也。

馬貳 279_237/36
○柧（弧）弩一具象

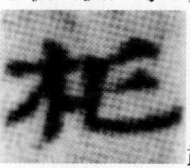

武・甲《特牲》47
○爵柧（觚）

武・甲《少牢》8
○爵柧（觚）

【棱】

《説文》：棱，柧也。从木夌聲。

敦煌簡 1006A

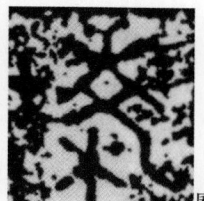

歷代印匋封泥
○華門陳棱參三左里故亭豆

漢印文字徵
○馬棱私印

漢晉南北朝印風
○馬棱私印

東魏・閭叱地連誌

北周・乙弗紹誌

【櫱】

《説文》：櫱，伐木餘也。从木獻聲。《商書》曰："若顛木之有㽕櫱。"

【枿】

《説文》：枿，櫱或从木辥聲。

【不】

《説文》：㡭，古文櫱从木，無頭。

【㮊】

《説文》：㮊，亦古文櫱。

【枰】

《説文》：枰，平也。从木从平，平亦聲。

【㧔】

《説文》：㧔，折木也。从木立聲。

【槎】

《説文》：槎，衺斫也。从木差聲。《春秋傳》曰："山不槎。"

里·第八層 355

【柮】

《説文》：柮，斷也。从木出聲。讀若《爾雅》"貀無前足"之"貀"。

【檮】

《説文》：檮，斷木也。从木𩵋聲。《春秋傳》曰："檮柮。"

馬壹 149_67/241 下
○不用檮（籌）筴

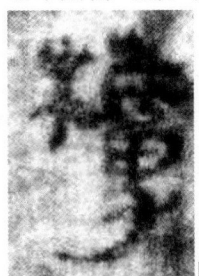

馬壹 101_145
○不以檮（籌）筴（策）

馬壹 4_2 下
○疇（檮）離（羅）祉（齒）

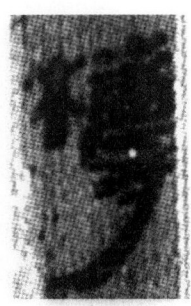

銀貳 1701
○草木檮（凋）枯

北貳·老子 192
○不用檮（籌）筴

敦煌簡 1397
○第三檮

金關 T27:044A
○卒日迹檮

【析】

《說文》：析，破木也。一曰折也。从木从斤。

睡·編年記 9

獄·質日 3533

里·第八層 1221

馬貳 32_5 上

張·秩律 457

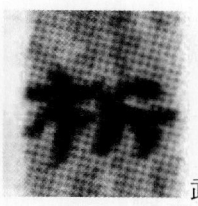

武·甲本《泰射》15

北壹·倉頡篇 46
○襄鄂鄧析酈

漢印文字徵
○析丞之印

漢印文字徵
○公穎析

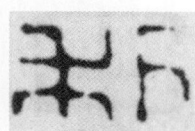

漢晉南北朝印風
○大處石卿召

東漢·西狹頌

三國魏·王基斷碑
○綜析無形

北魏·元徽誌

○邊同析胏

北魏·元悌誌

○析綵麗天

北魏·元纂誌

○析瑤枝於扶桑

東魏·元均及妻杜氏誌

○臨戎弛析

北齊·赫連子悅誌

○剖析如流

北周·韋彪誌

【㯤（聚）】

《說文》：㯤，木薪也。从木取聲。

漢印文字徵

○聚克國

漢印文字徵

○聚元

【梡】

《說文》：梡，梡，木薪也。从木完聲。

馬壹100_114

○何胃（謂）貴大梡（患）若身

【棞】

《說文》：棞，梡木未析也。从木囷聲。

【楄】

《說文》：楄，楄部，方木也。从木扁聲。《春秋傳》曰："楄部薦榦。"

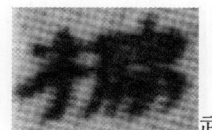

武·儀禮甲《服傳》4

○贊（䞈）楄（屏）柱楣（楣）

【楅】

《說文》：楅，以木有所逼束也。从木畐聲。《詩》曰："夏而楅衡。"

馬壹 147_51/225 下

○卅楅（輻）同一轂

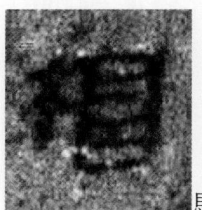

馬壹 122_28 上

○囗臣楅（輻）屬者

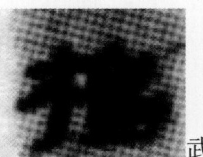

武·甲《特牲》15

○佐食啟楅（櫝）

武·甲《泰射》60

○揖適楅南

【枼】

《說文》：枼，楄也。枼，薄也。从木世聲。

銀壹 298

○見使枼（牒）來言

秦駰玉版

○枼（世）万子孫

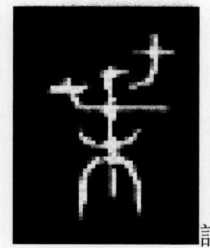

詛楚文·沈湫

○枼萬子孫

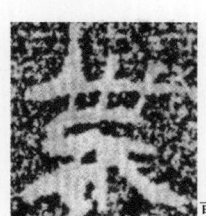

東漢·元嘉元年畫像石墓題記二

【櫼】

《說文》：櫼，積火燎之也。从木从火，酉聲。《詩》曰："薪之櫼之。"《周禮》："以櫼燎祠司中、司命。"

【禉】

《說文》：禉，柴祭天神或从示。

【休】

《説文》：休，息止也。从人依木。

【庥】

《説文》：庥，休或从广。

休 西晚·不其簋

○女(汝)休弗以

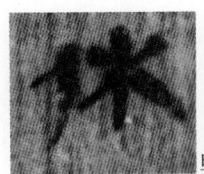

休 里·第八層 2030

休 馬壹 92_303

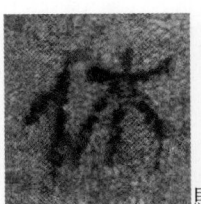

休 馬貳 115_109/108

休 張·引書 88

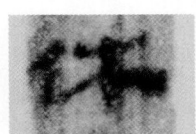

休 銀壹 323

休 敦煌簡 1028

○葦格休

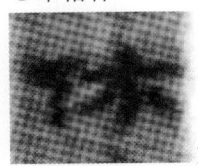

休 武·日本《有司》77

○尸休祝

休 東牌樓 049 背

○既緣休使

休 廿世紀璽印三-SY

○周休私印

休 漢印文字徵

○漢休著胡佰長

休 秦駰玉版

休 東漢·尚博殘碑

東漢·開母廟石闕銘

○皇極正而降休

東漢·朝侯小子殘碑

東漢·趙寬碑

三國魏·三體石經殘·篆文

三國魏·三體石經殘·古文

三國魏·三體石經殘·隸書

西晉·司馬馗妻誌

北魏·李謀誌蓋

北魏·元子永誌

○字長休

東魏·元悰誌

○休沐不歸

東魏·元季聰誌

【榾】

《說文》：榾，竟也。从木恆聲。

【亙】

《說文》：亙，古文榾。

【械】

《說文》：械，桎梏也。从木戒聲。一曰器之總名。一曰持也。一曰有盛爲械，無盛爲器。

敦煌簡 0203

○部尉械逮故若絕城

北魏·楊舒誌

○收其器械之資

【杽】

《説文》：杽，械也。从木从手，手亦聲。

【桎】

《説文》：桎，足械也。从木至聲。

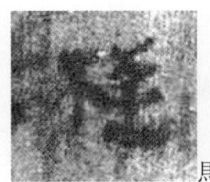

馬壹 75_28

○斬桎梏（逾）□

北貳·老子 14

○桎（質）真若渝

【梏】

《説文》：梏，手械也。从木告聲。

敦煌簡 0688

漢印文字徵

○方梏之印

【櫪】

《説文》：櫪，櫪撕，椑指也。从木歷聲。

北齊·崔幼妃誌

【撕】

《説文》：撕，櫪撕也。从木斯聲。

【檻】

《説文》：檻，櫳也。从木監聲。一曰圈。

東魏·□仟造像

【櫳】

《説文》：櫳，檻也。从木龍聲。

東魏·王令媛誌

【柙】

《説文》：柙，檻也。以藏虎兕。从木甲聲。

【㞷】

《説文》：㞷，古文柙。

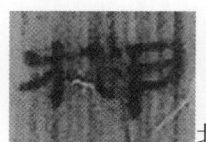

北貳·老子 97

東漢·西狹頌

【棺】

《説文》：棺，關也。所以掩尸。从木官聲。

獄·芮盜案 65

馬貳 294_400/393

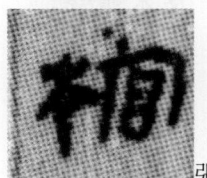

張·賜律 284

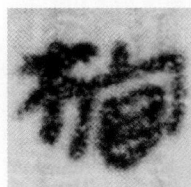

銀壹 410

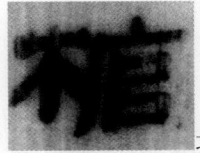

北壹·倉頡篇 11

○絶冢郭棺柩巴

詛楚文·沈湫

○櫝棺之中

詛楚文·巫咸

○冥室櫝棺之中

西漢·楚王墓塞石銘

○天述葬棺郭

西晉·孫松女誌

○杉棺五寸

北魏·皇甫驎誌

○臨棺悲慟

東魏·劉幼妃誌

○一旦闔棺

【櫬】

《説文》：櫬，棺也。从木親聲。《春秋傳》曰："士輿櫬。"

2710

西晉·司馬馗妻誌

○協櫬于皇考太常戴侯陵

北魏·郭定興誌

○敬銘櫬前

北魏·元楨誌

○委櫬窮塋

【槽】

《說文》：槽，棺櫝也。从木曹聲。

張·津關令 501

○印封櫝槽

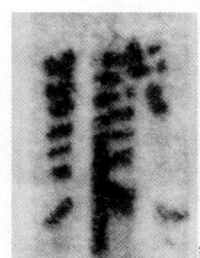

銀壹 416

○以攻槽也

【櫝】

《說文》：櫝，葬有木𩫏也。从木𩫏聲。

戰晚·春成左庫戈

東漢·郭季妃畫像石墓題記

○西河圜陽郭季妃之槨（櫝）

東漢·郭季妃畫像石墓題記

○仲理之槨（櫝）

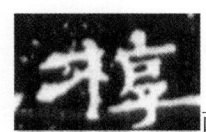

西晉·孫松女誌

北齊·李清造報德像碑

北齊·堯峻誌

北齊·常文貴誌

○柏槨以就

【楬】

《說文》：楬，楬桀也。从木曷聲。《春秋傳》曰："楬而書之。"

關·日書 211

里·第八層 92

馬貳 218_26/37

馬貳 73_109/109

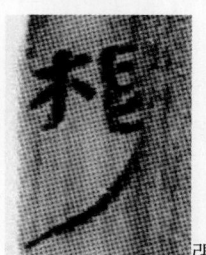

張·秩律 451

漢印文字徵
○趙楬

漢印文字徵
○楬

【梟】

《說文》：梟，不孝鳥也。日至，捕梟磔之。从鳥頭在木上。

張·賊律 34
○子皆梟其首市

銀壹 602

東漢·北海相景君碑陽
○鴟梟不鳴

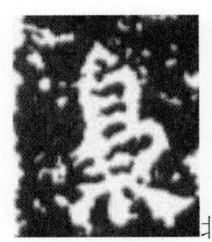

北魏·劉賢誌

○蕃君梟雄果毅

北魏·元瞻誌

東魏·元悰誌

【棐】

《說文》：棐，輔也。从木非聲。

吳簡嘉禾·五·三四五

○吏松棐佃田卌八町

【梔】

《說文》：梔，木實可染。从木卮聲。

【榭】

《說文》：榭，臺有屋也。从木躲聲。

東魏·元顯誌

○秋風起榭

【槊】

《說文》：槊，矛也。从木朔聲。

敦煌簡 0172

○毋爲弛槊

【椸】

《說文》：椸，衣架也。从木施聲。

【榻】

《說文》：榻，牀也。从木昜聲。

【櫍】

《說文》：櫍，柎也。从木質聲。

【櫂】

《說文》：櫂，所以進舩也。从木翟聲。或从卓。《史記》通用濯。

敦煌簡 0238B

○長櫂椴

十六國北涼·沮渠安周造像

○□櫂於駭浪

【橰】

《說文》：櫸，桔橰，汲水器也。从木皋聲。

【橁】

《說文》：橁，櫄杙也。从木春聲。

【櫻】

《說文》：櫻，果也。从木嬰聲。

【棶】

《說文》：棶，棟也。从木，策省聲。

【㾺】

馬壹 258_5 上\21 上

○東委㾺

【朴】

漢印文字徵

○朴安世

【枀】

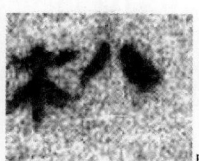

馬壹 134_44 上/121 上

【朳】

武·甲《少牢》7

【杶】

廿世紀璽印二-GP

○杶

【杅】

居·EPT52.555

○木杅端有斧刃

【杇】

馬壹 13_88 上

○初九杇（虞）吉有

2714

北壹·倉頡篇 34
〇溉櫺杅端直

〖朾〗

金關 T01:001

〖村〗

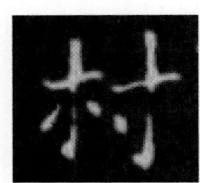

北魏·元順誌

北齊·朱曇思等造塔記

〖托〗

敦煌簡 0166
〇托功所與

〖杉〗

漢印文字徵
〇杉安

北齊·暈禪師等造像
〇以冀不杉

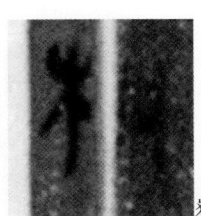

〖枫〗

獄·為吏 65
〇不枫（汎）不欲外交

北魏·陸紹誌
〇棄茲華枫

〖杬〗

馬貳 115_111/110

〖杲〗

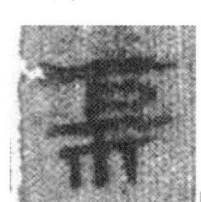

馬壹 39_13 下
〇以杲(矩)方也

〖柷〗

漢印文字徵
○枊犢

〖枉〗

漢印文字徵
○枉私印

漢印文字徵
○枉中猜

〖板〗

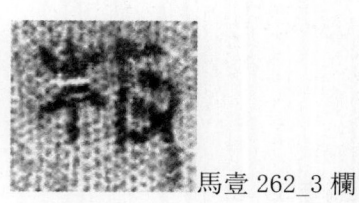

馬壹262_3欄
○三板（版）六畜

張・引書67

○足踐板端

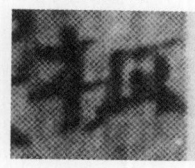

敦煌簡0812
○鋸門板

金關T31:142
○御府板詔令

漢印文字徵
○板盾夷長

漢晉南北朝印風
○板盾夷長

廿世紀璽印四-GY
○板盾夷長

北魏・元譚誌
○若夫玉板銀繩之言

北魏・元壽安誌
○金板玉牒

〖柲〗

第六卷

2716

〖柉〗

東漢・禮器碑

○籩柉禁壺

〖枔〗

馬貳 71_68/68

○黃枔(芩)

〖朳〗

漢印文字徵

○朳魁

〖栲〗

北魏・寇霄誌

〖栱〗

北齊・范粹誌

○懸生栱木

〖枑〗

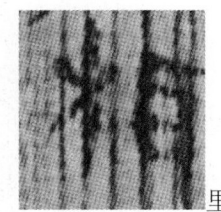

里・第八層 1562

○操枑（楛）以走

〖栢〗

北魏・源延伯誌

北魏・郭顯誌

○栢氏息金龍息

〖栘〗

漢銘・椒林明堂銅錠三

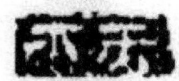

漢銘・椒林明堂銅錠三

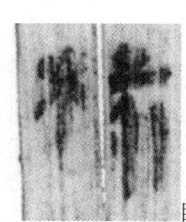

睡・封診式 66

○栘（蠻）鬱不周

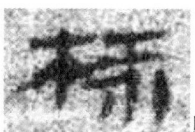

馬壹 5_30 上

○丼（井）栘（椒）无咎

【籾】

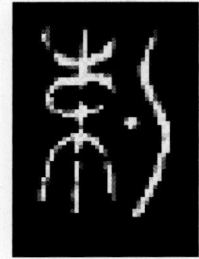

詛楚文・沈湫

○幽籾親戚

【柦】

漢印文字徵

○柦倫

【柣】

張・脈書 8

○上下不通柣（矢）

【柂】

馬壹 16_6 下\99 下

○柂（施）教於民

【桁】

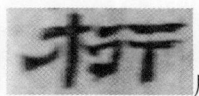

居・EPT40.202

○有黑兩桁不絕者

【栓】

漢印文字徵

○馮栓私印

【栙】

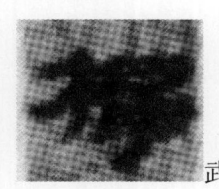

武・儀禮甲《服傳》59

○栙（櫛）栞（笄）也

【桙】

東漢・元嘉元年畫像石墓題記一

○玉女執尊杯桉桙

【柂】

睡・日甲《毀弃》119

○主昌柂（袘）衣

馬貳 238_191

2718

○柂（柂）二

〖桉〗

里・第八層 1564

○其謹桉（案）致

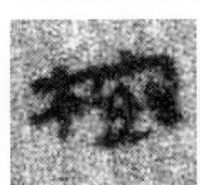

馬壹 136_63 上/140 上

○慎桉（案）亓（其）衆

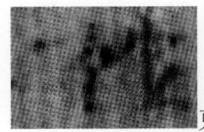

東牌樓 005

○罪奉桉檄

東漢・元嘉元年畫像石墓題記一

○玉女執尊杯桉柈

〖柒〗

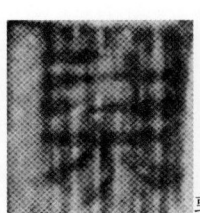

敦煌簡 1199

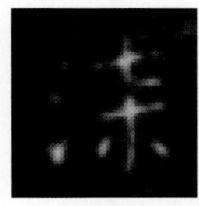

○柒子絡

北魏・元延明誌

○簡漆斯正

北魏・和邃誌

○祖柒（漆）

東魏・程哲碑

○何異垂翼柒（漆）蘭

北齊・婁黑女誌

○梓柒（漆）成林

〖架〗

漢印文字徵

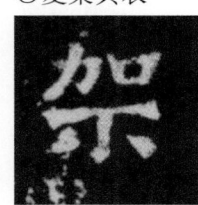

○夏架典農

北魏・侯憎誌

○崇峰架月

東魏・侯海誌

〖栂〗

馬壹 8_39 下
〇解亓（其）栂（拇）朋（傰）

〖桪〗

馬壹 144_40/214 上
〇草木之生也柔桪（脆）

〖桻〗

北壹・倉頡篇 63
〇杜楊鬱桻桃

〖桥〗

里・第八層 1608
〇田官桥

〖菜〗

金關 T01：001
〇主机菜弟

西晉・左棻誌
〇左棻

北魏・元廣誌
〇馨如蘭棻

〖桓〗

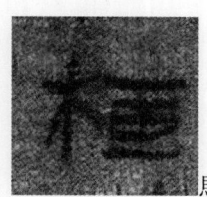

馬貳 111_45/45
〇取乾桓（薑）

〖棹〗

馬壹 98_84
〇死也棹（枯）薿（槁）

〖栀〗

北齊・道口造像
〇洪栀妻

〖椓〗

2720

柿葉齋兩漢印萃
○椓□私印

〖梌〗

睡·日甲2
○以取梌（塗）山

〖棒〗

北齊·許儁卅人造像
○歐陽桃棒

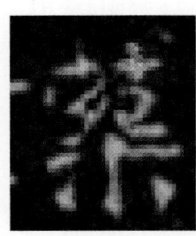

〖藥〗

北魏·弔比干文
○餐藥英而儼容

〖椶〗

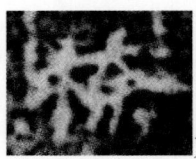

東魏·四十九人造像
○王椶花

〖棑〗

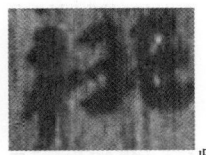

吳簡嘉禾·五·一五四
○男子　棑佃田

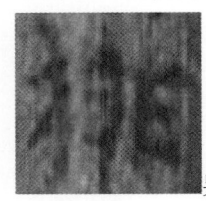

吳簡嘉禾·五·一二〇一
○男子謝棑佃田

東魏·慧光誌
○高棑（排）世網

〖椒〗

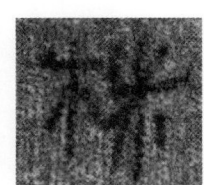

馬貳 86_360/350
○蜀椒、桂各一合

馬貳 83_306
○桂、椒

銀貳 1663
○竹箭椒至陰

敦煌簡 2012
○桂蜀椒各一分

漢印文字徵
○椒嚴之印

漢印文字徵
○頭椒

漢印文字徵
○椒音之印

晉・洛神十三行
○余□其椒(淑)美

北魏・盧令媛誌

北魏・元濬嬪耿氏誌

北魏・王誦妻元氏誌
○播彩椒房

北齊・徐顯秀誌
○繁如椒實

〖樟〗

東魏・朱永隆等七十人造像銘
○麾樟之緣

〖棰〗

銀壹 839
○棰長尺八寸

〖採〗

北齊・高叡修定國寺碑
○採椽茅屋

〖椈〗

北魏·李超誌

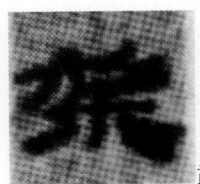

○楨椆

〖棥〗

武·甲《少牢》11

○同棥皆有幂（冪）

〖梗〗

漢印文字徵

○梗□

漢印文字徵

○梗經君印

〖桊〗

東漢·東漢·婁壽碑額

○桊樞甕牖

〖椀〗

北周·邵道生造像

〖椿〗

北魏·楊乾誌

北魏·劉氏誌

〖楪〗

漢印文字徵

○楪榆右尉

漢晉南北朝印風

○楪榆長印

〖椹〗

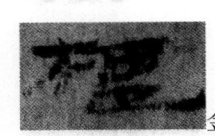

金關 T27:063

○蒲復椹一毋尊衣

〖榐〗

漢銘·永和六年洗

漢銘·永建五年朱提洗

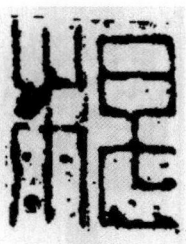

漢銘·永和二年洗

〖棍〗

北壹·倉頡篇54

○桴棍柱枅

〖樱〗

馬壹257_3下\9

○樱（橎）專（敷）之芙（蒲）

〖椰〗

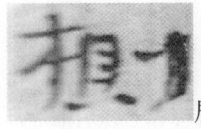

居·EPF22.11

○以大車半椰

〖楞〗

北魏·元順誌

○楞楞高韻

北魏·元順誌

○楞楞高韻

北魏·高伏德造像

○高楞

〖椴〗

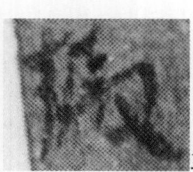

敦煌簡0238B

○榷椴

〖楱〗

漢晉南北朝印風

○闕楱孺

〖樓〗

岳·為吏治官及黔首23

2724

○圂氾毋槄（搜）

里·第六層 4

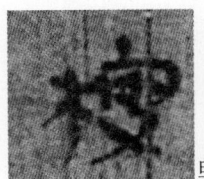

○假船二槄

里·第八層 1510

○四槄（艘）

〖槱〗

敦煌簡 639C

○山肥赦槱

〖榱〗

廿世紀璽印三-SY

○榱漢人

漢印文字徵

○榱印勉君

漢印文字徵

○大利榱敞

漢印文字徵

○榱讓

漢印文字徵

○榱子儀印

〖槙〗

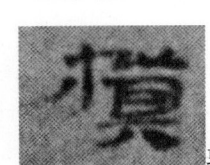

敦煌簡 2253

○辟柱槙（顛）到（倒）

〖樺〗

里·第八層 1041

○樺令史

〖樲〗

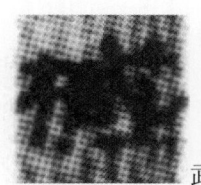

武·甲《特牲》1

○席于門中槸（闑）

〖橉〗

北魏·李璧誌

○靈橉神葉

北魏·元誘妻馮氏誌

○芳橉露謐

北魏·孫秋生造像

○秀蘭橉鼓馥於昌年

東魏·朱永隆等七十人造像銘

○華芳橉葩

北齊·李稚廉誌

○柯橉莫及

〖樺〗

馬貳 116_129/128

○以樺（椎）薄段

張·賊律 27

○樺（椎）傷人

銀壹 414

○樺（椎）下移師

〖槔〗

漢印文字徵

○槔禹脩印

〖榠〗

北魏·元昭誌

○榠櫨

〖樆〗

北齊·宋靈媛誌

○結縭成禮

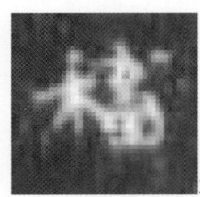

〖檣〗

北周·尉遲運誌

○智勇俱檣（畜）

〖槿〗

馬壹 97_46

○深槿（根）固氐（柢）

〖槫〗

馬貳 33_17 下

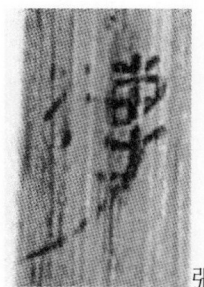

○長必槫

張·脈書 51

○汗出如珠槫而不流

銀壹 495

○固以槫（專）勝力分者

北貳·老子 145

○槫（摶）氣致柔

〖櫝〗

漢晉南北朝印風

○馬櫝信印

〖橡〗

東漢·元嘉元年畫像石墓題記一

○橡家親

東漢·元嘉元年畫像石墓題記一

○車橡其□

〖樟〗

東魏·房悅誌

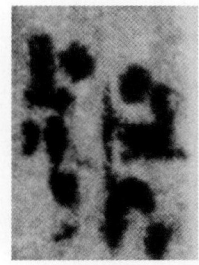

○樟洪自始

【槳】

銀壹 775

○槳人一

【樑】

北魏·和醜仁誌

○鬱爲樑(梁)棟

北魏·元彧誌

○猶是樑(梁)摧

北齊·劉碑造像

○根之樑(梁)棟

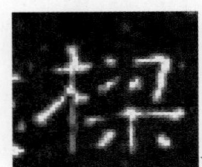

北齊·婁叡誌

○棟樑

【槊】

北壹·倉頡篇 39

【楷】

馬壹 37_30 下

○在下爲楷（潛）

【樸】

北魏·劉氏誌

○椿樸並茂

【橅】

居·EPT51.89

○射傷二橅

居·EPT6.8

○傷兩橅右淵各一所

【檜】

2728

馬壹 148_77/251 上
○將欲擒（翕）之必古（固）張之

北齊·元始宗誌

〖樽〗

漢銘·胡傅溫酒樽

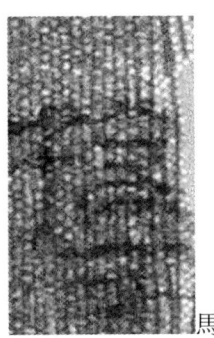

馬貳 92_481
○樽箕置八

北魏·元子正誌
○湛若衢樽

北齊·元賢誌
○折衝樽俎

〖檈〗

吳簡嘉禾·四·五三一
○男子李檈

〖欅〗

北魏·元馗誌
○以攉欅層基

北魏·李端誌
○迴欅先摧

北齊·張道貴誌
○根深欅茂

〖櫏〗

北齊·高顯國妃敬氏誌
○降此櫏（穠）華

〖櫃〗

2729

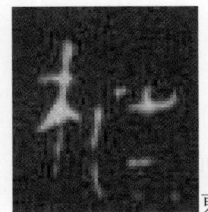

東魏·吳郡王蕭正表誌
○輼櫃溫溫

〖㰘〗

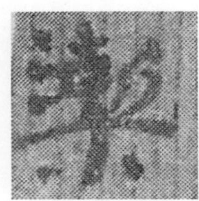

居·EPT59.652A
○伺㰘下與范君上

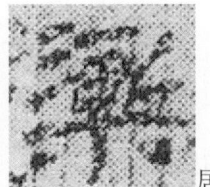

居·EPT59.342
○㰘少黍枚

〖櫘〗

里·第八層 1394
○櫘未到家

〖欑〗

北魏·席盛誌
○安定皇甫欑女

〖權〗

北魏·李超誌
○權(權)彼圮迹

東魏·馮令華誌
○揚權(權)而言

〖檋〗

居·EPF22.24
○即檋黑牛

〖欃〗

敦煌簡 2390
○陳欃自問

東魏·元均及妻杜氏誌
○故欃槍所指

〖欀〗

漢印文字徵

○弎欀

〖欄〗

東漢・張景造土牛碑

○周欄楯拾尺

東漢・張景造土牛碑

○欄楯

〖櫂〗

漢印文字徵

○傅櫂私印

東部

【東】

《説文》：東，動也。从木。官溥說：从日在木中。凡東之屬皆从東。

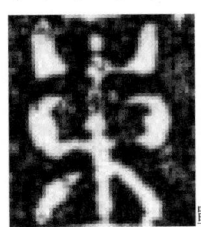

戰晚・九年呂不韋戈

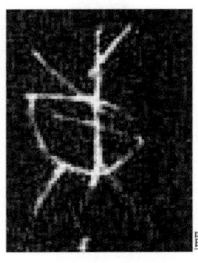

戰晚・二十六年蜀守武戈

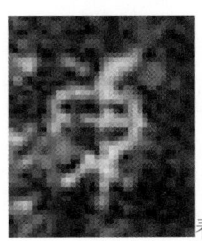

春早・秦政伯喪戈之一

漢銘・博邑家鼎

漢銘・東舍行鐙

漢銘・東海宫司空盤

漢銘・膠東食官刀

漢銘・上米壺七

漢銘・敬武主家銚

漢銘・上米壺五

睡・封診式 75

關・日書 144

里・第五層 6

馬壹 5_24 上

張・奏讞書 61

銀壹 238

敦煌簡 1293A

金關 T01:115

金關 T01:149

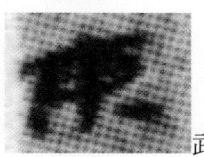

武・甲《特牲》7

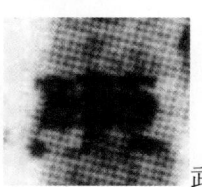

武・甲本《有司》4

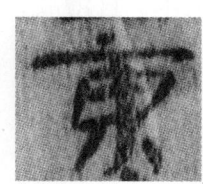

東牌樓 130

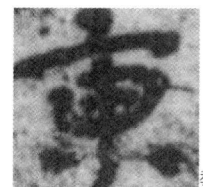

第六卷

魏晉殘紙

魏晉殘紙

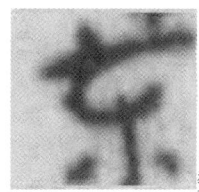

魏晉殘紙

歷代印匋封泥

○東酷里安

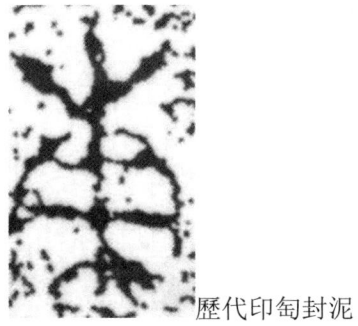

歷代印匋封泥

○□鹿□東里

廿世紀璽印三-GP

歷代印匋封泥

秦代印風

歷代印匋封泥

○東武市

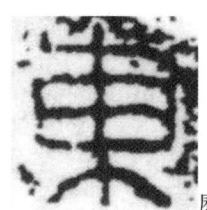

歷代印匋封泥

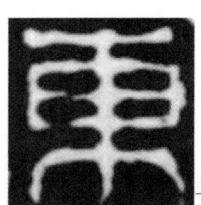

廿世紀璽印三-SY

○東門延壽

漢晉南北朝印風

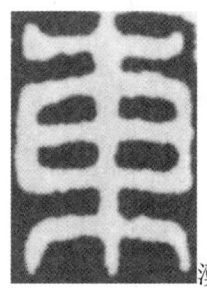

漢晉南北朝印風

2733

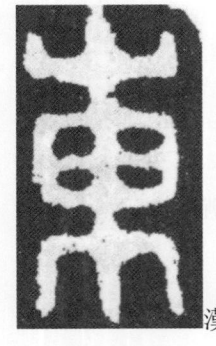

漢代官印選

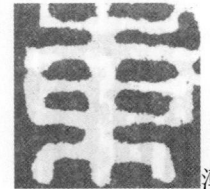

漢代官印選

漢印文字徵

○魏東

歷代印匋封泥

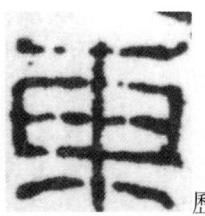

歷代印匋封泥

歷代印匋封泥

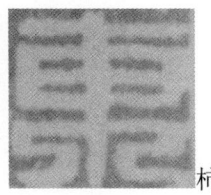

柿葉齋兩漢印萃

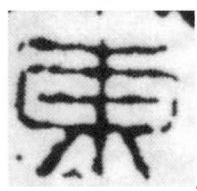

歷代印匋封泥

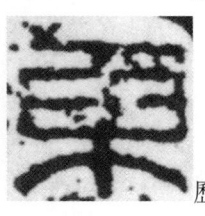

歷代印匋封泥

漢晉南北朝印風

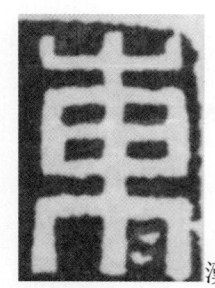

漢晉南北朝印風

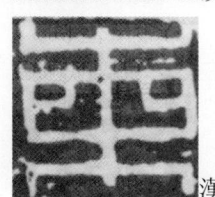

漢晉南北朝印風

○東垣長印

漢晉南北朝印風
〇隴東太守章

漢晉南北朝印風

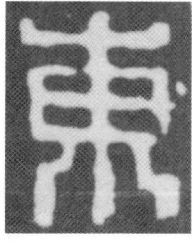

漢晉南北朝印風

廿世紀璽印四-GY
〇隴東太守章

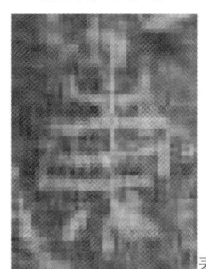

秦駰玉版

東漢・禮器碑側
〇河東臨汾敬信子直千

東漢・營陵置社碑

東漢・成陽靈臺碑

東漢・夏承碑

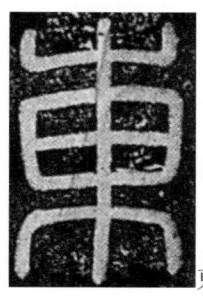

東漢・司徒袁安碑

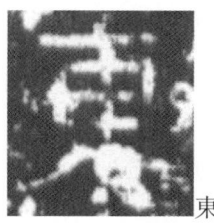

東漢・王子移葬誌

北魏・元思誌

東魏・趙紹誌

北齊・赫連子悅誌

【棘】

《說文》：棘，二東，曹从此。闕。

林部

【林】

《說文》：林，平土有叢木曰林。从二木。凡林之屬皆从林。

漢銘·永始乘輿鼎一

漢銘·上林鼎一

漢銘·椒林明堂銅錠三

漢銘·椒林明堂銅錠三

漢銘·上林鍾

漢銘·酈偏鼎

睡·編年記 24

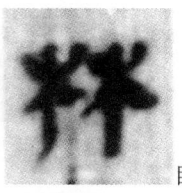

睡·秦律十八種 4

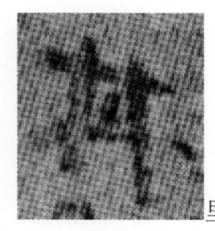

里·第八層 145

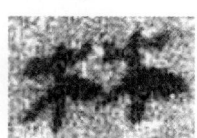

○林嬈

馬壹 9_49 上

張·田律 249

銀壹 346

敦煌簡 1975A

金關 T02:075

吳簡嘉禾·五·三六六

歷代印匋封泥

秦代印風

廿世紀璽印三-SY

廿世紀璽印三-SY

漢代官印選

柿葉齋兩漢印萃

○于林私印

漢晉南北朝印風

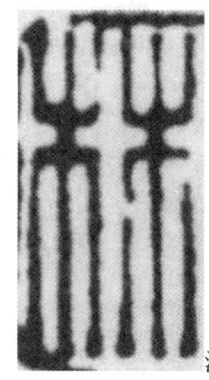

漢晉南北朝印風

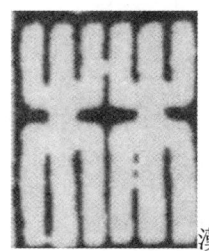

漢晉南北朝印風

漢晉南北朝印風

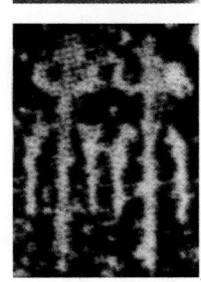

東漢・少室石闕銘

北魏・穆玉容誌蓋

東魏・司馬韶及妻侯氏誌

北齊・張世寶造塔記

【森】

《説文》：森，豐也。从林；奭。或說規模字。从大、卌，數之積也；林者，木之多也。卌與庶同意。《商書》曰："庶草繁無。"

【鬱】

《説文》：鬱，木叢生者。从林，鬱省聲。

睡·封診式 71

○索迹不鬱

睡·封診式 66

○索迹(椒)鬱不周項二寸

北壹·倉頡篇 63

○梓杜楊鬱梓

漢印文字徵

○張鬱

新莽·馮孺人題記

新莽·馮孺人題記

○鬱平大尹

新莽·馮孺人題記

○鬱平大尹馮君孺人中大門

晉·趙府君闕

○軍鬱林太守

北魏·元珽誌

○如松之鬱

北魏·元彌誌

○鬱若相如之美上林

北魏·王誦妻元氏誌

○銘旌委鬱

北魏·元斌誌

○本枝鬱矣

北魏·緱光姬誌

○鬱沃流薰

北魏·寇治誌

○山岳之望鬱起

北魏·元固誌

○鬱矣本枝

北魏·長孫盛誌

○鬱爲梁棟

北魏·和醜仁誌

○鬱爲梁棟

北魏·郭顯誌

○鬱矣華宗

東魏·高翻碑

○藻鬱搖光

北齊·柴季蘭造像

○匪鬱□樹

【楚】

《說文》：楚，叢木。一名荊也。從林疋聲。

漢銘·楚私官量

漢銘·楚鍾

漢銘·楚鐙

漢銘·蟠龍紋壺

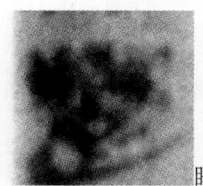

睡·日甲《歲》65

○一月楚屈夕日五夕

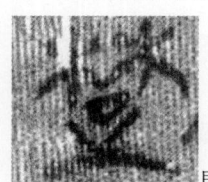

馬壹 258_2 上\18 上

○樹之以楚棘

馬壹 91_272

○攻楚

馬壹 82_70

○齊楚越

馬貳 260_31/47

○楚歌者四人

馬貳 260_28/44

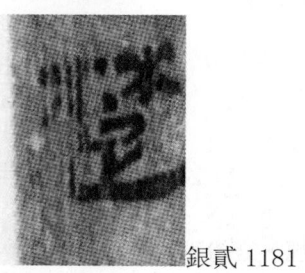

○二人楚服

張·奏讞書 9

銀貳 1181

○勝以楚越之竹書之

北貳·老子 201

○所居楚棘生之善者

金關 T32:058

○國穪楚里□

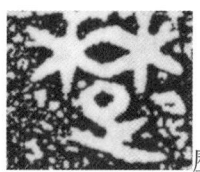

○ 楚采銅丞

漢印文字徵

○ 楚巷丞

漢印文字徵

○ 楚光之印

歷代印匋封泥

○ 楚采銅丞

漢印文字徵

○ 趙楚之印

漢印文字徵

○ 張楚

歷代印匋封泥

○ 楚郭□霖（鄉）蘆里狐

秦代印風

○ 楚萃

廿世紀璽印三-GY

○ 楚都尉印

漢晉南北朝印風

○ 楚宮司丞

廿世紀璽印三-GY

○ 楚邸

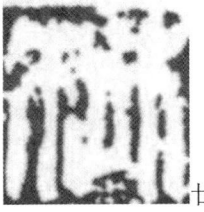

廿世紀璽印三-GY

○ 楚飲官印

廿世紀璽印三-GP

漢印文字徵
○期楚

漢印文字徵
○周楚人

漢晉南北朝印風
○行楚客印

詛楚文・沈湫
○穆公及楚成王

東漢・司徒袁安碑
○拜楚郡大守

東漢・西狹頌
○過者愴楚

東漢・景君碑
○封茲楚熊氏

三國魏・三體石經春秋・古文
○殺其大夫旱（得）

北魏・元彌誌
○敷外潤於鍾楚

北魏・王蕃誌
○楚挽西徂

北魏・元略誌
○遍楚心目

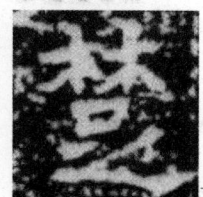

北齊・爾朱元靜誌

2742

○若楚王之信樊姬

【棽】

《説文》：棽，木枝條棽儷皃。从林今聲。

【楙】

《説文》：楙，木盛也。从林矛聲。

東漢・開母廟石闕銘
○芬茲楙於圃疇

【麓】

《説文》：麓，守山林吏也。从林鹿聲。一曰林屬於山爲麓。《春秋傳》曰："沙麓崩。"

【樚】

《説文》：樚，古文从录。

金關 T09：303
○麓年五十三

漢印文字徵
○麓泠長印

東漢・東漢・婁壽碑額
○麓綌大布之衣

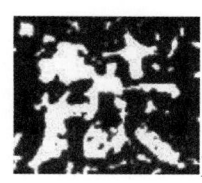

東漢・燕然山銘
○納於大麓

北魏・元恭誌

北魏・侯掌誌

北魏・楊胤誌
○蒼山之麓

北魏・元詮誌
○允膺納樚（麓）

【棼】

《説文》：棼，複屋棟也。从林分聲。

馬壹120_12上
○城郭棼（焚）

馬壹89_214
○棼（焚）秦符

馬壹12_73下
○棼（焚）亓（其）巢

【森】

《說文》：森，木多皃。从林从木。讀若曾參之參。

北魏・元維誌

【梵】

《說文》：梵，出自西域釋書，未詳意義。

東魏・高歸彥造像

東魏・南宗和尚塔銘
○梵剎時常作棟梁

北齊・無量義經二

【替】

漢印文字徵
○替澤

【橃】

北壹・倉頡篇28
○橃堇

才部

【才】

《說文》：才，艸木之初也。从丨上貫一，將生枝葉。一，地也。凡才之屬皆从才。

2744

春晚·秦公簋

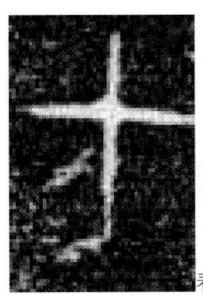

春早·秦公鐘

戰晚·新鄭虎符

春晚·秦公鎛

漢銘·高平宮金鼎

漢銘·離鼎

睡·秦律十八種 30

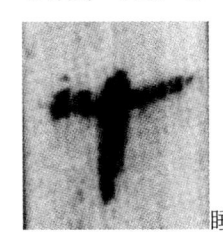

○膾才（在）都

睡·封診式 47

○咸陽才（在）某

馬壹 244_1 上\9 上

馬壹 107_99\268

馬貳 216_7/18

張·傅律 355

銀壹 681
○神通美（微）才（哉）

銀壹 677
○文王才（在）鄷

銀貳 1515

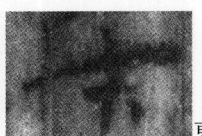

東牌樓 030 背
○臺幼才侍者勤

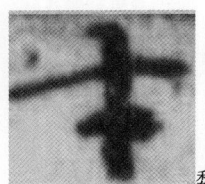

魏晉殘紙

廿世紀璽印二-SY
○許才

廿世紀璽印三-SP
○元平元年咸里周子才

歷代印匋封泥
○鄧夫才

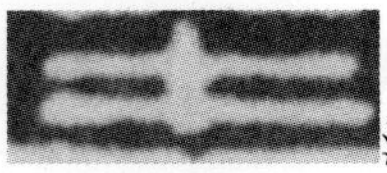

漢晉南北朝印風
○王賢才

東漢·張遷碑陰
○故吏韋義才錢四百

東漢·執金吾丞武榮碑

東漢·譙敏碑

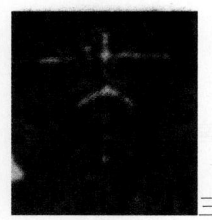

三國魏·三體石經尚書·篆文
○之迷亂酗于酒德才囗

三國魏·三體石經尚書·古文

○才（在）大甲

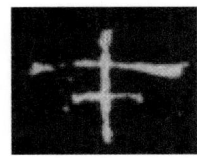

三國魏·三體石經尚書·隸書

○德才□

三國魏·三體石經尚書·古文

○酉（酒）德才□

北魏·鄭君妻誌

北魏·元思誌

叒部

【叒】

《說文》：叒，日初出東方湯谷，所登榑桑，叒木也。象形。凡叒之屬皆从叒。

【聶】

《說文》：聶，籀文。

【桑】

《說文》：桑，蠶所食葉木。从叒、木。

睡·日甲《詰》32

○人以桑

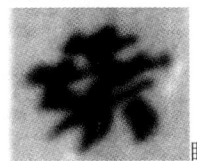

睡·日甲《詰》45

○爲桑丈（杖）奇

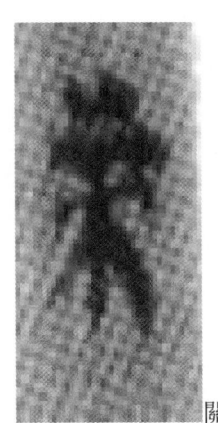

關·病方316

○多取檿桑木燔

里·第八層140

○桑唐趙歸

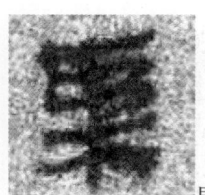

馬壹 9_58 上

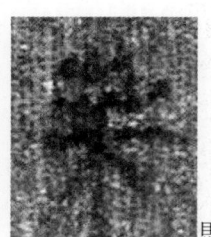

馬貳 87_383/373

○銚熺桑炭毚（纔）

張・奏讞書 165

○肉具桑炭甚美鐵盧

銀貳 1170

○嬰兒桑蠶巨事在

北壹・倉頡篇 63

○棗杏榆桑

吳簡嘉禾・四・八一

○子烝桑佃田九町凡

歷代印匋封泥

○桑林

廿世紀璽印三-GY

○山桑丞印

漢印文字徵

○桑肩私印

漢印文字徵

○山桑侯相

歷代印匋封泥

○山桑侯相

東漢・熹平元年墓石

○汝南山桑髮鉗宣曉

東漢・禮器碑

○顏育空桑

[西晉‧石定誌]

○逆賊汲桑破鄴都之後

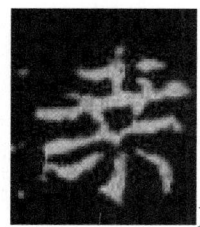

[東魏‧道寶碑記]

○絜行桑門

[東魏‧趙紹誌]

○除桑乾太守

之部

【𡳿（之）】

《說文》：𡳿，出也。象艸過中，枝莖益大，有所之。一者，地也。凡之之屬皆從之。

[戰晚‧大良造鞅戟]

[戰晚‧新郪虎符]

[春晚‧秦王鐘]

[戰晚‧二十六年始皇詔書銅權]

[戰中‧四年相邦樛斿戈]

[戰中‧杜虎符]

[戰中‧大良造鞅鐓]

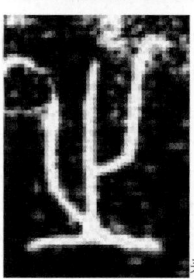

[春晚‧秦公簋]

[戰中‧商鞅量]

戰晚・左樂兩詔鈞權

戰晚・王四年相邦張義戈

戰中・王八年內史操戈

戰晚・左樂兩詔鈞權

戰晚或秦代・梡陽鼎

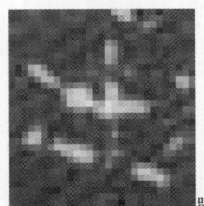

戰晚・十九年大良造鞅鐓

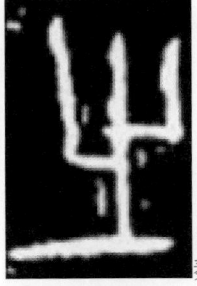

秦代・武城銅橢量

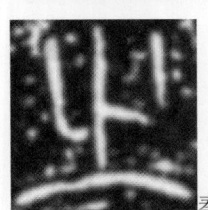

秦代・始皇詔八斤權一

秦代・始皇詔銅橢量六

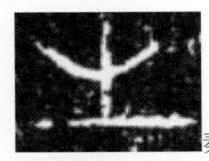

秦代・始皇詔銅橢量五

秦代・始皇詔銅橢量四

秦代・始皇詔銅權九

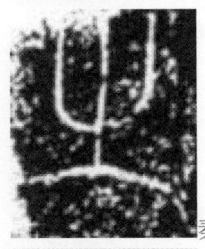

秦代・始皇十六斤銅權四

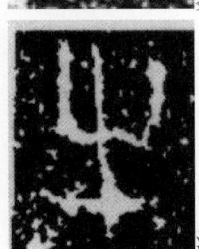

漢銘・光和斛一

漢銘・大司農權

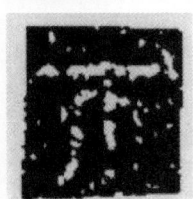

漢銘・光和斛一

睡·語書11

○公端之心而有冒枳

睡·語書6

睡·秦律十八種3

○郵行之盡八月

睡·效律54

○丞坐之如它官然

睡·法律答問208

睡·封診式86

睡·為吏34

○觀民之詐（作）

睡·為吏7

睡·為吏20

睡·日甲《取妻》155

睡·日甲11

睡·日甲《除》3

睡·日甲《詰》47

睡·日甲《詰》56

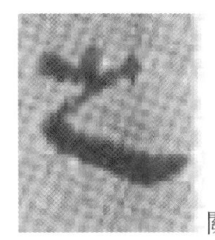

關·日書247

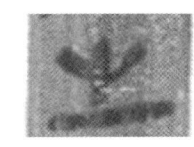

獄·質日2750

○甲子之起室

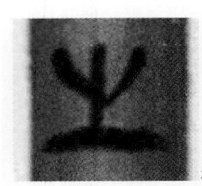

獄・為吏 32

獄・數 124

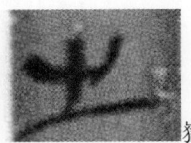

獄・數 97

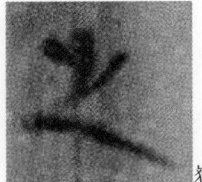

獄・數 55

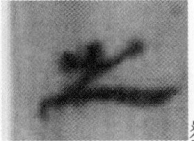

獄・得之強與棄妻奸案 173

里・第八層 136

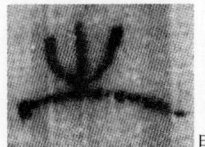

里・第八層 739

里・第八層背 704

里・第八層背 2191

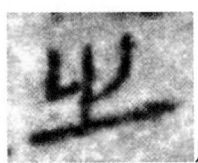

馬壹 82_52

○自復之術非進取之

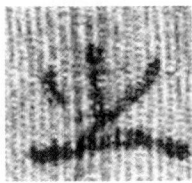

馬壹 271_6 上

馬壹 178_71 下

馬壹 124_46 上

○積怨之本也

馬壹 90_254

馬壹 81_33

○王憂之

馬壹 76_50

馬壹 16_16 下\109 下

馬壹 109_144\313

馬貳 215_11

馬貳 219_41/52

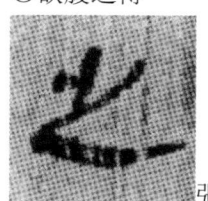

○欲腹之傅

張·賊律 1

張·賊律 15

○罪之所避

張·奏讞書 218

○何人所佩（佩）之巿

張·奏讞書 143

張·蓋廬 15

○凡戰之道何如而順

張·蓋廬 38

張·算數書 162

○分步之六求田一

張·算數書 169

張·脈書 47

○少陰之脈主治其所

張·引書 108

○以和之

張·引書 59

○左足之指而引極之

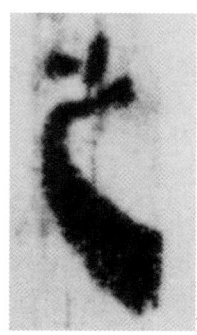

銀壹 734

銀貳 1214

銀貳 1213

銀貳 1566

北貳·老子 7

敦煌簡 1642

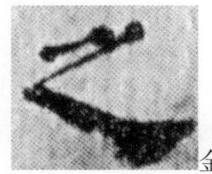

金關 T03:055

金關 T23:731B

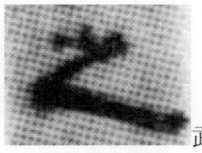

武·儀禮甲《士相見之禮》9

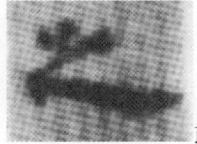

武·儀禮甲《服傳》21

武·甲《特牲》43

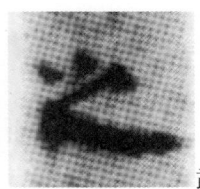

武·甲《少牢》32

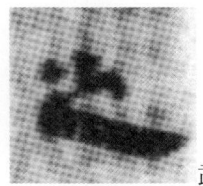

武·甲《有司》62

武·甲《燕禮》43

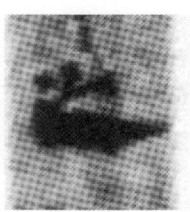

武·甲本《泰射》14

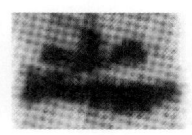

武·乙本《服傳》35

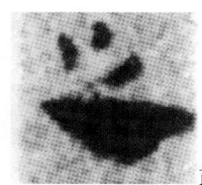

武·日忌木簡丙 6

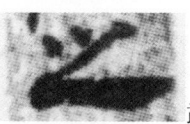

武·王杖 6

東牌樓 035 背

○虜興之□ 歷代印匋封泥

○呂之得 秦代印風

○李澤之 秦代印風

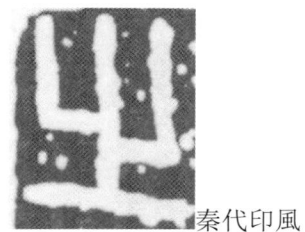

○召亭之印 秦代印風

○北鄉之印 秦代印風

○左田之印 秦代印風

○工師之印 秦代印風

○慎丞之印 歷代印匋封泥

○溫丞之印 歷代印匋封泥

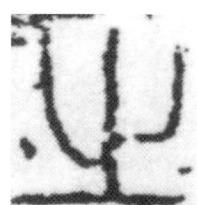

○廷尉之印 歷代印匋封泥

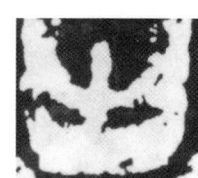

○宮之 歷代印匋封泥

○御府之印 歷代印匋封泥

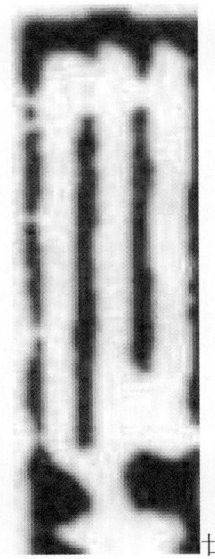

○勝之　廿世紀璽印三-SY

○召亭之印　漢晉南北朝印風

○史榮之印　廿世紀璽印三-SY

○皇后之璽　漢晉南北朝印風

○軍監之印　漢晉南北朝印風

○字丞之印　漢晉南北朝印風

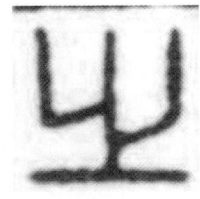

○鄭成之印　廿世紀璽印三-SY

○軍侯之印　漢晉南北朝印風

○□□□之印信　廿世紀璽印三-SP

○遂乘之印　廿世紀璽印三-SP

○泠道之印　廿世紀璽印三-GY

漢晉南北朝印風
○營侯之印

歷代印匋封泥
○國師之印章

漢晉南北朝印風
○家監之印

廿世紀璽印三-SY
○孟塍之印

廿世紀璽印三-SY
○劉崎之印

漢代官印選
○典客之印

漢印文字徵
○王勝之

漢代官印選
○鄨侯之印

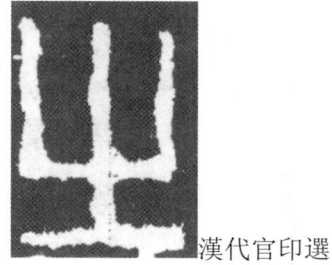

漢代官印選
○建平侯之章

漢代官印選
○謁者之章

漢代官印選
○長水校尉之印

柿葉齋兩漢印萃
○呂願之印

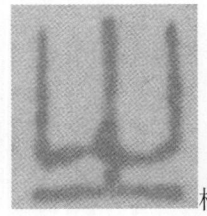

柿葉齋兩漢印萃
○楊充之印

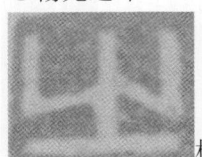

柿葉齋兩漢印萃
○工順之印

漢印文字徵
○萬滿之

漢印文字徵
○柜長之印

漢代官印選
○秅侯之章

漢印文字徵
○萬之歲印

柿葉齋兩漢印萃
○騎督之印

柿葉齋兩漢印萃
○弓和之印

漢印文字徵
○夏奉之印

歷代印匋封泥
○萬生舍之

歷代印匋封泥
○程倪之印

歷代印匋封泥
○涪令之印

歷代印匋封泥
○鄲長之印

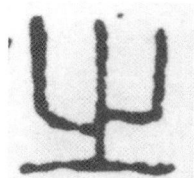

歷代印匋封泥
○中尉之印

歷代印匋封泥
○趙相之印章

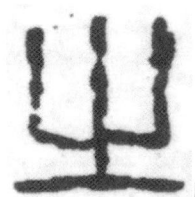

歷代印匋封泥
○奉常之印

柿葉齋兩漢印萃
○偏將軍之印

漢晉南北朝印風
○郫令之印

漢晉南北朝印風
○孟滕之印

漢晉南北朝印風
○宋吉之印

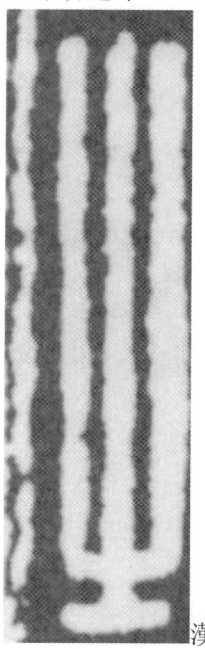

漢晉南北朝印風
○天強之

漢晉南北朝印風
○王福之印

漢晉南北朝印風
○鄧遂之印

漢晉南北朝印風

○牟平之印

漢晉南北朝印風

○牛勝之印

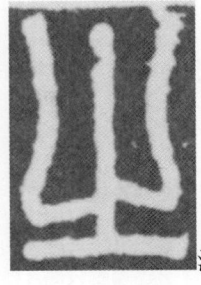

漢晉南北朝印風

○李君之印信

漢晉南北朝印風

○王林之印字長賓

漢晉南北朝印風

○公孫反之

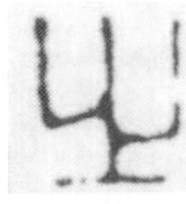

漢晉南北朝印風

○家犯之印

漢晉南北朝印風

○王農之印

漢晉南北朝印風

○王饒之印

漢晉南北朝印風

○□嘉之印

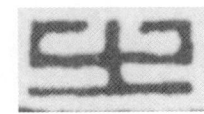

漢晉南北朝印風

○鄭勝之

秦駰玉版

詛楚文·巫咸

○外之則冒改久心

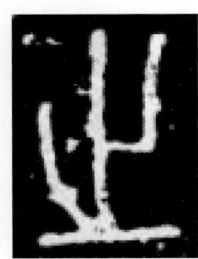

石鼓·汧殹

泰山刻石

懷后磬

瑯琊刻石

懷后磬

東漢・景君碑

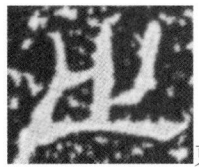

東漢・張遷碑陽

○釋之議爲不可

東漢・燕然山銘

東漢・夏承碑

東漢・樊敏碑

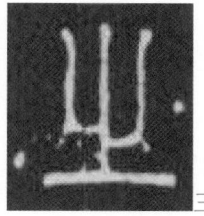

三國魏・三體石經春秋・篆文

○歸之于京師

三國魏・三體石經春秋・古文

○衛侯歸之于京師

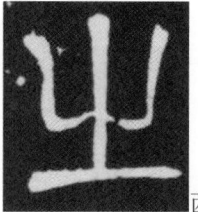

西晉・成晃碑額

○晉故處士成君之碑

北魏・元仙誌

○雖世承皇孫之貴

北魏・元賄誌

北魏・楊無醜誌蓋
北魏・元誨誌 
○高祖孝文皇帝之孫
北魏・侯憎誌 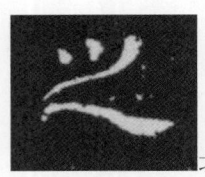
北魏・于景誌 
北魏・元誨誌 
○同遷延之役
北魏・劉賢誌蓋 
○劉戍主之墓誌
東魏・凝禪寺浮圖碑 
○凝禪寺三級浮圖之頌碑

東魏・元玕誌蓋
○魏故元使君之墓銘
北齊・宇文誠誌 
○世代纘纓之姿
北齊・張海翼誌 
○苞括卿相之才
北齊・夫子廟碑額 
○夫子之碑
北周・華岳廟碑額 
○西岳華山神廟之碑

【皇】

《說文》：皇，艸木妄生也。从之在土上。讀若皇。

帀部

【帀】

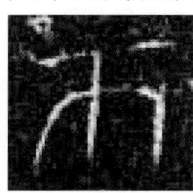

《說文》：币，周也。从反之而币也。凡币之屬皆从币。周盛說。

戰晚・卅六年私官鼎

戰中・王八年內史操戈

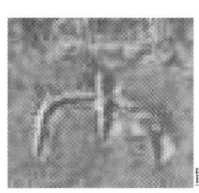

戰晚・二十一年相邦冉戈

春早・秦子矛

漢銘・新嘉量二

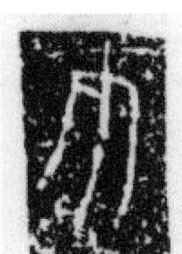

漢銘・新嘉量一

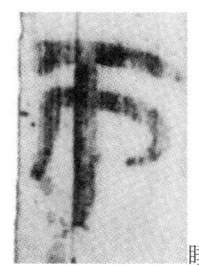

睡・日甲 149

○

銀壹 727

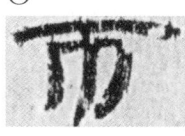

○

金關 T05：008B

【師】

《說文》：師，二千五百人爲師。从币从𠂤。𠂤，四币，眾意也。

【𠂤】

《說文》：𠂤，古文師。

戰晚・六年漢中守戈

戰晚・寺工師初壺

2763

戰晚·二十五年上郡守廟戈

戰晚·囗年上郡守戈

戰晚·七年上郡閒戈

戰晚·十六年少府戈

戰晚·高陵君鼎

漢銘·扶侯鍾

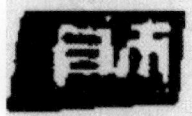

漢銘·上林量

漢銘·初平五年洗

漢銘·蜀郡成都何師作洗

睡·秦律雜抄 18

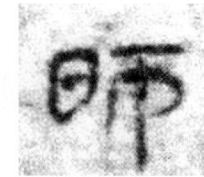

馬壹 91_269

○怒益師丘（與）韓

馬壹 4_7 下

張·傅律 365

銀壹 405

銀貳 1201

北貳·老子 194

敦煌簡 0241

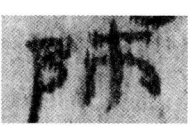

金關 T25：005

武·甲《泰射》9

北壹·倉頡篇 31

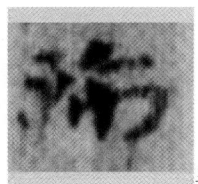

吳簡嘉禾·六六零九

○故剛師臨湘

秦代印風

廿世紀璽印三-SP

○薛師

廿世紀璽印三-SY

○馬師種

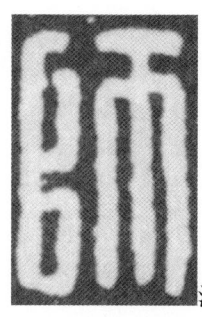

漢晉南北朝印風

漢晉南北朝印風

漢代官印選

漢印文字徵

○師彭

漢印文字徵

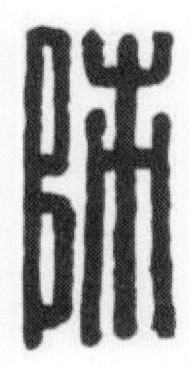

漢印文字徵

○師過

漢印文字徵

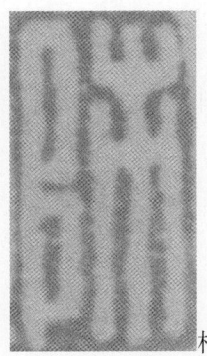

柿葉齋兩漢印萃

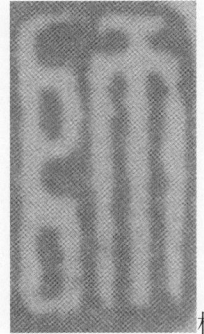

柿葉齋兩漢印萃

漢晉南北朝印風

詛楚文·亞駝

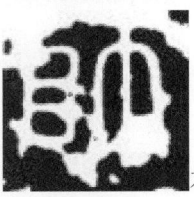

石鼓·而師

東漢·曹全碑陽

東漢·馮緄碑

○振旅還師

東漢·石祠堂石柱題記

○使師操義

三國魏·三體石經春秋·篆文

○師戰于彭衙秦師

三國魏·三體石經春秋·隸書

三國魏・三體石經殘・古文

○齊師

十六國北涼・沮渠安周造像

○法師法鎧

北魏・劉文朗造像

○□師劉萬

北魏・元颺誌

○太師領司徒公

北魏・寇憑誌

北魏・元恪嬪李氏誌

北魏・元顯魏誌

北齊・許儁卅人造像

北齊・優婆姨等造像

○法胄□師

北周・寇嶠妻誌

○師其女容

〖匝〗

北魏・辛穆誌

○痛匝市壥

北魏・元端誌

○圍城數匝

北魏・檀賓誌

○匝宇流哀

北魏·元鑒誌

○仁匝冬晷

北齊·常文貴誌

○星機匝換

出部

【出】

《說文》：山，進也。象艸木益滋，上出達也。凡出之屬皆从出。

睡·秦律十八種 30

睡·效律 29

睡·法律答問 159

睡·日甲 21

睡·日甲 4

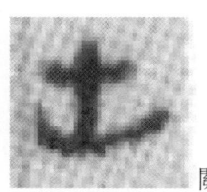

關·病方 350

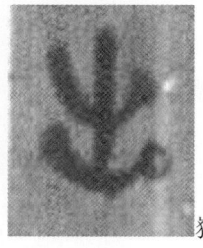

嶽·占夢書 18

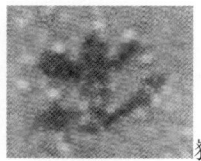

嶽·數 149

嶽·猩敞案 57

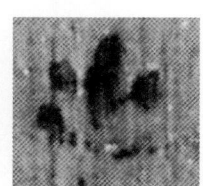

里·第六層 5

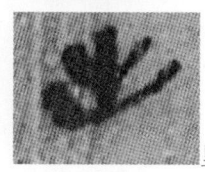

里·第八層 409

里·第八層 1201

馬壹 82_70

第六卷

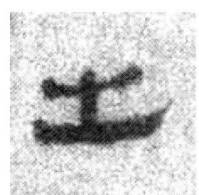

馬壹 130_11 上\88 上

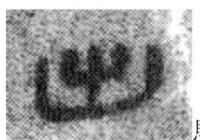

馬壹 15_7 上\100 上

馬貳 9_12 下\4

張·田律 255

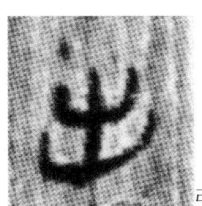

張·奏讞書 77

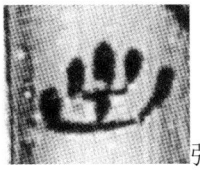

張·脈書 9

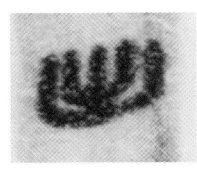

銀壹 263

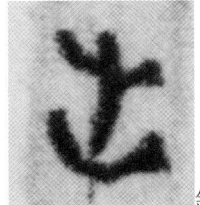

銀壹 900

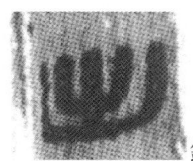

銀貳 1699

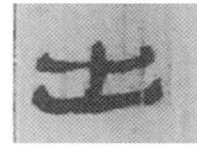

北貳·老子 137

○動而揄（愈）出

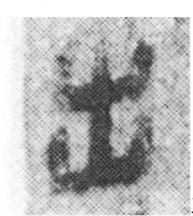

敦煌簡 2183

金關 T31:087

○移函出

金關 T11:018

金關 T06:014B

○書到出入如律令

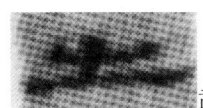

武·儀禮甲《士相見之禮》7

○拜賓出使擯者

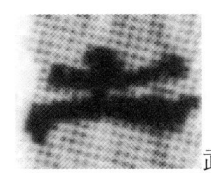

武·甲《特牲》10

○賓出主人拜送

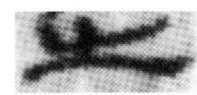

武·甲《特牲》51

○俎出廟門乃反位

武・甲《少牢》47

○興出主人送乃退

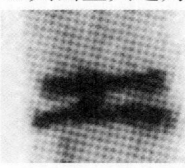

武・甲《有司》28

○房中出實爵尊

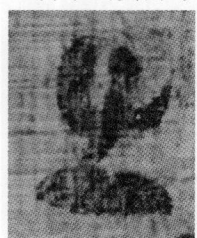

東牌樓 051 正

○得到出人云□人

廿世紀璽印三-SY

○出利

漢印文字徵

○公孫出客

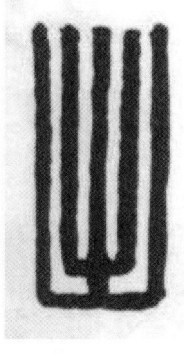

漢印文字徵

○利出

漢印文字徵

漢印文字徵

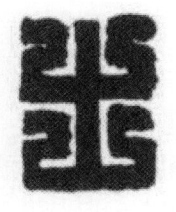

漢印文字徵

○利出入

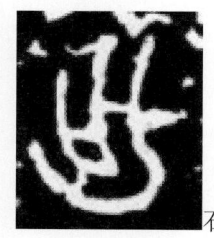

石鼓・田車

○□出各亞

東漢・毗上等字殘碑

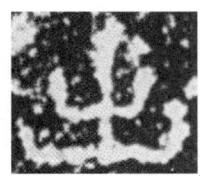

東漢・三老諱字忌日刻石

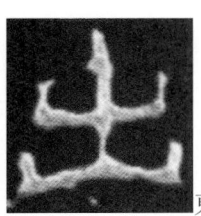

東漢・楊震碑

東漢・乙瑛碑

東漢・史晨後碑

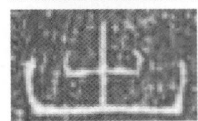

東漢・禮器碑

三國魏・三體石經尚書・古文
〇其祟出於不祥

三國魏・三體石經春秋・隸書

北魏・張整誌

北魏・元保洛誌
〇出身高陽

北魏・王悅及妻郭氏誌

北周・華岳廟碑

【敖（敖）】

《說文》：敖，游也。从出从放。

睡・法律答問 165

睡・為吏 19

馬壹247_5下

張・蓋盧48

敦煌簡1457A

北壹・倉頡篇49

○游敖周

吳簡嘉禾・五・二五三

○男子敖音佃田四町

歷代印匋封泥

○三九里敖

漢印文字徵

○公陽敖印

漢印文字徵

○李敖之印

漢印文字徵

○李敖

三國魏・三體石經春秋・隸書

○君顥公孫敖如齊

三國魏・三體石經春秋・篆文

○公孫敖會晉侯于戚

北魏・元維誌

○故遊梁敖（遬）楚之客

北魏・王昌誌

北魏・元悌誌

〇敖翔子集

北魏・王基誌

〇敖（傲）然獨足

【賣（賣）】

《說文》：賣，出物貨也。从出从買。

里・第八層 1055

馬壹 82_63

張・市律 261

張・奏讞書 11

張・算數書 135

敦煌簡 1708A

〇賣布袍一

金關 T24:275A

金關 T07:025

〇卒貰賣予吏及有吏

武・王杖 5

魏晉殘紙

漢印文字徵

○周賣

漢晉南北朝印風

○黃賣

西漢·山東金鄉漢墓鎮墓文

○後毋諫賣人

北魏·元略誌

西魏·四十人造像

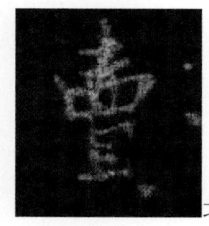

○張僧賣

北齊·乞伏保達誌

○賣勇騁力

【糶】

《說文》：糶，出穀也。从出从糴，糴亦聲。

【𥰠】

《說文》：𥰠，𡎺𥰠，不安也。从出臬聲。《易》曰："𡎺𥰠。"

宋部

【宋】

《說文》：宋，艸木盛宋宋然。象形，八聲。凡宋之屬皆从宋。讀若輩。

【孛】

《說文》：孛，艸木孛孛之皃。从宋昇聲。

【索】

《說文》：索，艸有莖葉，可作繩索。从宋、糸。杜林說：宋亦朱木字。

睡·秦律十八種167

睡·封診式69

睡·為吏13

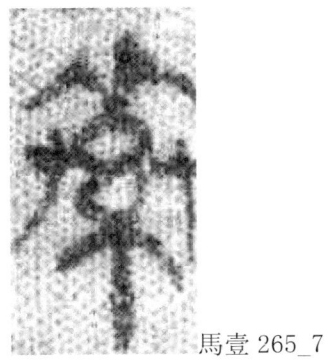

獄·為吏49

○以攉（權）索利

馬壹265_7

○童（重）索

敦煌簡1457A

○長廋索刃皆□徐覘

金關 T30:031

金關 T23:499

○二索不事用

金關 T06:091

○井縣索關門遣從史

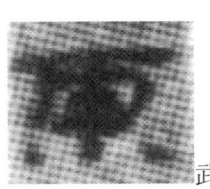

武·儀禮甲《士相見之禮》8

○以索如執紖

魏晉殘紙

廿世紀璽印三-GY

漢晉南北朝印風

○落索平難司馬

漢印文字徵

○索尼

漢印文字徵

漢晉南北朝印風

○索尼

東漢·王舍人碑

東漢·洛陽黃腸石一

東漢·張仲有修通利水大道刻石

晉·黃庭內景經

十六國北涼·沮渠安周造像

北魏·赫連悅誌

北魏·元暐誌

○邁於鍾索

東魏·元延明妃馮氏誌

北齊·暴誕誌

北周·韋彪誌

○壇索為珍

【孛】

《說文》：南，孛也，从宋；人色也，从子。《論語》曰："色孛如也。"

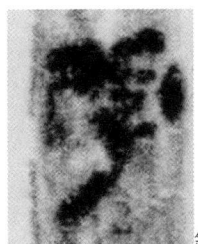

銀壹 564
○民行孛（悖）乎

北齊·唐邕刻經記
○孛經一部

【宋】

《說文》：宋，止也。从宋盛而一橫止之也。

【南】

《說文》：南，艸木至南方，有枝任也。从宋羊聲。

【峯】

《說文》：峯，古文。

漢銘·南宮鼎二

漢銘·齊大官畜壘二

漢銘·下米壘一

漢銘·南皮侯家鍾

漢銘·南陵鍾

漢銘·南宮鍾

漢銘·齊大官畜鼎

漢銘·南宮鼎三

漢銘・南中君鐋

睡・封診式 64

睡・日甲《歸行》132

睡・日甲《土忌》138

睡・日甲《詰》40

關・病方 337

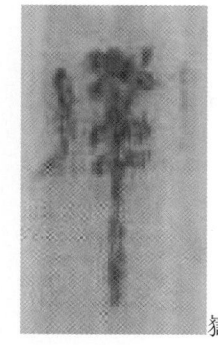

獄・質日 3458

獄・學為偽書案 211

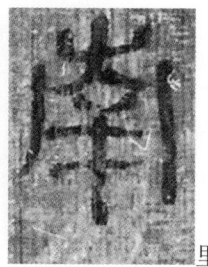

里・第八層 772

里・第八層 661

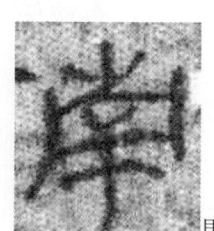

馬壹 244_1 上\2 上

馬壹 83_77

○今南方之事齊者

馬貳18_13上

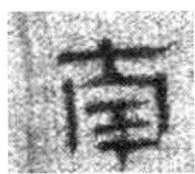

馬貳33_8下
○是當南

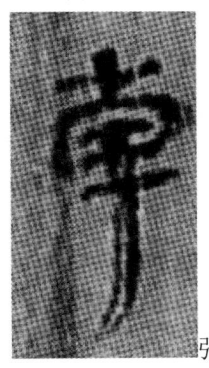

張·秩律447
○南鄭

張·奏讞書144
○敗幸南郡來

張·奏讞書19
○南言如刻

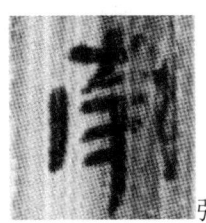

張·蓋盧20
○可以南鄉（嚮）

銀貳1113
○逆水南鄉（嚮）

敦煌簡2289
○谷南起江海震

敦煌簡2367A
○南鄉辰吉黍月

金關T01:039
○石南卒單遂

金關T03:049
○卒南陽杜衍利陽里

武·甲《少牢》26
○涖之南

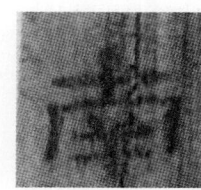

東牌樓 110

東牌樓 031 背

○汝南

吳簡嘉禾・五・四九八

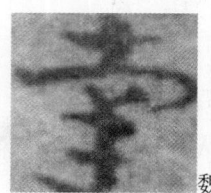

魏晉殘紙

○所南通

廿世紀璽印二-SP

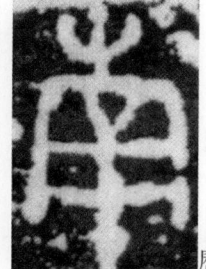

歷代印匋封泥

○南里人

歷代印匋封泥

○南里匋者

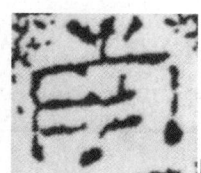

歷代印匋封泥

○昌檹陳固南左里故亭區

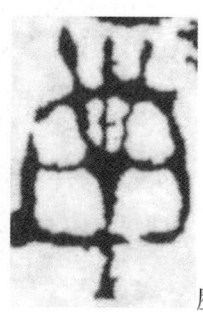

歷代印匋封泥

○南里

歷代印匋封泥

○左南郭

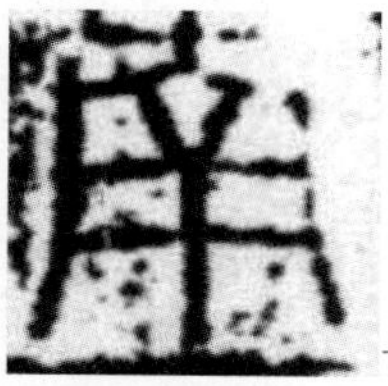

廿世紀璽印三-GP

秦代印風

秦代印風

漢晉南北朝印風

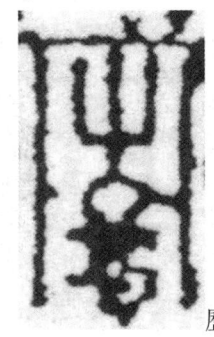

歷代印匋封泥

歷代印匋封泥

秦代印風

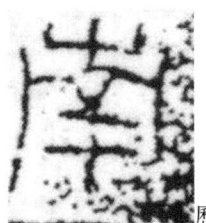

○豫章南昌連率

歷代印匋封泥

漢晉南北朝印風

○亭南單印

廿世紀璽印三-GP

廿世紀璽印四-GY

廿世紀璽印三-GY

廿世紀璽印三-SY

漢晉南北朝印風
○南郡侯印

漢代官印選

○河南太守章

歷代印匋封泥

歷代印匋封泥

○南平陽丞

漢代官印選

漢印文字徵

漢印文字徵

漢印文字徵

漢印文字徵

○公南強

漢代官印選

漢代官印選

○汝南都尉

漢晉南北朝印風

○蘇南來

漢晉南北朝印風

漢晉南北朝印風

○南郭農

東漢・史晨後碑

東漢・東漢・魯峻碑陽

東漢・桐柏淮源廟碑

東漢・陶洛殘碑陰

東漢・司徒袁安碑

東漢・東漢・婁壽碑額

東漢・洛陽刑徒磚
○無任河南雒陽

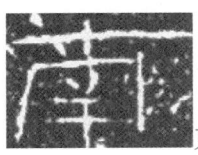

東漢・洛陽刑徒磚
○無任南陽武

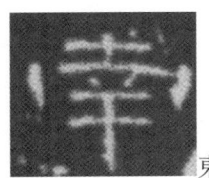

東漢・曹全碑陽

東漢・白石神君碑

東漢・史晨後碑

東漢・石門頌

東漢・禮器碑側
○時令漢中南鄭趙宣字子雅

東漢・冠軍城石柱題名
○故吏軍謀掾汝南蔡訓起宗

西晉・成晃碑

北魏・寇慰誌
○安南將軍

北魏·辛穆誌
○葬於芒山之南
北魏·元嵩誌 
北魏·元鑒誌 
○河南尹
北魏·寇臻誌 
北魏·元理誌 
○河南洛陽
北魏·穆循誌蓋 
東魏·崔令姿誌蓋 

○大魏怔北將軍金紫光祿大夫南陽鄧恭伯夫人崔氏之墓誌銘

北齊·李難勝誌蓋
○齊故濟南愍悼王妃李尼墓銘

北周·叱羅協誌蓋
○大周開府南陽公墓誌

生部

【生】

《說文》：𤯓，進也。象艸木生出土上。凡生之屬皆从生。

春晚·秦公鎛

漢銘·延熹鍾

漢銘·五銖多成泉範

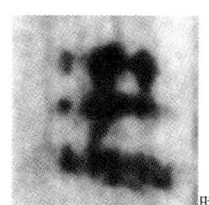

睡·編年記 25

〇月恢生

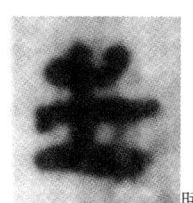

睡·秦律十八種 1

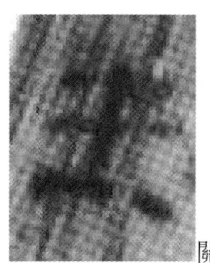

關·病方 344

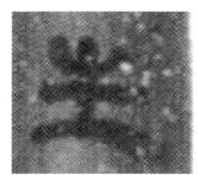

獄·占夢書 6

馬壹 11_68 上

張·奏讞書 189

銀壹 35

銀貳 2135

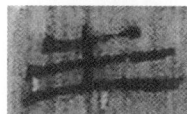

北貳·老子 11

敦煌簡 0311

金關 T06:019

武·儀禮甲《服傳》38

歷代印匋封泥

〇生

秦代印風

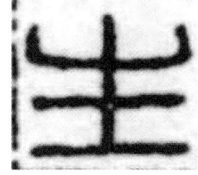

廿世紀璽印三-SY

歷代印匋封泥

〇萬生舍之

漢印文字徵

漢印文字徵

○李生

漢印文字徵

○陳生印

漢晉南北朝印風

○□樂生印

漢晉南北朝印風

○魚丘生印

漢晉南北朝印風

○趙宜生

漢晉南北朝印風

○告生如意

秦公大墓石磬

新莽・瓖盜刻石

○母所生

東漢・黨錮殘碑

東漢・賈仲武妻馬姜墓記

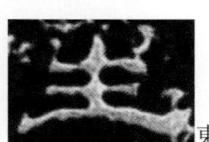

東漢・楊震碑

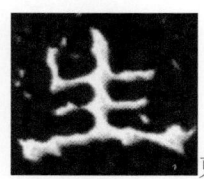

東漢・楊震碑

東漢・陽嘉殘碑陰

○故吏劉生

東漢・趙寬碑

○教誨後生

東漢・東漢・魯峻碑陽

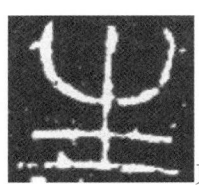

○門生

東漢・東漢・婁壽碑額

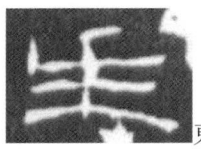

東漢・北海太守爲盧氏婦刻石

○天生□女

東漢・肥致碑

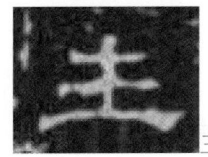

三國魏・上尊號碑

○樂鄉亭侯臣生

北魏・淨悟浮圖記

北魏・鄭君妻誌

北魏・檀賓誌

北齊・傅醜傅聖頭造像

○一切衆生

北齊・斛律氏誌

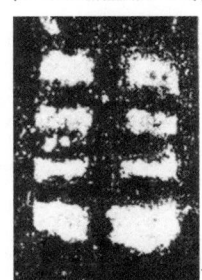

【丯（丰）】

《説文》：丯，艸盛丯丯也。从生，上下達也。

漢銘・丰×鍾

廿世紀璽印二-GP

○丰

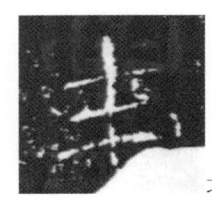

北魏・張宜世子誌

○淵路丰

北魏·元壽妃麹氏誌

○貞丰內效

北齊·斛律昭男誌

○顏黰丰葩

【產】

《說文》：產，生也。从生，彥省聲。

睡·法律答問 108

關·日書 145

○月奎產子

嶽·為吏 19

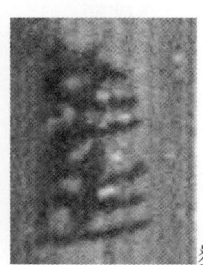

○聚畜產障（郭）

嶽·占夢書 24

○其中產子

里·第八層 100

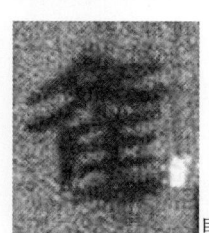

馬壹 38_20 上

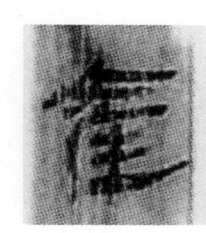

○產（生）道窮

張·賊律 2

○同產無少長皆棄

銀壹 457
○福產於內

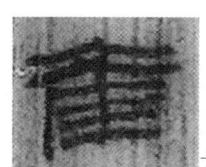

北貳·老子 25

敦煌簡 2011
○曰畜產相賊殺參分

金關 T04:064
○產檻得縣

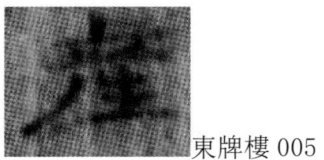

東牌樓 005
○張同產兄宗女妊爲

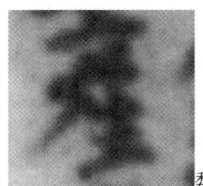

魏晉殘紙

秦代印風

漢印文字徵

漢印文字徵

漢晉南北朝印風

漢晉南北朝印風
○董產

漢晉南北朝印風

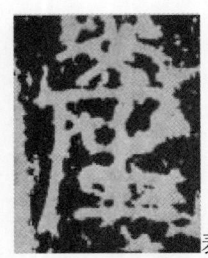

泰山刻石

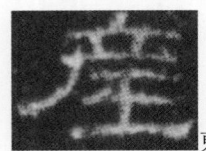

東漢・曹全碑陰

○故塞曹史吳產孔才五百

東漢・曹全碑陽

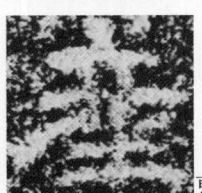

東漢・牛公產畫像石墓題記

東漢・石門頌

北魏・檀賓誌

北魏・元鑽遠誌

北齊・斛律氏誌

【隆】

《說文》：䧄，豐大也。从生降聲。

漢銘・新嘉量二

漢銘・新銅丈

漢銘・隆慮家連釘

漢銘・新嘉量一

漢銘・新衡杆

馬壹 139_10 下/152 下

○爲車隆=以爲馬行

張・秩律 459

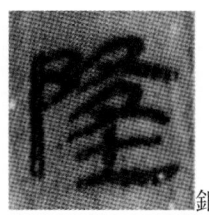

銀貳 1728

○寒之隆剛氣也

金關 T23:364A

○隆叩頭白君

金關 T23:236

廿世紀璽印三-SY

○張隆私印

廿世紀璽印三-SP

○臣隆

漢印文字徵

○史隆私印

漢印文字徵

○張隆

漢印文字徵

○張隆私印

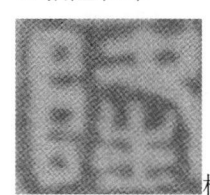

柿葉齋兩漢印萃

○吳國隆印

2791

漢印文字徵
○李隆私印

漢印文字徵
○錡隆私印

漢印文字徵
○隆丘少君

漢印文字徵
○王隆

漢印文字徵
○楊隆私印

漢晉南北朝印風

漢晉南北朝印風
○田隆私印

漢晉南北朝印風
○車隆子房印信

漢晉南北朝印風
○張隆私印

東漢・西狹頌

東漢・衛尉卿衡方碑

西晉・臨辟雍碑額
○盛德隆熙之頌

北魏・孫秋生造像
○永隆

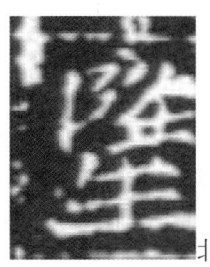

北魏·崔隆誌

北魏·韓氏誌

○福善長隆

北魏·吳光誌

○蓋藉隆周之苗祚

【㹎】

《說文》：㹎，草木實㹎㹎也。从生，豨省聲。讀若綏。

【甡】

《說文》：甡，眾生並立之皃。从二生。《詩》曰："甡甡其鹿。"

〖姓〗

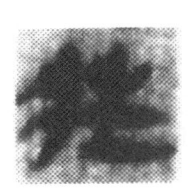

秦文字編971

〖甦〗

北魏·赫連悅誌

○來甦之澤

北魏·元冏誌

○邑頌來甦

北魏·崔隆誌

○咸與享甦生之樂焉

乇部

【乇】

《說文》：乇，艸葉也。从垂穗，上貫一，下有根。象形。凡乇之屬皆从乇。

張·引書85

烝部

【烝】

《說文》：烝，艸木華葉烝。象形。凡烝之屬皆从烝。

【䍒】

《說文》：䍒，古文。

琴部

【琴】

《説文》：𠌶，艸木華也。从巫亏聲。凡𠌶之屬皆从𠌶。

【䔢】

《説文》：䔢，𠌶或从艸从夸。

【韡（韡）】

《説文》：韡，盛也。从𠌶韋聲。《詩》曰："萼不韡韡。"

漢銘・酈偏鼎

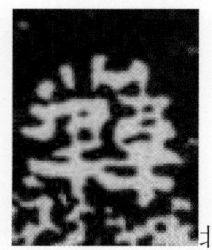

嶽・占夢書 6
○繁華吉夢

北魏・王紹誌
○締睦深萼韡之稱

華部

【䔢（華）】

《説文》：䔢，榮也。从艸从𠌶。凡華之屬皆从華。

漢銘・安陵鼎蓋

里・第八層 1298

里・第八層背 1463

馬壹 137_59 下/136 下
○心之華也

漢銘・酈廚金鼎

馬壹 6_27 下

馬壹 37_41 下

馬貳 239_204
○方漆華圩（盂）十

馬貳 227_68
○八牒華一

馬貳 294_407/407
○桃華掾（緣）草

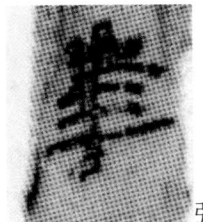

張·秩律 448
○華陰

銀壹 733
○子可華（譁）而

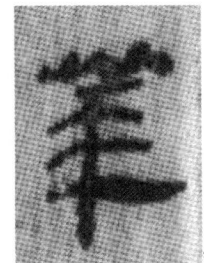

銀貳 1811
○桃李華食榆荚

敦煌簡 1466

金關 T08:063
○柳華牡馬一匹

金關 T05:014
○睢陽華里士五袁豺

金關 T24:022
○罪囚華長六月八日

2795

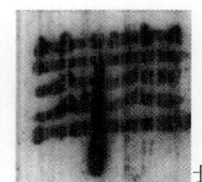

北壹・倉頡篇 35
○媌嫽菁華姣姺

魏晉殘紙
○翁華頓首頓首

歷代印匋封泥
○華門陳棱參三左里敀亭豆

廿世紀璽印二-SP
○華布

秦代印風
○華井

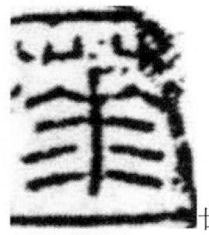

廿世紀璽印三-GP
○華陽丞印

歷代印匋封泥
○華陽丞印

秦代印風
○柿華

廿世紀璽印三-SY
○華井

漢印文字徵
○華少翁

漢印文字徵
〇華狗大

漢印文字徵
〇華宮印

漢印文字徵
〇華奴

漢印文字徵
〇華尊

漢印文字徵
〇華奴

漢印文字徵
〇華赦印

漢印文字徵
〇華印安世

漢代官印選
〇華陰守丞

漢印文字徵
〇華唐己

廿世紀鉨印四-SY
○華弘年

漢晉南北朝印風
○華居印

漢晉南北朝印風
○華安世印

東漢・任城王墓黃腸石
○曹柏元仲華

東漢・肥致碑
○字萇華

東漢・成陽靈臺碑
○五色華精

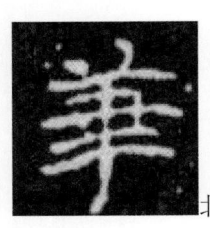

北魏・皇興五年造像
○華初曜願在先會

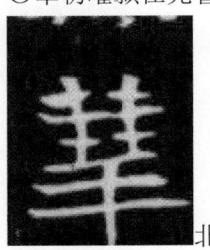

北魏・寇憑誌
○華萼相承

北魏・元毓誌
○弗窺華薄之觀

北魏・趙充華誌

北魏・元爽誌

北魏·元理誌

北魏·源延伯誌

○辞此華幕

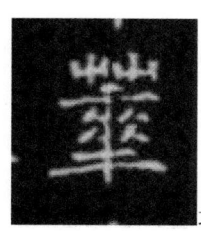

北魏·元融誌

○都督雍華岐三州諸軍事

北魏·元秀誌

○連華崑岫

北魏·元秀誌

○穆矣充華

北魏·劉阿素誌

○冬華表新

北魏·楊範誌

○魏故弘農華陰潼鄉習

北魏·元飆誌

北魏·趙超宗誌

○華州刺史

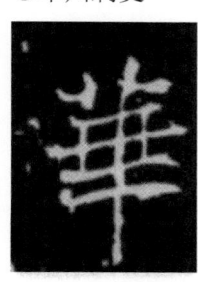

北魏·石婉誌

北魏·元弼誌

○聲華樞苑

北魏·韓顯宗誌

○弱冠之華

北魏·寇演誌

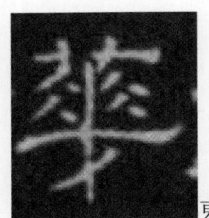

○領袖僚華

東魏·元憕誌

東魏·元季聰誌

東魏·南宗和尚塔銘

○召門弟子文華

東魏·王令媛誌

東魏·元仲英誌

○發英華於身外

東魏·杜文雅造像

○堪室華離

北齊·是連公妻誌

北齊·張海翼誌

○忽辭華館

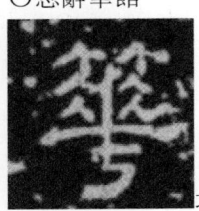

北齊·韓永義造像

○華麗二相

北齊·暴誕誌

北齊·李難勝誌

○唯有朱華

北齊·雲榮誌

北周·寇嶠妻誌

北周·華岳廟碑額
○西岳華山神廟之碑

【蕚(蕐)】

《説文》：蕐，艸木白華也。从華从白。

禾部

【禾】

《説文》：禾，木之曲頭止不能上也。凡禾之屬皆从禾。

【穦】

《説文》：穦，多小意而止也。从禾从攴，只聲。一曰木也。

【秵】

《説文》：秵，穦秵也。从禾从又，句聲。又者，从丑省。一曰木名。

稽部

【稽】

《説文》：稽，畱止也。从禾从尤，旨聲。凡稽之屬皆从稽。

漢銘·新衡杆

漢銘·新嘉量一

漢銘·新嘉量二

漢銘·新銅丈

睡·為吏5

○有稽莫敢忘賢

馬壹89_213

○棲會稽

銀壹617

敦煌簡 0138
○臣稽首再拜
金關 T21:131B 
○豚之稽落
武・儀禮甲《士相見之禮》9 
○再拜稽首
東牌樓 031 正 
○稽留
北壹・倉頡篇 44 
○決議篇稽
廿世紀璽印三-GP 
○會稽太守章

漢印文字徵
○會稽太守章
漢印文字徵 
○會稽守印
漢代官印選 
○浚稽將軍之印
柿葉齋兩漢印萃 
○會稽太守章
東漢・乙瑛碑 
○臣稽首以聞
東漢・乙瑛碑 
○稽首言

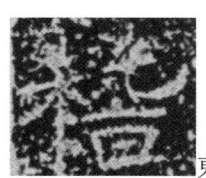

東漢·尹宙碑

東漢·史晨後碑

○稽度玄靈

東漢·史晨前碑

○觸期稽度爲赤制

東漢·鮮於璜碑陰

○四夷稽顙

三國魏·受禪表

○上稽儀極

十六國北涼·沮渠安周造像

○稽式兜率

北魏·元賄誌

北魏·唐雲誌

○及抽稽箭

北魏·于纂誌

○儒雅稽古

北魏·元維誌

○馨等稽芬

北魏·寇演誌

○會稽慶寵

東魏·元惊誌

北齊·高淯誌

北齊·無量義經二

○稽首歸依法色身

北齊·無量義經二

【稕】

《說文》：稕，特止也。从稽省，卓聲。

【䅷】

《說文》：䅷，䅷䆉而止也。从稽省，咎聲。讀若晧。賈侍中說：稽、稕、䅷三字皆木名。

巢部

【巢】

《說文》：巢，鳥在木上曰巢，在穴曰窠。从木，象形。凡巢之屬皆从巢。

嶽·為吏 84
○病當巢封

馬貳 82_275/262
○一巢塞直者殺狗取

銀貳 1803
○鵲巢

廿世紀璽印三-SY
○巢信

漢印文字徵
○巢志印

漢印文字徵
○巢印農

東漢·禮器碑側
○司徒掾魯巢壽文后三百

北魏·元暐誌
○如何巢傾

【𣢑】

《説文》：曳，傾覆也。从寸，臼覆之。寸，人手也。从巢省。杜林說：以爲貶損之貶。

桼部

【桼】

《説文》：𣐽，木汁。可以鬃物。象形。桼如水滴而下。凡桼之屬皆从桼。

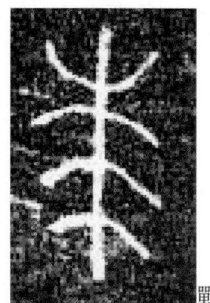

戰晚・二十七年上守塯戈

戰晚・上郡武庫戈

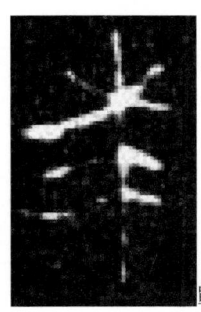

戰晚・十二年上郡守壽戈

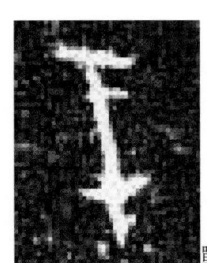

戰晚・二年上郡守戈

漢銘・新中尚方鍾

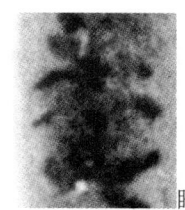

睡・日甲《病》68

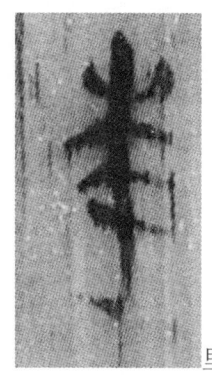

里・第八層 529

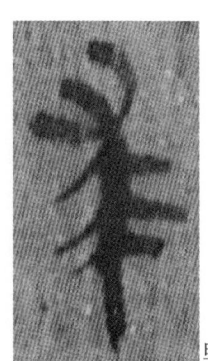

里・第八層 454

馬壹 114_19\422

馬貳 87_390/380

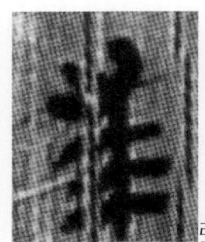

張·算數書 59

敦煌簡 C371

敦煌簡 0047

敦煌簡 0045

金關 T24:036

【髤】

《說文》：髤，桼也。从桼髟聲。

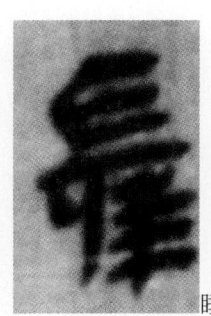

睡·秦律雜抄 20
○髤園殿

張·算數書 66
○髤（漆）一斗

【麴】

《說文》：麴，桼垸已，復桼之。从桼包聲。

束部

【束】

《說文》：束，縛也。从囗、木。凡束之屬皆从束。

西晚·不其簋

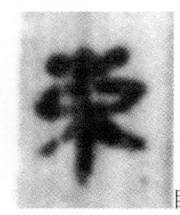

睡·秦律十八種 8

獄·數 17

里·第八層 1242

馬貳 77_167/154

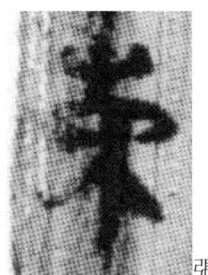

張·算數書 91

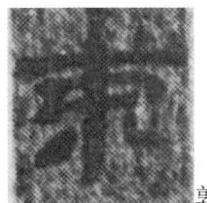

敦煌簡 1692

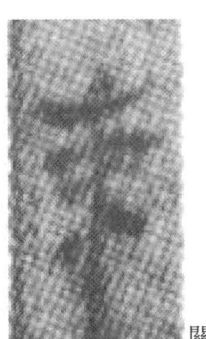

關沮·蕭·遣冊 34

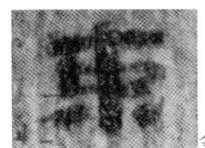

金關 T25:079A

東牌樓 110

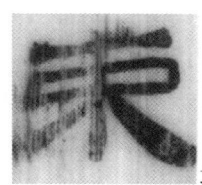

北壹·倉頡篇 51

○盲執囚束縛論

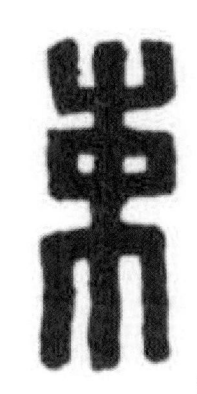

漢印文字徵

○束時

漢代官印選

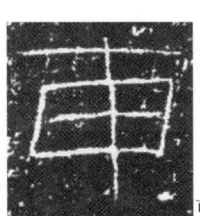

○束州丞印

東漢·姚孝經墓磚

西晉·成晃碑

西晉·臨辟雍碑

【朿】

《說文》：朿，分別簡之也。从朿从八。八，分別也。

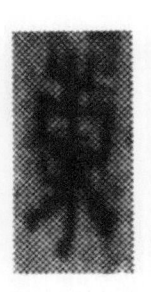

秦文字編 972

北魏·赫連悅誌
○任朿宜重

北齊·元始宗誌
○昭彰朿策

【棘】

《說文》：棘，小朿也。从朿幵聲。讀若繭。

【剌】

《說文》：剌，戾也。从朿从刀。刀者，剌之也。

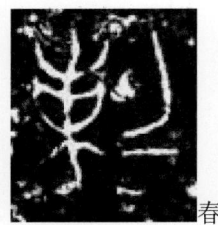

春早·秦公鎛
○剌（烈）剌（烈）

春早·秦公鐘
○剌（烈）剌（烈）

春晚·秦公簋
○明德剌（烈）剌（烈）

漢銘·剌廟鼎二

漢銘·剌廟鼎一

橐部

【橐】

《說文》：橐，橐也。从朿囩聲。凡橐之屬皆从橐。

【橐】

《説文》：橐，囊也。从㯻省，石聲。

漢銘・橐泉銅二

漢銘・橐泉銅一

睡・為吏 18

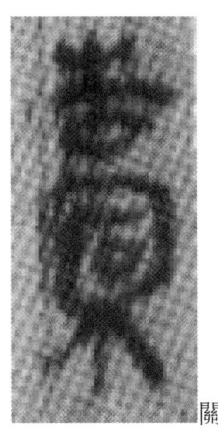

關・病方 313

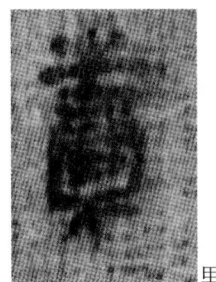

里・第八層 2260

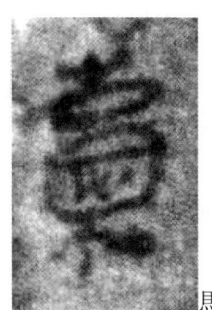

馬壹 99_102

馬貳 113_72/72

張・脈書 52

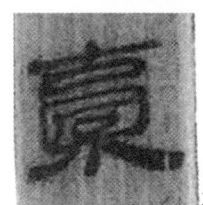

北貳・老子 136

金關 T22:045

金關 T07:005

金關 T02∶078

秦代印風

○橐治勝

漢印文字徵

○橐治勝

漢印文字徵

○橐治倩印

【囊】

《説文》：𣝣，橐也。从橐省，襄省聲。

睡·日甲《馬禖》159

○百草囊四足善行主

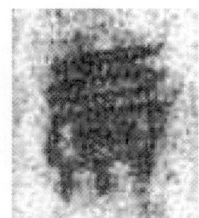

馬壹 37_27 下

○括囊无咎語无聲

馬貳 290_363/384

○繡熏囊一

馬貳 274_184/204

○五囊

張·遣策 1

○襦一五穜（種）囊

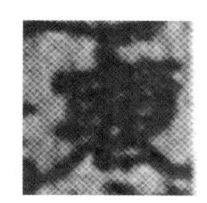

敦煌簡 1147

○世葛橐大小十勾刀

金關 T25:047

○亡持橐一

吳簡嘉禾·五·三一八

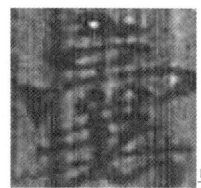

○男子鄭橐佃田

吳簡嘉禾·五·四七一

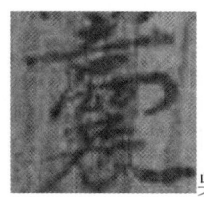

○卒潘橐佃田

吳簡嘉禾·五·二七七

○男子謝橐佃田

【櫜】

《說文》：櫜，車上大橐。从橐省，咎聲。《詩》曰："載櫜弓矢。"

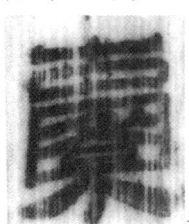

北壹·倉頡篇 19

○韗戀櫜葬墳

【橐】

《說文》：橐，囊張大皃。从橐省，匋省聲。

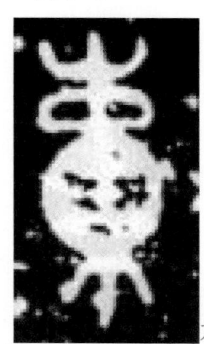

石鼓·汧殹

囗部

【囗】

《說文》：囗，回也。象回帀之形。凡囗之屬皆从囗。

【圜】

《說文》：圜，天體也。从囗睘聲。

漢銘·新嘉量一

漢銘·新嘉量一

漢銘·楚私官量

漢銘・始建國元年銅撮

漢銘・新嘉量一

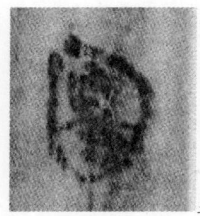

里・第八層 1863

○爲人圜面

馬貳 82_280/267

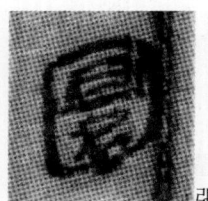

張・秩律 448

張・算數書 149

銀壹 475

銀貳 2016

北壹・倉頡篇 67

○晉魁鉅圜艫與

漢晉南北朝印風

○圜陽馬丞印

漢晉南北朝印風

漢印文字徵

柿葉齋兩漢印萃

○圜阳宰之印

東漢・田文成畫像石題記

○西河大守掾圜陽榆里

東漢・公乘田魴畫像石墓題記

○圜陽當里

東漢・郭季妃畫像石墓題記

○西河圜陽郭季妃

東漢・郭稚文畫像石墓題記

○圜陽西鄉榆里

【團】

《說文》：團，圜也。从囗專聲。

北魏・元維誌

○團扶中墜

北魏・李媛華誌

○團團飛鶴

【圓】

《說文》：圓，規也。从囗肙聲。

【囩】

《說文》：囩，回也。从囗云聲。

【圓】

《說文》：圓，圜全也。从囗員聲。讀若員。

北魏・于纂誌

北齊·崔昂誌

北齊·高淯誌

【回】

《說文》：回，轉也。从口，中象回轉形。

【囘】

《說文》：囘，古文。

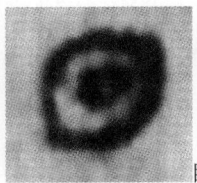

睡·秦律十八種 148

馬壹 13_92 上

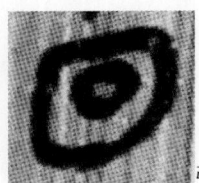

張·蓋盧 29

銀壹 795

銀貳 1818

敦煌簡 1557

金關 T27:142A

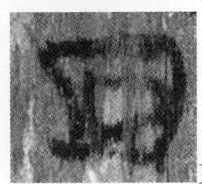

東牌樓 142 正

吳簡嘉禾·五·六〇四

漢印文字徵
〇薛回之印

漢印文字徵
〇雍回

漢晉南北朝印風
〇薛回之印

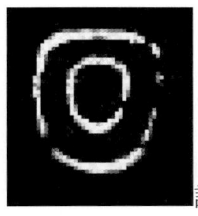

詛楚文·沈湫

○熊相康回無道

西晉·石尠誌

北魏·胡顯明誌

○父方回

【圖】

《說文》：圖，畫計難也。从囗从啚。啚，難意也。

戰晚·八年相邦呂不韋戈

戰晚·五年呂不韋戈（一）

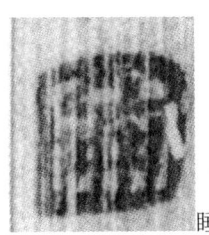

睡·為吏1

○私圖畫局

睡·日甲《盜者》73

○不圖射亥戌

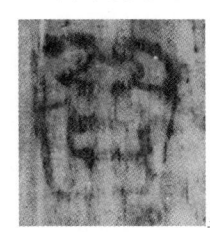

里·第八層607

馬壹78_91

馬貳130_40

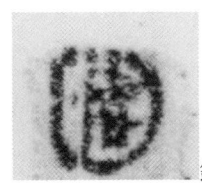

張·遣策8

銀壹870

北貳·老子71

2815

敦煌簡 2097

秦代印風
○隗圖

東漢·成陽靈臺碑

北魏·淨悟浮圖記

北魏·淨悟浮圖記
○藏真浮圖記

北魏·元弼誌
○蓋已備龍圖

北魏·元斌誌

東魏·凝禪寺浮圖碑
○凝禪寺三級浮圖之頌碑

【圛】

《説文》：圛，回行也。从囗睪聲。

《尚書》："曰圛。"圛，升雲半有半無。讀若驛。

【國】

《説文》：國，邦也。从囗从或。

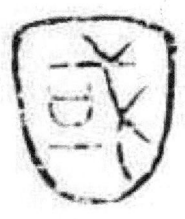

春晚·秦公鎛

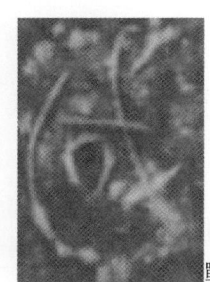

戰晚·廿一年音或戈

漢銘·新嘉量二

漢銘·新承水盤

漢銘・新銅丈

漢銘・新始建國尺二

漢銘・新始建國尺三

漢銘・中山內府鍾一

漢銘・新嘉量一

漢銘・新一斤十二兩權

漢銘・始建國元年銅撮

漢銘・新五斤權

漢銘・新鈞權

漢銘・新銅環權

漢銘・趙充國印鉤

漢銘・新衡杆

漢銘・昆陽乘輿銅鼎

漢銘・新九斤權

漢銘・新常樂衛士飯幘

馬壹 13_85 上

馬壹 172_11 下

張·置吏律 219

張·蓋盧 3

銀壹 337

銀貳 1039

北貳·老子 47

敦煌簡 1925A

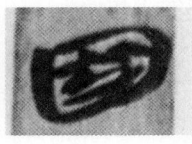

敦煌簡 0614

金關 T01:013

金關 T24:709

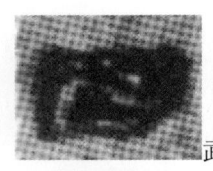

武·儀禮甲《士相見之禮》16

魏晉殘紙

廿世紀璽印二-SY

漢晉南北朝印風

廿世紀璽印三-SY

廿世紀璽印三-GY

漢晉南北朝印風

廿世紀璽印三-GP

歷代印匋封泥

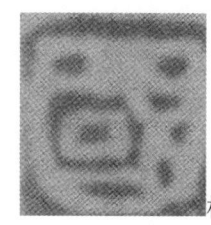

柿葉齋兩漢印萃

柿葉齋兩漢印萃

歷代印匋封泥

柿葉齋兩漢印萃

〇五解国（國）

廿世紀璽印三-SY

柿葉齋兩漢印萃

廿世紀璽印三-GY

柿葉齋兩漢印萃

歷代印匋封泥

漢代官印選

歷代印匋封泥

漢代官印選

漢印文字徵

歷代印匋封泥

漢印文字徵

漢印文字徵

漢印文字徵

漢印文字徵

○陸延國

漢晉南北朝印風

漢晉南北朝印風

漢晉南北朝印風

漢晉南北朝印風

漢晉南北朝印風

東漢・禮器碑

東漢・禮器碑陰

東漢・鮮於璜碑陽

東漢・張盛墓記

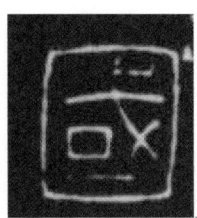

三國魏・三體石經春秋・篆文

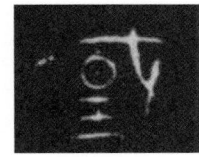

三國魏・三體石經春秋・古文
○齊侯使珹（國）歸父來聘夏

西晉・郭槐柩記

西晉・郭槐柩記

西晉・石尟誌

西晉・張朗誌蓋

北魏・元暐誌

北魏・元天穆誌

北魏・穆彥誌

北魏・穆彥誌

北魏・元悛誌

北魏・段峻德誌

北魏·王基誌

○曾祖定國

北魏·馮會誌

北魏·石婉誌

北魏·寇臻誌

北魏·元子永誌

東魏·長孫囧碑

北齊·僧瓤造像

○上爲囯（國）主延族

北齊·武成胡后造像

北齊·唐邕刻經記

北齊·雲榮誌

北周·須蜜多誌蓋

○大周譙國夫人墓誌銘

北周·宇文儉誌蓋

北周·尉遲運誌蓋

【㘝（壼）】

《說文》：㘝，宮中道。从口，象宮垣、道、上之形。《詩》曰："室家之壼。"

東魏·元仲英誌

○倍風閨壺

東魏·元鶩妃公孫甑生誌

○政治閨壺

【囷】

《説文》：囷，廩之圜者。从禾在口中。圜謂之囷，方謂之京。

睡·為吏 15

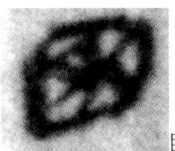

睡·日甲《毀弃》115

關·病方 351

馬壹 171_4 上

馬貳 113_75/75

張·算數書 148

北壹·倉頡篇 55

吳簡嘉禾·五·一二四

○男子烝囷

漢印文字徵

○囷陸奴

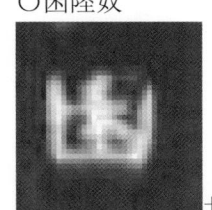

北周·尉遲運誌

○深柢槍囷

【圈】

《説文》：圈，養畜之閑也。从口卷聲。

睡・日甲 22

馬貳 249_309

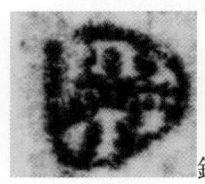

銀壹 857

○非以圈也

廿世紀璽印三-GP

○麋圈

漢晉南北朝印風

○保虎圈

漢印文字徵

○保虎圈

北魏・元遙誌

○軍次馬圈

東魏・元鷙誌

○尋有馬圈之勳

【囿】

《說文》：囿，苑有垣也。从囗有聲。一曰禽獸曰囿。

【𡆟】

《說文》：𡆟，籀文囿。

春晚・秦公簋

睡・為吏 34

○苑囿園池

馬壹 89_228

銀壹 198

○後璽囿之中以爲二

2824

北齊·赫連子悅誌

石鼓·吳人

○中圜孔

【園】

《說文》：園，所以樹果也。从口袁聲。

秦代·麗山園鐘

漢銘·杜陵東園壺

睡·秦律雜抄 20

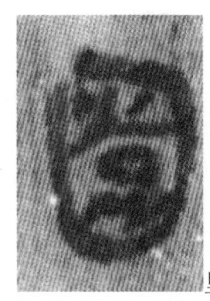

獄·數 213

里·第八層 454

馬壹 91_272

張·金布律 429

金關 T21:217

○積卅人守園

歷代印匋封泥

秦代印風

漢晉南北朝印風

廿世紀璽印三-GP
廿世紀璽印三-GP 

○孝園

廿世紀璽印三-GY

漢晉南北朝印風

廿世紀璽印三-GP

歷代印匋封泥

歷代印匋封泥

漢印文字徵

漢印文字徵

漢印文字徵

漢印文字徵

漢印文字徵

東漢·賈仲武妻馬姜墓記

○遂升二女為顯節園貴人

北魏・元詮誌

北齊・暴誕誌

【圃】

《說文》：圃，種菜曰圃。从囗甫聲。

漢印文字徵
〇禁圃左丞

東漢・孔宙碑陽

東漢・開母廟石闕銘
〇芬茲楸於圃疇

北魏・張寧誌

北魏・元液誌

【因】

《說文》：因，就也。从囗、大。

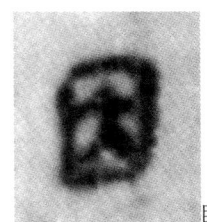

睡・語書 11

睡・為吏 20

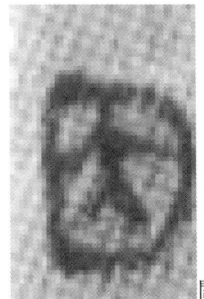

關・病方 316

嶽・數 97

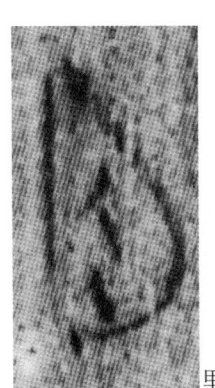

里・第八層 1876

馬壹 90_256
○不若因張羛（儀）

馬壹 36_44 上

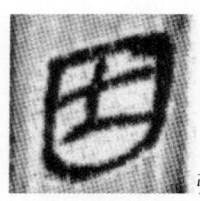

張‧算數書 129

張‧算數書 27

張‧引書 72

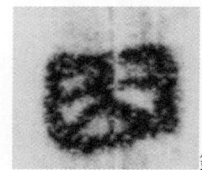

銀壹 570

銀壹 135
○火有因因必素具發

敦煌簡 0241

敦煌簡 0138
○拜謹因驛騎奉

金關 T23:866A

金關 T23:324A

金關 T30:028A
○伏前因言累以所市

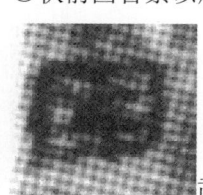

武‧乙本《服傳》33

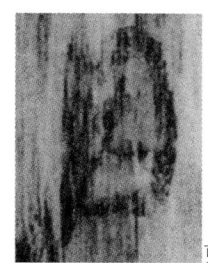

東牌樓 052 背

東牌樓 030 正

○因附表命不具

漢代官印選

漢印文字徵

漢印文字徵

漢晉南北朝印風

琅琊刻石

瑯琊刻石

泰山刻石

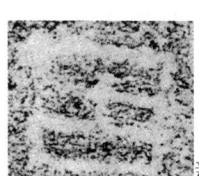

新莽・蘇馬灣刻石

○界因諸山以南

東漢・史晨後碑

○因彼左右

東漢・建寧元年殘碑

北魏・宋景妃造像

○景妃自惟先因果

北魏·爾朱紹誌

○因爲郭氏

北魏·元液誌

○因疾辭策

北齊·高潤誌

○因心則孝

【㕚】

《說文》：㕚，下取物縮藏之。从口从又。讀若聶。

【囹】

《說文》：囹，獄也。从囗令聲。

【圄】

《說文》：圄，守之也。从囗吾聲。

北壹·倉頡篇 11

○圄奪侵試

東魏·蕭正表誌

○扞圉蕭條

【囚】

《說文》：囚，繫也。从人在囗中。

睡·秦律十八種 60

睡·法律答問 196

里·第八層 141

馬壹 75_28

張·奏讞書 158

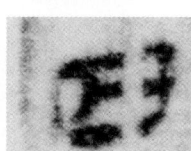

銀壹 405

銀貳 1294

第六卷

敦煌簡 1626

金關 T24:022

北壹·倉頡篇 51

○睛盲執囚束縛

漢印文字徵

○徐胡囚

漢晉南北朝印風

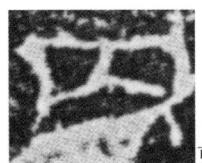

○徐胡囚

東漢·張遷碑陽

○休囚歸賀

北魏·檀賓誌

【固】

《說文》：固，四塞也。从囗古聲。

漢銘·成固戈二

漢銘·成固戈一

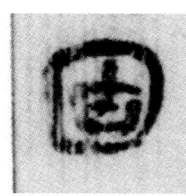

睡·為吏 35

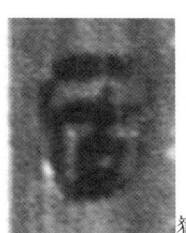

獄·為吏 54

獄·學為偽書案 229

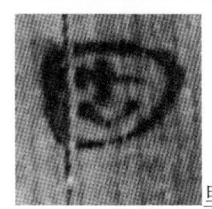

里·第八層 209

馬壹 92_290

馬貳 19_14 下

2831

張·蓋盧 35

銀壹 965

北貳·老子 55

敦煌簡 0340

金關 T06：054

武·儀禮甲《士相見之禮》8

歷代印匋封泥

歷代印匋封泥

○昌櫅陳固北左里敀亭豆

歷代印匋封泥

○昌櫅陳固南左里敀亭區

廿世紀璽印三-GP

漢印文字徵

漢印文字徵

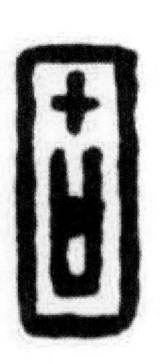

漢印文字徵

漢印文字徵

漢印文字徵

漢晉南北朝印風
○趙固印信

漢晉南北朝印風
○賈固私印

東漢・西狹頌

北魏・薛伯徽誌

北魏・元恪嬪李氏誌

北魏・王遺女誌

【圍】

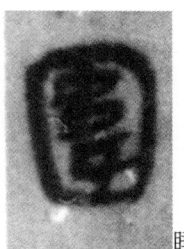

《說文》：圍，守也。从囗韋聲。

睡・秦律雜抄36

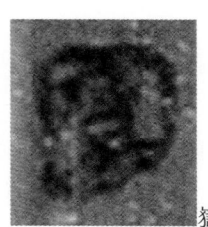

獄・數51

馬壹84_120

金關T23:933

漢印文字徵
○單圍

漢印文字徵

○趙不圍

漢晉南北朝印風

○趙不圍

漢晉南北朝印風

○圍安

東漢・石門頌

三國魏・三體石經春秋・篆文

三國魏・三體石經春秋・古文

○至自圍許

西晉・石尠誌

北魏・元端誌

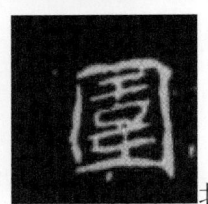

北魏・元詮誌

【困】

《說文》：困，故廬也。从木在口中。

【朱】

《說文》：朱，古文困。

睡・為吏2

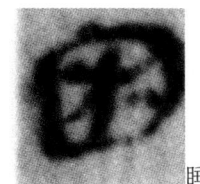

睡·日甲《玄戈》62

馬壹 9_62 上

張·奏讞書 211

○窮困出入不節

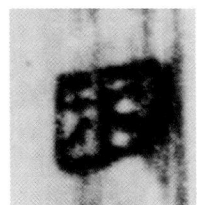

銀壹 555

敦煌簡 0102

金關 T32:046

東漢·孔宙碑陽

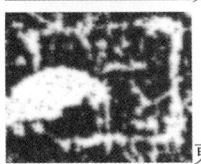

東漢·北海相景君碑陽

北魏·甄凱誌

【圂】

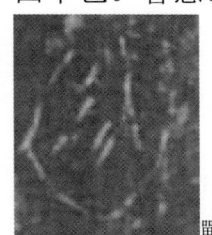

《說文》：圂，廁也。从囗，象豕在囗中也。會意。

戰晚或秦代·元年上郡假守暨戈

睡·日甲 21

獄·為吏 23

里·第八層 880

里·第八層背 145

馬貳 70_50/50

金關 T27:050

北壹·倉頡篇 55

秦代印風

○享圀

漢印文字徵

○張圀

漢印文字徵

○秦圀

漢印文字徵

○石圀之印

漢晉南北朝印風

○楊圀

【囮】

《說文》：囮，譯也。从口、化。率鳥者繫生鳥以來之，名曰囮。讀若譌。又音由。

【圝】

《說文》：圝，囮或从繇。

【囷】

漢印文字徵

○冷囷私印

【圊】

漢晉南北朝印風

○圊水

漢印文字徵

○圊水

【囷】

吳簡嘉禾·五·四五七

○男子蔡囷

秦文字編 978

【圇】

敦煌簡 0664

○脛坐圇蘭

【翾】

秦公大墓石磬

○諱天命

員部

【員】

《說文》：員，物數也。从貝口聲。凡員之屬皆从員。

【鼎】

《說文》：鼎，籀文从鼎。

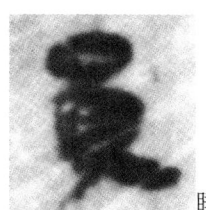

睡·秦律十八種 123

睡·為吏 29

獄·為吏 69

里·第八層 1136

里·第八層背 2027

馬壹 108_132\301

馬貳 282_272/264

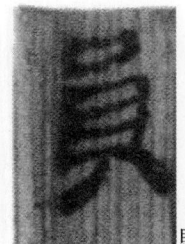

〇員（圓）付蔓（瓹）

馬貳 241_226

張·傳食律 230

銀貳 1532

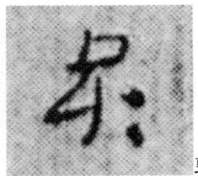

敦煌簡 1961

〇百石員二人

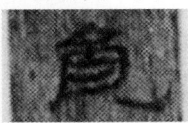

敦煌簡 0673

金關 T26：077

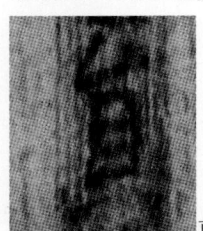

東牌樓 117 背

吳簡嘉禾·五·一〇七七

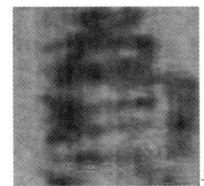

吳簡嘉禾·五·五六五

秦代印風

〇員奢

漢印文字徵

〇樊員之印

漢印文字徵

〇員談私印

石鼓·車工

〇員邋員遊

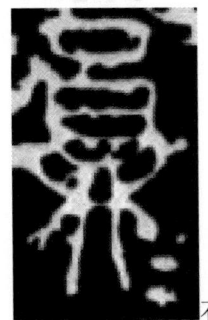

石鼓·車工

〇君子員邋

東漢·史晨後碑

東漢·尚博殘碑

東漢·尚博殘碑

西晉·石尠誌

北魏·元尚之誌

北魏·元孟輝誌

北魏·王禎誌

北魏·元廣誌

北魏·元倪誌

【貟】

《說文》：貟，物數紛貟亂也。从員云聲。讀若《春秋傳》曰"宋皇鄖"。

〖䫏〗

漢印文字徵
○趙印子䫏

貝部

【貝】

《說文》：貝，海介蟲也。居陸名猋，在水名蜬。象形。古者貨貝而寶龜，周而有泉，至秦廢貝行錢。凡貝之屬皆从貝。

睡·為吏18

獄·為吏46

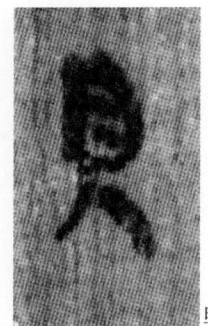

里·第八層背767

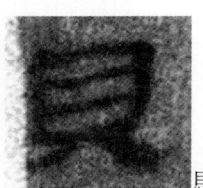

馬壹6_31下

敦煌簡1451

金關T29：100

廿世紀璽印二-SP

廿世紀璽印二-SP

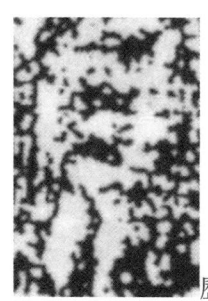

歷代印匋封泥

漢印文字徵

東漢·孔宙碑陰

北魏·元融誌

北魏·淨悟浮圖記

北周·宇文儉誌

【貨】

《説文》：貨，貝聲也。从小、貝。

【賄】

《説文》：賄，財也。从貝有聲。

北魏·元賄誌

東魏·李憲誌

【財】

《説文》：財，人所寶也。从貝才聲。

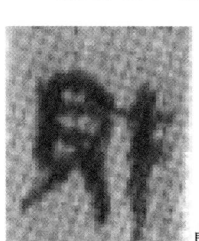

關·日書 225

里·第八層 1721

馬壹 78_87

馬壹 101_146

馬貳 69_24/24

張·賊律 14

張·奏讞書 146

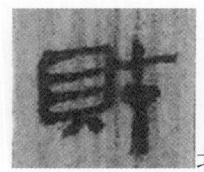

北貳·老子 193

敦煌簡 2097

○府財

金關 T07:063

武·日忌木簡丙 6

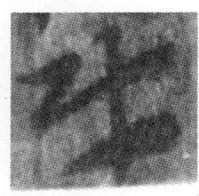

東牌樓 015 背

○歸財不罪

東牌樓 047 背

○爲財不非責微

吳簡嘉禾·五六二八

吳簡嘉禾·一六六三

○財用錢一萬七

魏晉殘紙

漢印文字徵

○趙財

漢印文字徵

○宜官內財

漢印文字徵

○宜財

漢晉南北朝印風

○趙財

東漢・西狹頌

○財（才）容車騎

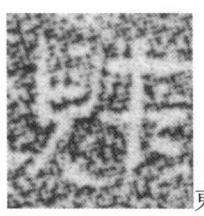

東漢・許阿瞿畫像石題記

○投財連篇

東漢・石祠堂石柱題記

東漢・乙瑛碑

東漢・元嘉元年畫像石墓題記

一

○錢財

北魏・高猛誌

北魏・李超誌

北魏・常岳等造像

北齊・優婆姨等造像

○知財是懸身之毒

【貨】

《説文》：貨，財也。从貝化聲。

睡・效律 2

○備之貨而入贏

睡・法律答問 209

○牛及者（諸）貨材（財）

關・日書 219

○貨財必後失

獄・為吏 46

馬壹 256_6 上

○有子貨身

馬壹 144_28/202 上

○得之貨

銀壹 373

○餘於貨者

銀貳 1811

○以出貨桃李華食榆

北貳・老子 131

○不貴難得之貨

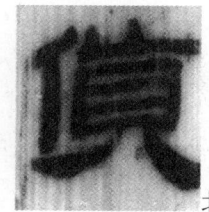

北壹・倉頡篇 30

○貨羨溢跂

歷代印匋封泥

○夏貨

漢印文字徵

○貨良

漢印文字徵

○掌貨中元士

東漢·西狹頌

○民以貨殖

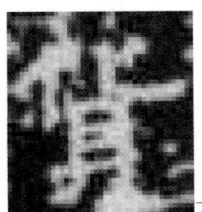

北齊·柴季蘭造像

○不知積玉非貨

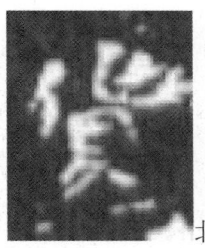

北周·康業誌

○次子貨主

【賜】

《說文》：賜，資也。从貝爲聲。或曰：此古貨字。讀若貴。

北壹·倉頡篇43

○埒畦狢賜溓榮

【資】

《說文》：資，貨也。从貝次聲。

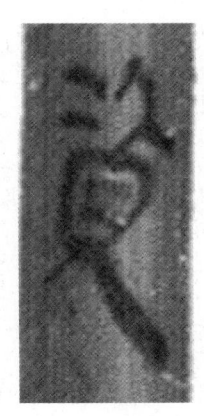

嶽·占夢書11

里·第八層429

馬壹 149_68/242 下

馬壹 85_126

馬壹 48_9 下

馬貳 267_108/125

張・奏讞書 186

銀貳 995

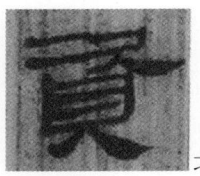

北貳・老子 44

武・儀禮甲《服傳》32

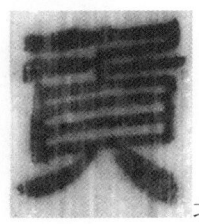

北壹・倉頡篇 30

○貪欲資貨

魏晉殘紙

○便資

漢印文字徵

○含資□印

漢印文字徵

○資比武印

漢印文字徵

○种資印信

東漢・景君碑

○天憤（資）明哲

東漢・西岳華山廟碑陽

北魏・元顥誌

北魏・丘哲誌

北魏・元朗誌

北魏・檀賓誌

北魏・程法珠誌

北魏・山暉誌

北魏・寇臻誌

○資元后稷

北魏・穆亮誌

○稟蕭曹之資

北魏・元簡誌

西魏・和照誌

○資神玄表

北齊・吳遷誌

○稟資挺達

北齊·道常等造像

【購】

《說文》：購，貨也。从貝冓聲。

【賑】

《說文》：賑，富也。从貝辰聲。

北魏·元瞻誌

北魏·張宜誌

【賢】

《說文》：賢，多才也。从貝臤聲。

漢銘·臨虞宮高鐙四

漢銘·臨虞宮高鐙三

漢銘·陽泉熏鑪

漢銘·萬歲宮高鐙

睡·為吏27

里·第八層背133

馬壹113_6\409

馬壹98_84

馬壹 36_27 上

馬壹 107_94\263

馬壹 124_42 上

馬壹 82_64

馬貳 34_36 上

張·奏讞書 61

銀貳 1457

北貳·老子 112

敦煌簡 0335

敦煌簡 0639A

敦煌簡 1728

金關 T30:026

金關 T28:054

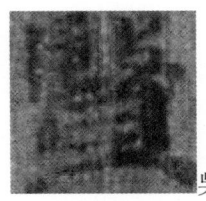

吳簡嘉禾·五·二八二

吳簡嘉禾·一二

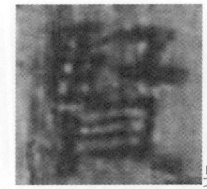

吳簡嘉禾・四・三九八

廿世紀璽印二-SY

秦代印風

秦代印風

廿世紀璽印三-SY

漢印文字徵

漢印文字徵

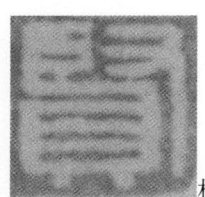

漢印文字徵

柿葉齋兩漢印萃

歷代印匋封泥

柿葉齋兩漢印萃

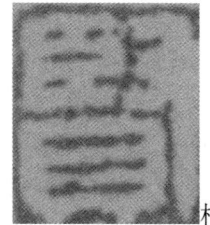

柿葉齋兩漢印萃

漢印文字徵

○徐賢

漢印文字徵

○馬右賢

漢晉南北朝印風

○肆右賢

漢晉南北朝印風

○蘇賢之印

漢晉南北朝印風

漢晉南北朝印風

○楊賢

漢晉南北朝印風

秦駰玉版

石鼓·鑾車

西漢·楚王墓塞石銘

○世賢大夫

東漢・夏承碑

○慕前賢列

東漢・石門頌

東漢・公乘田魴畫像石墓題記

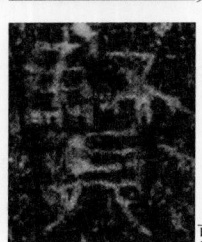

東漢・楊德安題記

東漢・楊叔恭殘碑

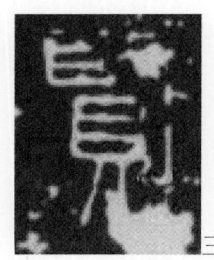

○招賢與程

三國魏・三體石經尚書・篆文

○賢在武丁時則有若甘盤率□

西晉・孫松女誌

大趙・王真保誌

○左右賢王

北魏・元始和誌

○咸哀賢喪

北魏・元始和誌

○風節侔於古賢

北魏・李蕤誌

北魏・王蕃誌

北魏・吐谷渾璣誌

北魏·元尚之誌

北魏·劇市誌

○乃生賢良

北魏·楊乾誌

○愛賢好士

北魏·寇偘誌

北魏·元信誌

北魏·王溫誌

北魏·韓顯宗誌

東魏·元玕誌

北齊·唐邕刻經記

北周·現皆是摩崖

○現皆是古昔諸仙賢聖

【賁】

《說文》：賁，飾也。从貝卉聲。

漢銘·建武卅二年弩機

睡·日甲《詰》56

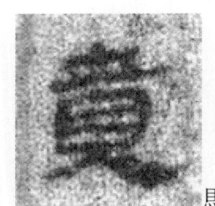

馬壹 38_3 上\27 上

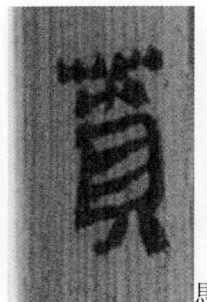

馬貳 235_160

銀貳 2119

敦煌簡 1782

金關 T24:262

武·甲《有司》38

○貢（賣）兼

北壹·倉頡篇 48

○商觚展賣達

廿世紀璽印三-SY

漢印文字徵

○畢賣

柿葉齋兩漢印萃

柿葉齋兩漢印萃

漢代官印選

漢晉南北朝印風

漢晉南北朝印風

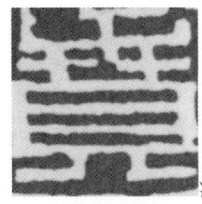

漢晉南北朝印風

東漢·曹全碑陽

北魏·邢偉誌

北齊·崔芬誌

○珠賁隨光

【賀】

《説文》：賀，以禮相奉慶也。從貝加聲。

漢銘·昭臺宮扁

漢銘·綏和鴈足鐙

漢銘·陽朔四年鍾

嶽·芮盜案 70

里·第八層 1259

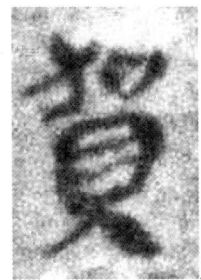

馬壹 97_51

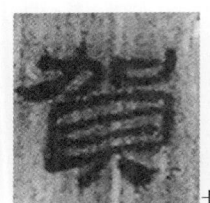

北貳・老子 68

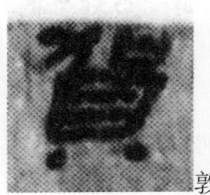

敦煌簡 0349

金關 T11:001

東牌樓 095

秦代印風

秦代印風

○仲山賀

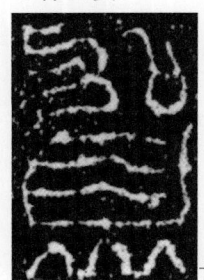

廿世紀璽印三-SY

○石賀

廿世紀璽印三-SY

○公孫賀

廿世紀璽印三-SY

○霍賀之印

歷代印匋封泥

漢印文字徵

○臣賀

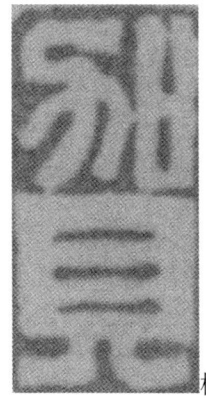

柿葉齋兩漢印萃

柿葉齋兩漢印萃

柿葉齋兩漢印萃

漢晉南北朝印風

漢晉南北朝印風

○趙賀

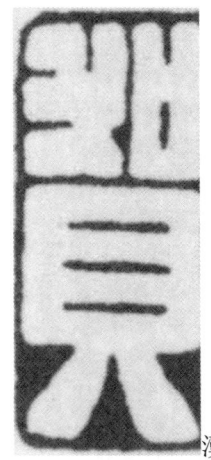

漢晉南北朝印風

○閭丘賀

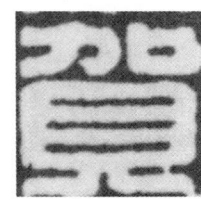

漢晉南北朝印風

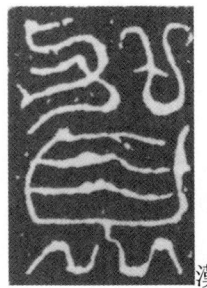

漢晉南北朝印風

○石賀

漢晉南北朝印風

東漢·張遷碑陽

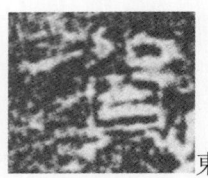

東漢·孔宙碑陰

東漢·石祠堂石柱題記

北魏·元偃誌

○賀侯延鎮都大將

北魏·長孫忻誌

北周·獨孤信誌

○曾祖母賀蘭氏

【貢】

《說文》：貢，獻功也。从貝工聲。

東牌樓 036 背

○貢米粟

北壹·倉頡篇 9

○兼百越貢織飭

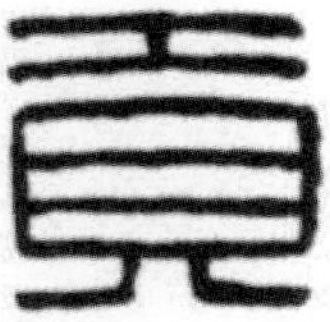

漢印文字徵

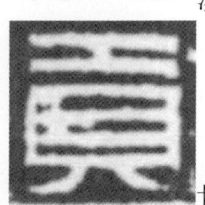

廿世紀璽印四-SY

廿世紀璽印四-SY

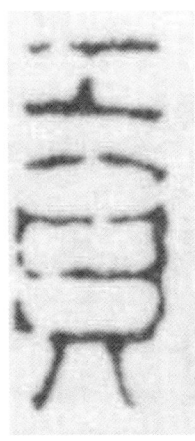

漢晉南北朝印風

東漢・曹全碑陽

北魏・趙廣者誌

東魏・房蘭和誌

〇江淮貢胙

【贊】

《說文》：贊，見也。从貝从兟。

漢銘・孫旅都尉鐱

漢銘・贊鼎

馬壹 88_208

〇而疾贊之天下之從

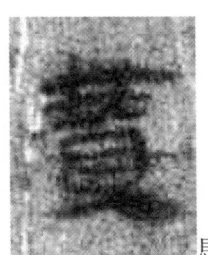

馬壹 37_44 下

〇九者贊以德而占以

金關 T22:080

〇陽郡贊匠里滿願年

金關 T10:550A

〇贊

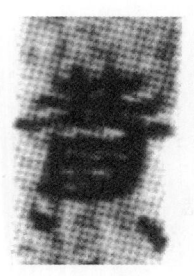

武·甲《少牢》45
○饗贊者洗三爵酌

吳簡嘉禾·五·二三三
○男子謝贊佃田十一町

秦代印風
○胡贊

秦代印風
○贊吾

秦代印風
○橋贊

廿世紀璽印三-SY
○贊德

廿世紀璽印三-SY
○贊長孫印

漢印文字徵
○胡贊私印

漢印文字徵
○胡贊

東漢·相張壽殘碑
○贊衛王臺

2860

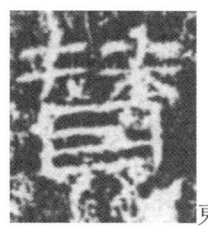

東漢·封龍山頌

○贊天休命

北魏·侯掌誌

○出贊部領

北魏·楊胤誌

北魏·元瓛誌

○績彰毗贊

北魏·元纂誌

○贊揚五典

北魏·慈慶誌

○以贊政道

北魏·穆亮誌

○內贊百揆

東魏·高盛碑

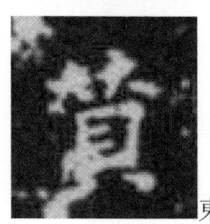

東魏·蔡儁斷碑

○參贊誠績

【賮】

《說文》：賮，會禮也。从貝燼聲。

【賷】

《說文》：賷，持遺也。从貝齊聲。

睡·秦律十八種 103

睡·效律 39

睡·法律答問 202

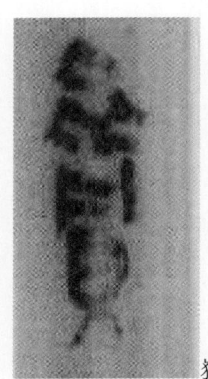

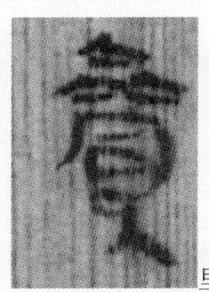

獄·學為偽書案 216

里·第八層 1517

馬壹 142_15/189 上
○食而齎（資）財有

馬壹 110_174\343
○齎數也

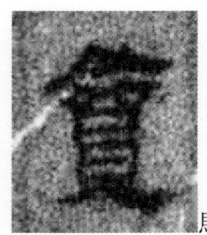

馬壹 36_44 上

張·賜律 289

張·算數書 38
○始行齎米幾何得曰

敦煌簡 0795
○候長馬陽所齎

東牌樓 021 正
○羣各齎□力

北壹·倉頡篇 42
○齎購件妖

歷代印匋封泥
○陳齋三立事左里敀亭豆

漢印文字徵
○狄齋之印

北魏・弔比干文
○懷誠齋怒

北魏・元詮誌
○齋銅虎符

【貸】

《說文》：貸，施也。从貝代聲。

獄・癸瑣案 30
○受者貸者皆坐臧（贓）

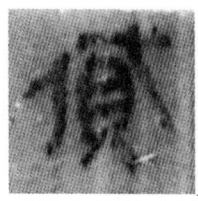

里・第八層 481

馬壹 149_69/243 下
○不貸

馬壹 138_19 上/161 上

銀貳 1767

敦煌簡 0102
○所假貸

金關 T30∶102

吳簡嘉禾・九六八一
○民還貸食元年

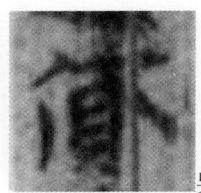

吳簡嘉禾・三一五五

東漢・里仁誦德政碑

○假貸貧人

東漢・陽嘉殘碑陽

○□貸保此

十六國北涼・沮渠安周造像

北魏・李榘蘭誌

北魏・元保洛誌

○祖故貸毅內三郎父故太拔

【貣】

《説文》：貣，從人求物也。从貝弋聲。

睡・法律答問 206

獄・為吏 32

里・第八層 2037

馬壹 101_149

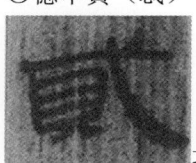

○德不貳（貣）

北貳・老子 15

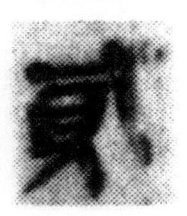

秦文字編 981

秦文字編 981

【賂】

《説文》：賂，遺也。从貝各聲。

東魏・廉富等造義井頌

【賸】

《說文》：賸，物相增加也。从貝朕聲。一曰送也，副也。

睡・法律答問 171
○收妻賸（媵）臣

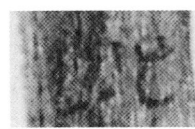

敦煌簡 0849
○謝賸

北壹・倉頡篇 70
○姑繄姍賸

【贈】

《說文》：贈，玩好相送也。从貝曾聲。

東漢・朝侯小子殘碑

東漢・陶洛殘碑陽

○遣贈錢布

北魏・趙廣者誌

北魏・元信誌

北魏・元誘誌

北魏・元孟輝誌

北魏・司馬紹誌

北魏・元鸞誌

○贈鎮北冀州

北魏・張整誌

北齊・赫連子悅誌

北周・宇文儉誌

【𧵥】

《說文》：𧵥，迻予也。从貝皮聲。

【贛(赣)】

《說文》：贛，賜也。从貝，竷省聲。

【贛】

《說文》：贛，籀文贛。

漢銘・楊子贛家銅器蓋

漢銘・楊子贛銅盌

里・第八層 459
○敢告贛即與

馬壹 76_62

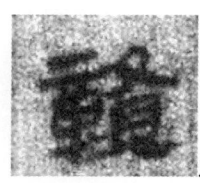

馬壹 45_71 上

馬壹 39_12 下

馬壹 5_21 上
○來之贛=

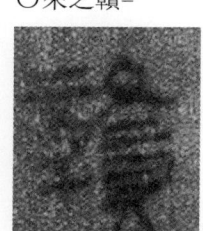

馬貳 114_95/95

敦煌簡 1451
○郚傅贛董僕李貝

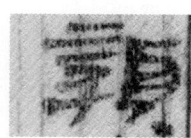

金關 T23:976A

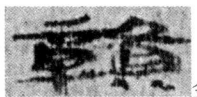

金關 T06∶094

○張贛年卅八

北壹·倉頡篇 15

○鷔騻謷贛害輚

吳簡嘉禾·五·一一〇〇

○男子謝贛佃田

廿世紀璽印三-SY

○畢贛印

漢印文字徵

○陳贛

漢印文字徵

○楊贛私印

漢印文字徵

○芮贛

漢印文字徵

○李贛

漢印文字徵

○楊贛

漢印文字徵

○贛榆令印

歷代印匋封泥

2867

○贛揄令印

東漢・譙敏碑

○其先故國師譙贛

東晉・王閩之誌

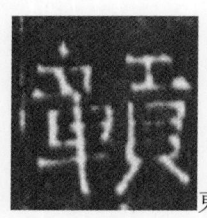

○贛令興

東晉・宋和之誌

○軍行參軍贛令

【賚】

《說文》：賚，賜也。从貝來聲。《周書》曰："賚尒秬鬯。"

北魏・王遺女誌

北齊・徐顯秀誌

北齊・劉悅誌

【賞】

《說文》：賞，賜有功也。从貝尚聲。

漢銘・成山宮渠斗

漢銘・竟寧鴈足鐙

睡・秦律十八種 83

睡・效律 39

睡・為吏 12

第六卷

關・日書 195

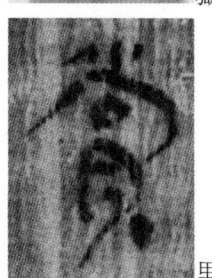

獄・為吏 83

獄・數 202

獄・芮盜案 83

里・第八層 1883

馬壹 255_4 下\46 下

馬壹 113_4\407

馬壹 76_58

張・捕律 152

張・奏讞書 65

銀壹 326

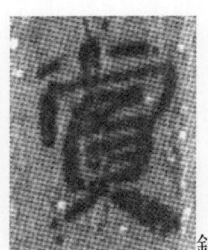

銀貳 1739

敦煌簡 0557

金關 T10:063

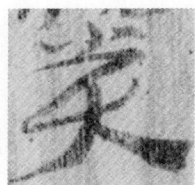

金關 T23:622

○里陽賞年卅

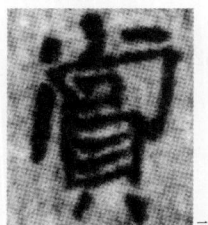

武・王杖 9

東牌樓 076

○土受賞惠會月廿四

吳簡嘉禾・五・一〇八六

歷代印匋封泥

○豆里賞

秦代印風

○商賞

秦代印風

○羌百賞

廿世紀璽印三-SY

廿世紀璽印三-SY

漢印文字徵

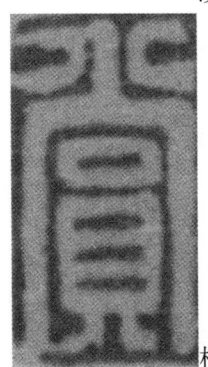

漢印文字徵

漢晉南北朝印風

○傅賞

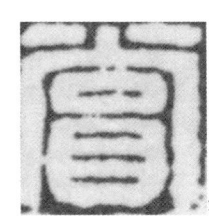

漢晉南北朝印風

○莊賞之印

柿葉齋兩漢印萃

○魏賞

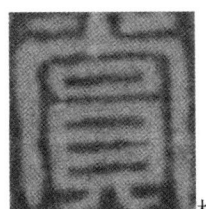

柿葉齋兩漢印萃

○芒賞之印

漢晉南北朝印風

漢晉南北朝印風

漢晉南北朝印風
○□賞私印

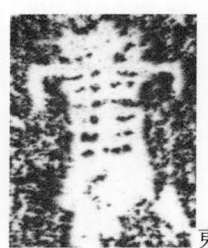

東漢・楊叔恭殘碑
○城宣仁播威賞

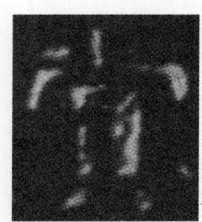

東漢・劉熊碑

西晉・成晃碑
○賞屬大小

北魏・薛伯徽誌

北魏・元楨誌

北魏・元彬誌

北魏・元平誌

北魏・山暉誌

【賜】

《說文》：賜，予也。从貝易聲。

漢銘・建昭鴈足鐙一

漢銘・中私府鍾

睡・秦律十八種 153

關·日書 195

獄·占夢書 23

獄·得之案 175

里·第八層 1222

里·第八層 2203

馬壹 85_131

馬壹 81_40

馬壹 39_14 下

馬貳 10_31

張·賜律 284

張·奏讞書 163

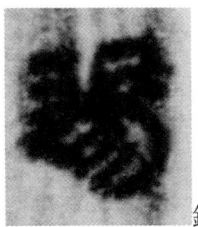

銀壹 590

金關 T23:619

〇應當賜奪勞者

金關 T28:022

武·儀禮甲《士相見之禮》13

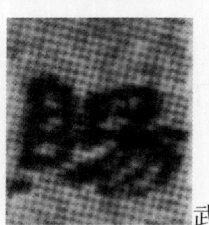

武·甲《泰射》33

東牌樓 029 正

東牌樓 033 背

○頓首賜疏得具頭尾

吳簡嘉禾·八三零四

○年冬賜布一匹

廿世紀璽印三-SY
○王賜

漢印文字徵
○張賜

歷代印匋封泥
○賜

柿葉齋兩漢印萃
○莊賜私印

漢印文字徵
○石賜

漢印文字徵
○北門賜

漢印文字徵

○孫賜之

漢印文字徵

○陳賜信印

詛楚文・巫咸

秦駰玉版

懷后磬

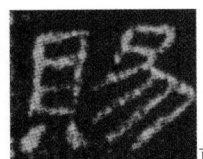

東漢・肥致碑

東漢・曹全碑陽

東漢・桐柏淮源廟碑

北魏・奚真誌

北魏・嵩顯寺碑額

○敕賜嵩顯禪寺碑記

北魏・元弘嬪侯氏誌

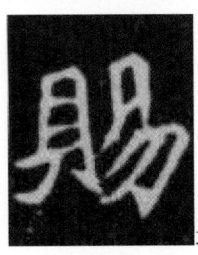

北魏・元詮誌

北魏・王遺女誌

北魏・王僧男誌

【貤】

《說文》：貤，重次弟物也。从貝也聲。

馬壹 87_169

○陵必貤（弛）楚

【贏】

《說文》：贏，有餘、賈利也。从貝贏聲。

睡·秦律十八種 29

○上贏不備縣廷

睡·效律 34

○有贏不備

睡·法律答問 206

獄·質日 3412

獄·數 204

里·第八層 533

馬壹 172_8 下

馬壹 131_11 下\88 下

馬貳 205_24

張・算數書 133

金關 T09:041
○祝都贏年十五七尺

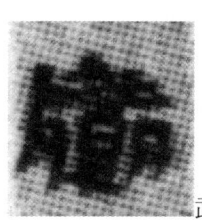

武・甲《特牲》13

北壹・倉頡篇 10
○顛顛觭贏

秦代印風
○孟贏

秦代印風
○蘇贏

廿世紀璽印三-SY
○贏武之印

漢印文字徵
○苑贏

漢印文字徵
○楊贏

漢印文字徵
○贏禽

漢印文字徵
○贏獲私印

北魏・穆循誌

○時贏蕃多務

北周·韋彪誌

【賴（頼）】

《說文》：賴，贏也。从貝剌聲。

睡·為吏 15

里·第八層 2495

馬壹 134_53 上/130 上

馬貳 267_110/127

金關 T10:121A

○過佐賴

廿世紀璽印三-SP

○賴

廿世紀璽印三-GY

○長賴（頼）長印

漢印文字徵

○賴印長樂

東漢·孔宙碑陽

東漢·成陽靈臺碑

○黎元賴（頼）榮

東漢·成陽靈臺碑

北魏·元恭誌

2878

○社稷攸頼（賴）

北魏·萬福榮造像

○安善仰頼（賴）

北魏·爾朱紹誌

北魏·元新成妃李氏誌

○王業頼（賴）其作輔

北齊·雲榮誌

○千城蒙頼（賴）

北周·若干雲誌

【負】

《説文》：負，恃也。从人守貝，有所恃也。一曰受貸不償。

睡·秦律十八種 83

睡·效律 34

獄·數 137

里·第八層 63

馬壹 82_54

馬貳 259_18/27

張·具律 95

銀壹 251

銀貳 1565

北貳·老子 16

敦煌簡 1167

敦煌簡 1974

〇不然負罰當所□

金關 T10:131

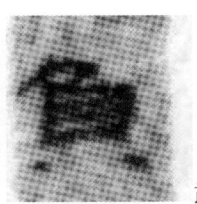

武·甲《泰射》61

北壹·倉頡篇 3

歷代印匋封泥

〇鄐負

漢印文字徵

〇大張万負

漢印文字徵

〇孫負私印

漢晉南北朝印風

〇大張萬負

漢晉南北朝印風

○許負

東漢·張遷碑陽

東漢·曹全碑陽

東漢·元嘉三年畫像石題記

西晉·臨辟雍碑

北魏·元晫誌

北魏·于纂誌

○負荷遠胤

北魏·高珪誌

北齊·柴季蘭造像

○負八萬之歲

北齊·劉悅誌

○負扆嘉節

【貯】

《說文》：貯，積也。从貝宁聲。

北壹·倉頡篇14

○婡挾貯施

北魏·慕容纂誌

北齊・元賢誌

○貯珠成岸

【貳】

《說文》：貳，副、益也。从貝弍聲。弍，古文二。

里・第八層 673

○壬辰貳春

秦代印風

○趙貳

漢晉南北朝印風

○永順副貳印

廿世紀璽印三-GP

○沛郡副貳印

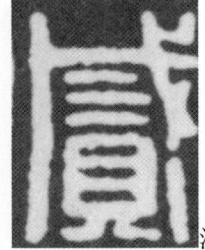

漢晉南北朝印風

○魏部牧貳印

漢印文字徵

○趙貳

漢代官印選

○貳師將軍章

漢印文字徵

○魏部牡貳印

漢印文字徵

○范貳

漢晉南北朝印風

○笵貳

秦駰玉版

西晉・臨辟雍碑

○聲教無貳

北魏・楊胤誌

○在德無貳

北魏・元瞻誌

○移死地而無貳

北魏・道充等造像

○程種貳

東魏・源磨耶壙志

北周・韋彪誌

○副貳論道

北周・盧蘭誌

○天官有貳

【賓】

《說文》：賓，所敬也。從貝宀聲。

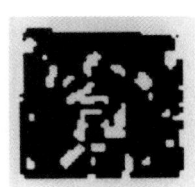

【賓】

《說文》：賓，古文。

漢銘・延熹五年鐖

馬壹75_25

○顧賓君令（命）

馬壹 84_103

馬貳 207_45

馬貳 203_6

張·蓋盧 4

○變(蠻)夷賓服

北貳·老子 209

金關 T07:022A

金關 T04:063A

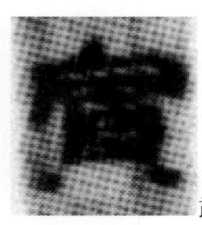

武·儀禮甲《士相見之禮》2

武·甲《特牲》45

○爵降賓（實）

武·甲《少牢》40

武·甲《泰射》26

○賓降西階下再拜

北壹·倉頡篇 2

○賓勮向尚

吳簡嘉禾·四·三四一

○賓徒丞印 漢晉南北朝印風

○苻婁賓印 廿世紀璽印三-SY

○董子賓 廿世紀璽印三-SY

○郭次賓 漢印文字徵

○賓徒丞印 漢印文字徵

○露子賓 漢印文字徵

○董賓 漢印文字徵

○蘇賓之印 漢晉南北朝印風

○虞長賓 漢晉南北朝印風

○曾子賓 漢晉南北朝印風

○嘉賓 漢晉南北朝印風

漢晉南北朝印風
○劉君賓

漢晉南北朝印風
○朱賓私印

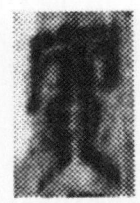

秦文字編 985

東漢・司徒袁安碑

西晉・臨辟雍碑
○庭延布衣之賓

北魏・李璧誌
○賓友生光

北魏・曹天度造像
○侶登蕤賓

北魏・石婉誌

北魏・鄀乾誌
○賓無濫與

北魏・楊熙僊誌
○賓坐已滿

北魏・馮季華誌

2886

北魏·元煥誌

北魏·元悌誌

北魏·□伯超誌

北齊·高顯國妃敬氏誌

○親賓永絕

北齊·唐邕刻經記

【賒】

《說文》：賒，貰買也。从貝余聲。

【貰】

《說文》：貰，貸也。从貝世聲。

睡·為吏13

獄·為吏32

金關 T23：963

○貰賣布一匹

金關 T21：451

○李朔貰賣綺

北壹·倉頡篇32

○寋气勾貰捈

漢印文字徵

○貰利之印

東漢・馮緄碑

【贅】

《説文》：贅，以物質錢。从敖、貝。敖者，猶放；貝，當復取之也。

里・第八層背 1743

馬壹 101_135

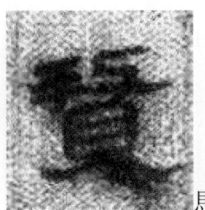

馬貳 33_17 下

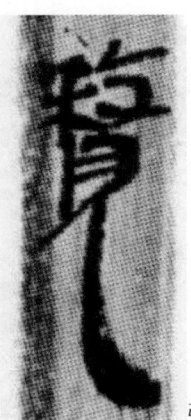

張・奏讞書 92

北壹・倉頡篇 61

○鹵氏羌贅拾鋏

漢印文字徵

○蘇贅私印

北魏・温泉頌

○則朊贅以生

【質】

《説文》：質，以物相贅。从貝从所。闕。

睡・法律答問 148

○強質及和受質

嶽・質日 271

○七年質日

獄・質日 341
○四年質日
里・第八層 138 
○廟所質日行失道旁
馬壹 87_185 
○母質裏疵弗受也
馬壹 86_167 

馬貳 294_407/407
○薄質一

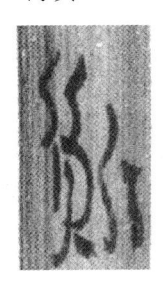

馬貳 278_223/399

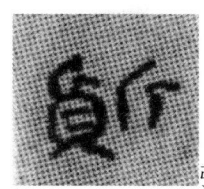

張・金布律 429
○質錢皆爲鈶封

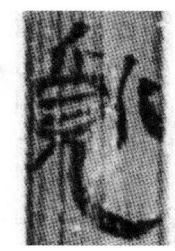

張・奏讞書 110
○瘢相質五也

銀壹 629
○故出質而昌（唱）

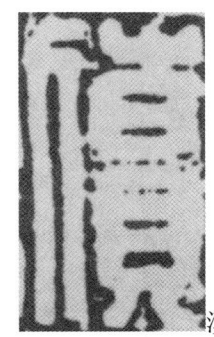

漢晉南北朝印風
○質中祭尊

漢印文字徵

漢印文字徵

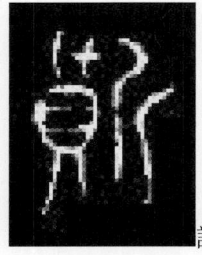

詛楚文・沈湫

○神而質

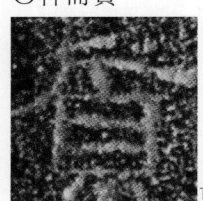

東漢・簿書殘碑

○貭（質）五千

東漢・簿書殘碑

○貭（質）三萬

東漢・北海相景君碑陰

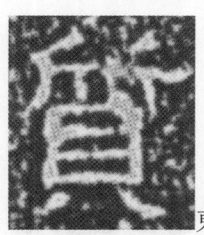

東漢・白石神君碑

西晉・趙㲹表

北魏・元略誌

○如璧之質

北魏・元簡誌

北魏・寇猛誌

○質邁伊陟

北魏・王普賢誌

北魏・元汎略誌

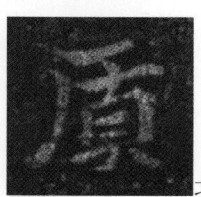

北魏・寇慰誌

○賦貭（質）超邁

北魏·叔孫協及妻誌

北周·僧妙等造像

○麗同金質

【貿】

《說文》：貿，易財也。从貝丣聲。

獄·芮盜案 69

馬壹 40_1 下

張·市律 261

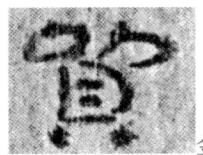

金關 T08:024

北壹·倉頡篇 48

○役嘉臧貿易買

廿世紀璽印二-SP

○右貿

漢印文字徵

○樂貿

漢印文字徵

○貿孺卿

漢印文字徵

漢印文字徵

○越貿陽君

漢印文字徵

○閱貿

北魏・元徽誌

北魏・元繼誌

○慮陵谷貿遷

北周・宇文儉誌

北周・獨孤信誌

○懼陵谷之貿遷

北周・叱羅協誌

○懼陵谷之相貿

【贖】

《說文》：贖，貿也。从貝𧸇聲。

睡・秦律十八種 137

睡・法律答問 177

獄・奏讞案 13

里·第八層 1734

馬貳 262_47/68

張·具律 89

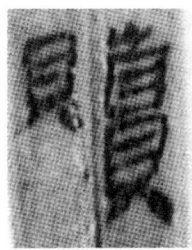

銀貳 1748

金關 T24:047

漢印文字徵

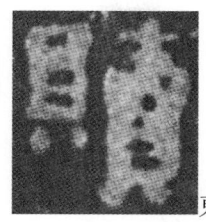

東漢·楊統碑陽

北魏·元恩誌

○如可贖兮

北魏·公孫猗誌

○四壞贖身

北魏·元寧誌

北齊·吐谷渾靜媚誌

【費】

《説文》：費，散財用也。从貝弗聲。

睡·秦律十八種 37

睡·秦律雜抄 22

獄·芮盜案 85

里·第八層 657

馬壹 142_5/179 上

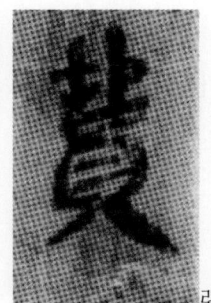

張·徭律 410

銀壹 868
○伐少費賞罰□

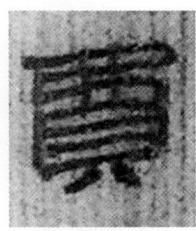

北貳·老子 21

敦煌簡 0168
○惠而不費

金關 T21：468

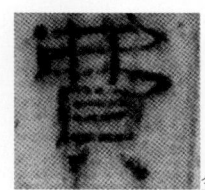

金關 T30：263

東牌樓 036 背
○譏今費送一千到

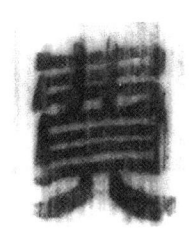

北壹·倉頡篇 32

○窣窔差費

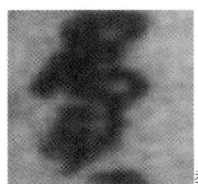

魏晉殘紙

○進不□費

秦代印風

廿世紀璽印三-GP

漢印文字徵

○費中孺

漢印文字徵

漢印文字徵

漢印文字徵

○費衡君

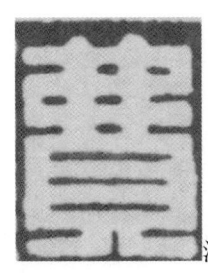

漢晉南北朝印風

漢晉南北朝印風

○費縣令印

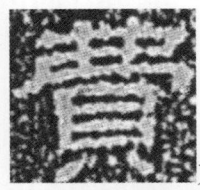

東漢・張景造土牛碑

東漢・孔宙碑陰

東漢・曹全碑陽

北魏・元鸞誌

○教訓不費

北魏・元誨誌

○千金日費

北魏・元彧誌

○千金日費

北周・獨孤信誌

○母費連氏

【責】

《説文》：責，求也。从貝朿聲。

春晚・秦公簋

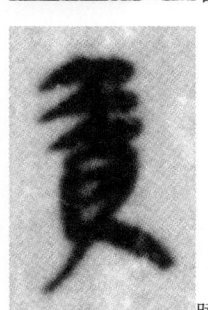

睡・秦律十八種 84

睡・效律 41

獄・為吏 29

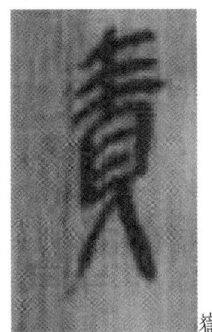

獄・識劫案 111

里・第八層 1586

馬壹 110_168\337

馬壹 106_72\241

馬貳 8_13 中\17

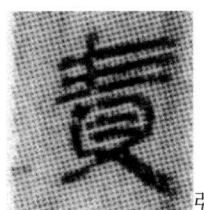

張・金布律 427

銀壹 72

北貳・老子 121

敦煌簡 1161

金關 T27:024
○部以責裘爲名與卒

金關 T05:120

北魏・元暐誌

東魏・馮令華誌

東魏・元悰誌

【賈】

《説文》：賈，賈市也。从貝西聲。一曰坐賣售也。

漢銘・大賈壺

漢銘・賈氏家鈁

漢銘・中山內府銅鋗二

睡・效律 58

睡・日甲《毀弃》120

獄・芮盗案 76

里・第八層 683

馬壹 85_132

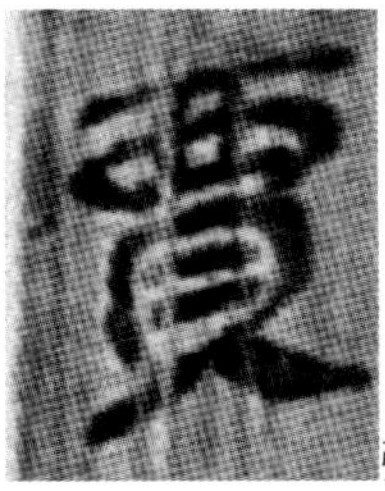

張·市律 260

張·奏讞書 206

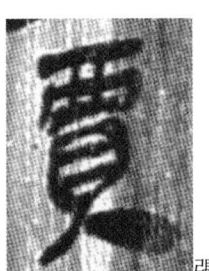

張·算數書 61

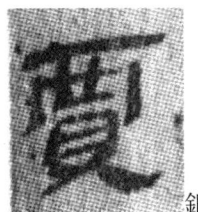

銀貳 1642

敦煌簡 1271B

敦煌簡 0554A

金關 T23:934

金關 T10:327A

北壹·倉頡篇 48

○販市旅賈商䰞

秦代印風

秦代印風

秦代印風

秦代印風
○賈取

秦代印風
○賈□□

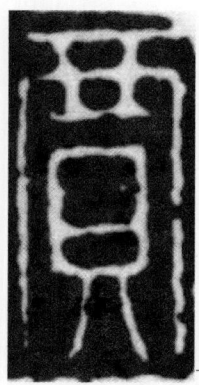

廿世紀璽印三-SY
○賈剛

廿世紀璽印三-SY

柿葉齋兩漢印萃
○賈彪

漢印文字徵
○賈護

歷代印匋封泥
○鉼賈之印

漢印文字徵
○賈長公

2900

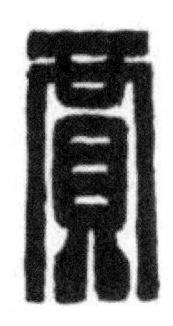

漢印文字徵
○尹賈

漢印文字徵
○紀賈之印

漢印文字徵
○王賈

漢晉南北朝印風
○賈護

漢晉南北朝印風

漢晉南北朝印風
○賈扶老印

漢晉南北朝印風

北魏・鞠彥雲誌

北魏・賈瑾誌

北魏・賈瑾誌蓋
○賈散騎之墓誌

東魏・廉富等造像側

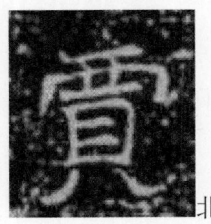

北齊・石信誌

北齊・賈蘭業兄弟造像

北齊・五十人造像

嶽・芮盜案 74

里・第八層 1800

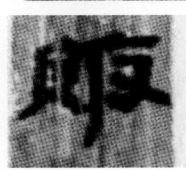

張・市律 260

張・奏讞書 204

武・甲《有司》64

北壹・倉頡篇 48

漢印文字徵
○公車販

【賓】

《説文》：𧶠，行賈也。从貝，商省聲。

【販】

《説文》：販，買賤賣貴者。从貝反聲。

2902

漢印文字徵

東漢・石祠堂石柱題記

【買】

《說文》：買，市也。从网、貝。《孟子》曰："登壟斷而网市利。"

漢銘・陽信家溫酒器一

漢銘・陽信家甗

漢銘・中山內府銅盆二

睡・秦律雜抄 14

睡・法律答問 140

獄・猩敞案 48

里・第八層 395

里・第八層 154

馬貳 265_87/104

張・津關令 506

張・奏讞書 105

敦煌簡 0557

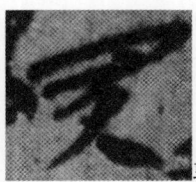

敦煌簡 1464A

○郭成買布三尺五寸

金關 T21:423

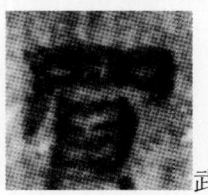

武・日忌木簡甲 1

北壹・倉頡篇 48

○臧貿易買販市

吳簡嘉禾・五・九七

秦代印風

○李買

廿世紀璽印三-SP

○黃買之

秦代印風

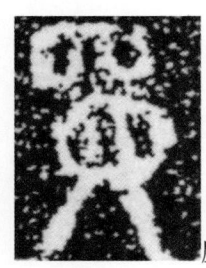

○買臣

歷代印匋封泥

○□買

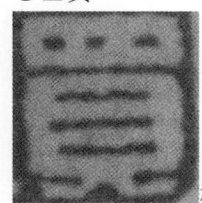

柿葉齋兩漢印萃

漢印文字徵

漢印文字徵

○楊買之印

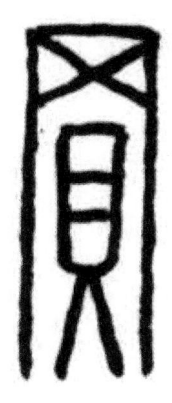

漢印文字徵

漢印文字徵
○張買

漢印文字徵

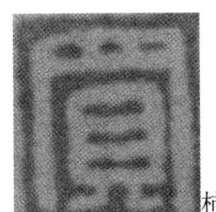

柿葉齋兩漢印萃

漢晉南北朝印風
○公孫買

漢晉南北朝印風
○諸葛買得

漢晉南北朝印風

東漢・史晨後碑

東漢・買田約束石券

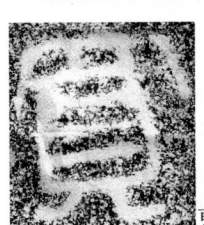

東漢・大吉山摩崖刻石
○共買山地

北魏·解伯都等造像

北魏·張神洛買田券

北魏·爾朱襲誌

南朝宋·景熙買地券

【賤】

《說文》：賤，賈少也。从貝戔聲。

戰晚·王四年相邦張義戈

睡·法律答問 153

睡·為吏 18

睡·日乙《入官》237

嶽·學為偽書案 222

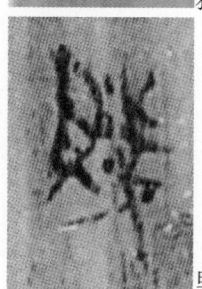

里·第八層 100

馬壹 124_42 上

馬壹 81_45

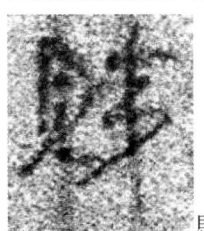

馬貳 30_44

張·引書 108

銀壹 403

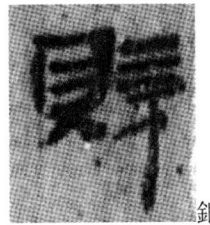

銀貳 1869

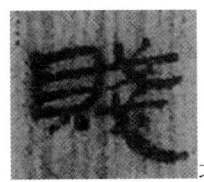

北貳·老子 8

敦煌簡 0190

金關 T26:138

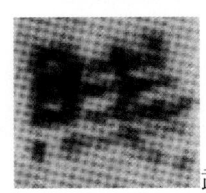

武·儀禮甲《士相見之禮》7

○子之賤私也

東牌樓 040 正

○悉袁賤子鄧應再拜

漢印文字徵

○賤子始印

漢印文字徵

漢晉南北朝印風

○賤子晉印

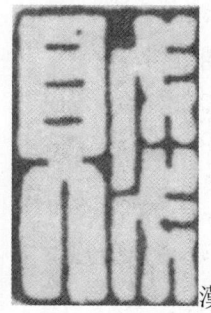

漢晉南北朝印風

○朱賤

泰山刻石

東漢・東漢・婁壽碑額

東漢・東漢・婁壽碑陰

東漢・樊敏碑

東漢・張遷碑陽

北魏・元顥誌

北魏・高廣誌

北魏・元倪誌

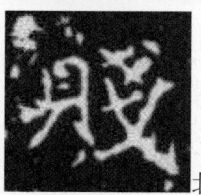

北魏・鄭道忠誌

北齊・皇甫豔誌

北齊・崔德誌

【賦】

《說文》：賦，斂也。从貝武聲。

睡・法律答問 165

○出戶賦之謂殴

睡·為吏 7

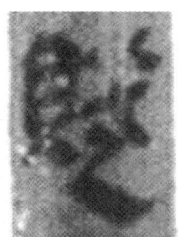

獄·為吏 59

里·第八層 104

馬壹 86_168

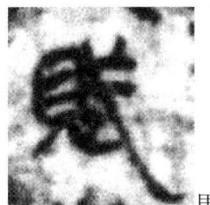

馬壹 86_167

張·金布律 429

張·蓋盧 50

敦煌簡 1448

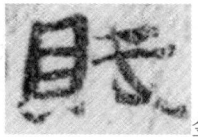

金關 T23:560

○出賦錢千二百

金關 T23:417

○出賦泉六百

東牌樓 012

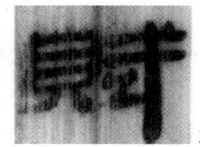

北壹·倉頡篇 14

○狄署賦賓

詛楚文·沈湫

○贏衆敓賦

東漢·曹全碑陽

東漢·張景造土牛碑

○相賦斂作治

北魏·元斌誌

北魏·石婉誌

北魏·元弼誌

北齊·高湑誌

北齊·崔德誌

【貪】

《說文》：貪，欲物也。从貝今聲。

馬壹 44_45 下

張·蓋盧 50

銀貳 2107

敦煌簡 0072

○西域貪狼桀黠狂狡

北壹·倉頡篇 30

○臭腑胆貪欲資

秦文字編 991

東漢·曹全碑陽

○貪暴洗心

東漢·趙寬碑

○貪嘉功懿

東漢・鮮於璜碑陽

○彈貶貪枉

北魏・元順誌

北魏・侯剛誌

○貪欲滋競

北齊・刁翔誌

○偷貪視息

北齊・張海翼誌

○不貪爲玉

【貶】

《説文》：貶，損也。从貝从乏。

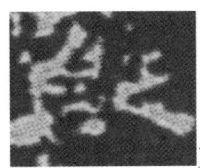

東漢・鮮於璜碑陽

東漢・石門頌

西晉・郭槐柩記

北魏・丘哲誌

【貧】

《説文》：貧，財分少也。从貝从分，分亦聲。

【宀分】

《説文》：宀分，古文从宀、分。

睡・秦律十八種 82

睡・日甲《生子》146

睡・日甲 18

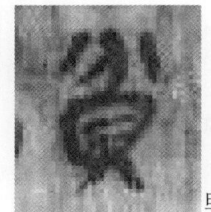

里・第八層 60

馬壹 265_16

馬壹 131_21 下\98 下

張・奏讞書 220

銀壹 160

銀貳 1112

北貳・老子 55

敦煌簡 2390

北壹・倉頡篇 32

廿世紀璽印三-SP

〇右貧

東漢・成陽靈臺碑

東漢・里仁誦德政碑

東漢・劉熊碑

西晉·荀岳誌

北魏·和醜仁誌

北魏·元弼誌

北魏·元繼誌

北魏·元順誌

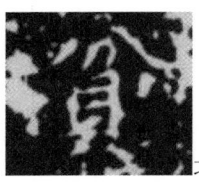

北魏·龍泉古井銘

○得免貧不能立碑

北魏·宋虎誌

【賃】

《說文》：賃，庸也。从貝任聲。

睡·為吏9

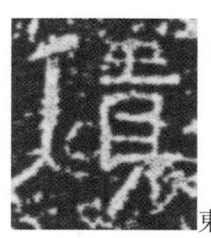

東漢·張遷碑陽

東漢·買田約束石券

【賕】

《說文》：賕，以財物枉法相謝也。从貝求聲。一曰戴質也。

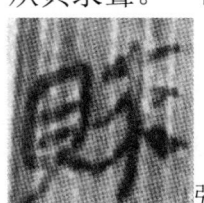

張·盜律60
○受賕以枉灋及行賕

張·奏讞書52
○受行賕狂（枉）

銀壹 376

○爲民賕也吾所以爲

【購】

《説文》：購，以財有所求也。从貝冓聲。

睡·法律答問 139

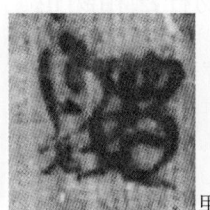

獄·癸瑣案 19

里·第八層 811

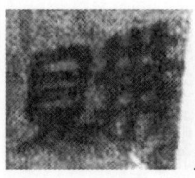

馬壹 38_11 上

張·盜律 71

敦煌簡 0792

北壹·倉頡篇 42

【貤】

《説文》：貤，齎財卜問爲貤。从貝㐅聲。讀若所。

【貲】

《説文》：貲，小罰以財自贖也。从貝此聲。漢律：民不繇，貲錢二十二。

睡·秦律十八種 140

睡·效律 12

睡·秦律雜抄 40

睡·法律答問 152

獄·癸瑣案 30

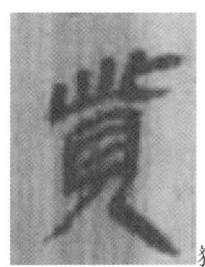

里·第六層 32

里·第八層 754

里·第八層 297

北壹·倉頡篇 10

○誅罰賞耐

北魏·李超誌

【賓】

《說文》：賓，南蠻賦也。从貝宗聲。

張·奏讞書 5

○歲出賓錢

漢印文字徵

○漢歸義賓邑侯

東漢·馮緄碑

○收逋賓布卅萬疋（匹）

西魏·辛萇誌

○連帶巴賓

【賣】

《說文》：賣，衒也。从貝㚔聲。㚔，古文睦。讀若育。

【賵（貴）】

《說文》：賵，物不賤也。从貝臾聲。臾，古文賵。

戰晚・卅七年上郡守慶戈

漢銘・建初六年洗

漢銘・禺氏洗

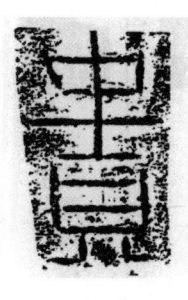

漢銘・陳富貴昌洗

漢銘・富貴昌宜侯王洗十四

漢銘・富貴方壺

漢銘・富貴昌宜侯王洗二

漢銘・富貴宜侯王鋗二

漢銘・富貴昌宜侯王洗十

睡・法律答問 153

睡・為吏 15
○二曰貴以大泰

睡・日乙《入官》237
○貴勝賤

獄·為吏 43

獄·占夢書 34

獄·芮盜案 76

馬壹 96_28

馬壹 81_41

馬壹 13_91 上

馬壹 245_5 下\6 下

○□貴埂（亢）安

馬貳 241_221

張·田律 242

張·蓋盧 46

張·脈書 56

張·引書 107

銀壹 852

銀貳 1460

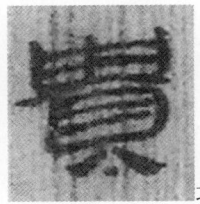

北貳·老子 37

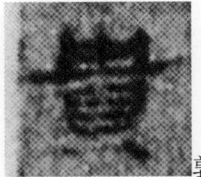

敦煌簡 2056

敦煌簡 0239A

○宿大貴東三泉留久

金關 T06:075

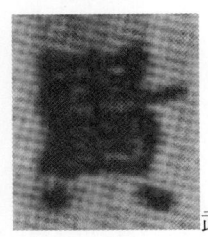

武·儀禮甲《服傳》8

東牌樓 035 正

吳簡嘉禾·五·六五五

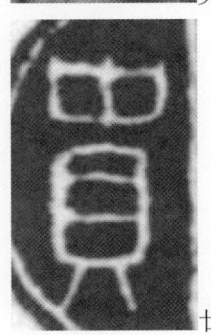

廿世紀璽印二-SY

○王貴

廿世紀璽印三-SY
○解貴

歷代印匋封泥
○富貴

廿世紀璽印三-SP
○富貴昌樂未央

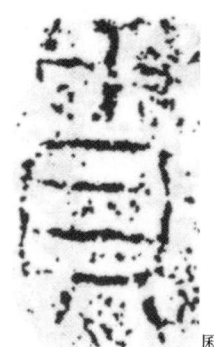

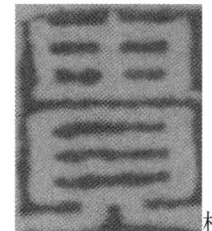

漢印文字徵
○富貴

柿葉齋兩漢印萃
○叔丘貴印

漢印文字徵
○長富貴

漢印文字徵
○孫貴

漢印文字徵
○弦貴魏

漢印文字徵

○富貴

漢晉南北朝印風

○貴僕

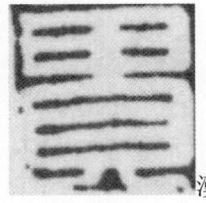

漢晉南北朝印風

○苑壽貴印

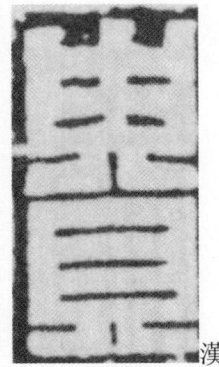

漢晉南北朝印風

○張貴

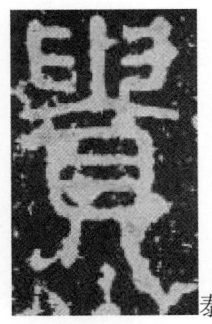

泰山刻石

東漢・李孟初神祠碑

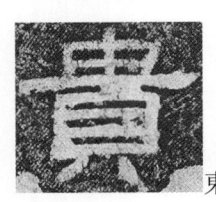

東漢・虔恭等字殘碑

○不存貞順節義貴

東漢・楊統碑陽

西晉・石定誌

北魏・鄭君妻誌

○夫貴妻尊

北魏·馬振拜造像

○董定貴

北魏·元懷誌

北魏·趙謐誌

北齊·張海翼誌

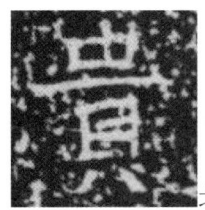

○道存爲貴

北齊·魏懿誌

○字惠貴

北齊·傅華誌

○太妃處貴能降

【賏】

《說文》：賏，頸飾也。从二貝。

【貺】

《說文》：貺，賜也。从貝兄聲。

北魏·檀賓誌

北魏·元英誌

【賵】

《說文》：賵，贈死者。从貝从冒。冒者，衣衾覆冒之意。

東漢·朝侯小子殘碑

東漢·楊震碑

北魏·爾朱襲誌

北魏·元靈曜誌

○賵賻之禮

北魏·穆亮誌

東魏·元仲英誌

○賵贈之典

北周·賀屯植誌

○賵賻有加

【賭】

《說文》：賭，博簺也。从貝者聲。

【貼】

《說文》：貼，以物爲質也。从貝占聲。

【貽】

《說文》：貽，贈遺也。从貝台聲。經典通用詒。

東漢·楊震碑

北魏·元嵩誌

東魏·元仲英誌

北齊·朱曇思等造塔記

【賺】

《說文》：賺，重買也，錯也。从貝廉聲。

【賽】

《說文》：賽，報也。从貝，塞省聲。

漢銘·延壽宮高鐙

漢銘·萬歲宮高鐙

漢銘·臨虞宮高鐙四

漢銘·臨虞宮高鐙三

漢銘・元延鈁

金關 T24:040

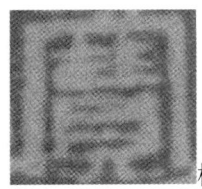

柿葉齋兩漢印萃

○賢賽私印

【賻】

《説文》：賻，助也。从貝専聲。

東漢・朝侯小子殘碑

○賻送禮賻五百萬已上

北魏・元馗誌

○禮賻有加

北魏・韓顯宗誌

○加以繒帛之賻

北齊・高潤誌

○賻給之數

【贍】

《説文》：贍，給也。从貝詹聲。

北魏・楊舒誌

北魏・楊熙偘誌

北魏・王普賢誌

北齊・暴誕誌

〖敗〗

歷代印匋封泥

○宮敗

〖貫〗

嶽・數176
○尺爲賨（實）

〖贶〗

詛楚文・巫咸

〖貳〗

東漢・貳用等字殘碑
○貳用

〖賒〗

北魏・元崇業誌
○近隧無賒

北魏・王紹誌
○樹信賒由布之諸

〖賝〗

歷代印匋封泥
○賝賣祭

〖䞠〗

三國魏・受禪表
○蒙䞠饒之養

〖賲〗

東魏・元賲誌

〖贅〗

漢印文字徵
○司馬贅

〖賹〗

第六卷

歷代印匋封泥

○豆里贉

歷代印匋封泥

○左南郭囗酃（鄉）辛簷里贉

〖贅〗

東漢・西岳華山廟碑陽

西晉・臨辟雍碑

北魏・元子正誌

北齊・劉悅誌

〖賜〗

北魏・李媛華誌

○王賜比旦

〖贊〗

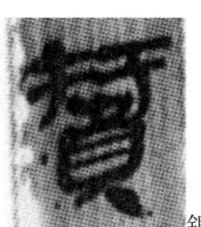

銀貳 1788

○贊民人

〖餞〗

睡・效律 24

○論餞（負）之

〖賍〗

馬貳 294_399/324

○右方賍（藏）首

〖贑〗

秦文字編 998

【䞌】

北魏・趙廣者誌

【贘】

廿世紀璽印四-GY

○賓侯之贘

【賻】

歷代印匋封泥
○賻

歷代印匋封泥
○賻

【䝶】

睡・日甲《盜者》81
○耤鄭壬䝶

邑部

【邑】

《說文》：邑，國也。从口；先王之制，尊卑有大小，从卪。凡邑之屬皆从邑。

秦代・旬邑銅權

秦代・元年丞相斯戈

漢銘・池陽宮行鐙

漢銘・衛少主鼎

漢銘·安邑鼎

漢銘·衛少主鼎

漢銘·博邑家鼎

睡·秦律十八種 5

關·病方 349

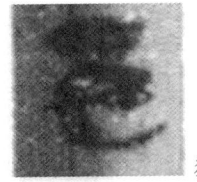

獄·質日 3522

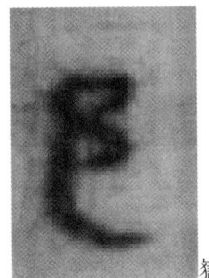

獄·魏盜案 167

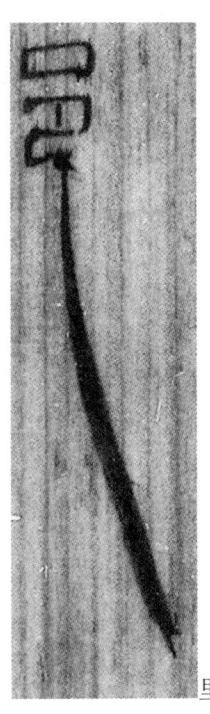

里·第八層 753

里·第八層 753

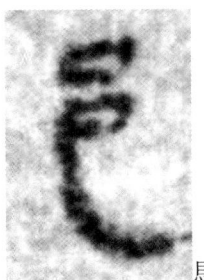

馬壹 212_51

馬壹 48_11 下

馬壹 4_8 下

張・田律 247

張・奏讞書 222

銀壹 456

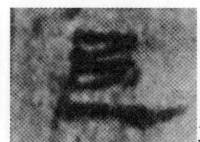

敦煌簡 2267

〇陽翟邑

敦煌簡 2309A

〇名邑縣□

金關 T07:037

金關 T03:083

東牌樓 047 背

〇內邑用小

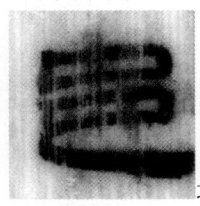

北壹・倉頡篇 53

廿世紀璽印二-SP

〇安邑皇

歷代印匋封泥

〇安邑工頭

歷代印匋封泥

〇安邑丞印

秦代印風

○□邑尉印

秦代印風

廿世紀璽印三-GP

漢晉南北朝印風

○新保塞烏桓寇邑率衆侯印

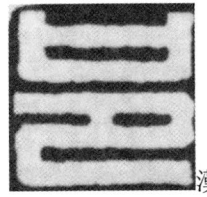

漢晉南北朝印風

○漢叟邑長

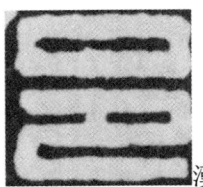

漢晉南北朝印風

○漢叟邑長

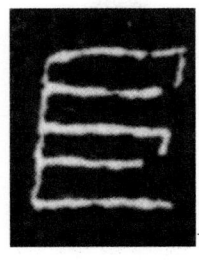

廿世紀璽印三-GY

○葉陽邑長

歷代印匋封泥

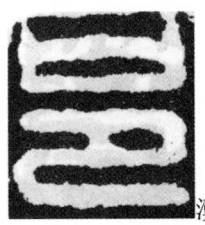

漢代官印選

○陽翟邑令

漢代官印選

○虢邑令印

漢代官印選

○連然邑長

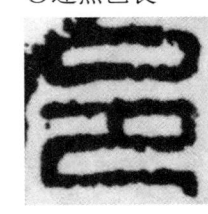

歷代印匋封泥

2929

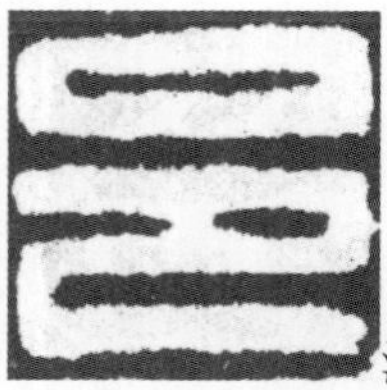

漢代官印選
○江邑侯印

歷代印匋封泥

歷代印匋封泥

柿葉齋兩漢印萃

歷代印匋封泥

廿世紀璽印四-GY

漢晉南北朝印風
○魏率善羌邑長

漢晉南北朝印風
○魏率善氐邑長

廿世紀璽印四-GY

漢晉南北朝印風
○晉率善胡邑長

漢晉南北朝印風
○晉率善氐邑長

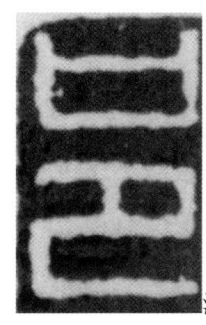

漢晉南北朝印風
○晉率善羌邑長

漢晉南北朝印風
○晉支胡率善邑長

漢晉南北朝印風
○毛邑之印

東漢・武氏前石室畫像題字

東漢・建寧三年殘碑

東漢・從事馮君碑

三國魏・王基斷碑

三國魏・上尊號碑

北魏・解伯都等造像

北魏・秦紹敬等造像

○邑義主王寶香侍佛

北魏・王悅及妻郭氏誌

北魏・韓顯祖造像

北魏・元乂誌

北魏・給事君妻韓氏誌

北魏・孫秋生造像

北魏・趙阿歡造像

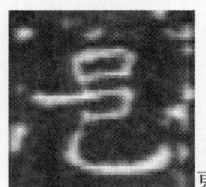

東魏・嵩陽寺碑

【邦】

《說文》：邦，國也。从邑丰聲。

【邛】

《說文》：邛，古文。

戰晚・八年相邦呂不韋戈

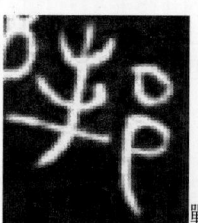

戰中・四年相邦樛斿戈

戰晚・五年呂不韋戈（一）

春晚・秦公鎛

春晚・秦公鎛

戰晚・十三年少府矛

戰晚・五年呂不韋戈（一）

秦代・元年相邦疾戈

睡・語書1

睡・秦律十八種201

睡・法律答問180

睡・為吏11

睡・日甲《除》3

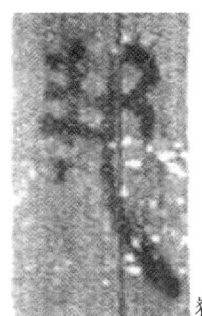

獄・占夢書36

獄・尸等案33

○秦人邦亡荆者男子多

里・第八層773

馬壹76_59

○能反邦者弗與治

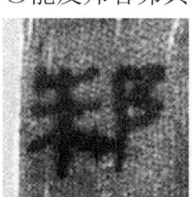

馬壹77_80

○不克邦治適（敵）

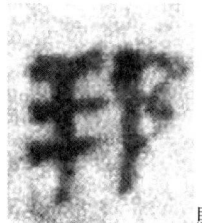

馬壹112_33\384

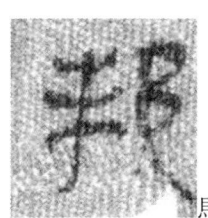

馬壹242_7上

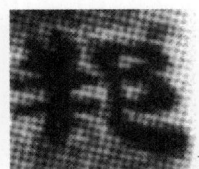

武·儀禮甲《士相見之禮》16

廿世紀璽印二-GP

○新城邦

廿世紀璽印三-GP

○屬邦工丞

秦代印風

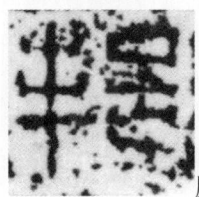

歷代印匋封泥

○屬邦工室

秦代印風

秦代印風

漢印文字徵

詛楚文·亞駝

○繆力同心兩邦若壹

東漢·楊震碑

○功洽三邦

東漢·北海相景君碑陽

○鄰邦歸向

東漢·建寧三年殘碑

○邦喪貞幹

東漢·圉令趙君碑

東漢・劉熊碑

三國魏・王基斷碑

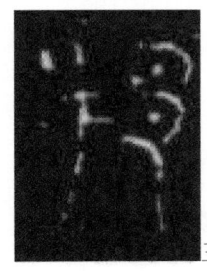

三國魏・三體石經尚書・古文

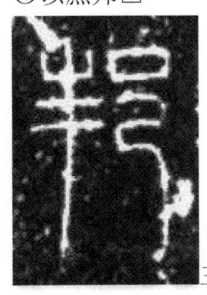

○以庶邦□

三國魏・三體石經殘・篆文

○德懷邦

西晉・石定誌

西晉・郭槐柩記

北魏・元英誌

○義結邦僚

北魏・元嵩誌

○邦之彥㬥

北魏・王禎誌

北魏・李榘蘭誌

北魏・堯遵誌

○寔邦之華

北魏・趙光誌

○化洽邦里

北魏・段峻德誌

北魏·于景誌

○出撫邦鎮

北魏·赫連悅誌

○又以河北名邦

北魏·王溫誌

○邦邑縉紳

北魏·元理誌

○播美於邦畿

北齊·劉碑造像

北齊·傅華誌

○譽華邦國

北齊·刁翔誌

○橫剪邦邑

北齊·郭顯邕造經記

○棄彼萬邦

北周·韋彪誌

○便剖大邦

【郡】

《説文》：郡，周制：天子地方千里，分爲百縣，縣有四郡。故《春秋傳》曰"上大夫受郡"是也。至秦初置三十六郡，以監其縣。从邑君聲。

戰晚·七年上郡閒戈

戰晚·三年上郡守戈

戰晚·四十年上郡守起戈

戰晚·二十五年上郡守廟戈

戰晚·囗年上郡守戈

漢銘·蜀郡嚴氏洗一

漢銘·蜀郡嚴氏洗二

漢銘·上郡小府盤

漢銘·上林豫章觀銅鑒

漢銘·蜀郡嚴氏富昌洗

漢銘·蜀郡董是洗

漢銘·孝文廟甗鍑

漢銘·羽陽宮鼎

漢銘·蜀郡成都何師作洗

睡·秦律十八種 157

睡·法律答問 95

獄·尸等案 40

里・第八層 469

里・第八層 1325

張・置吏律 215

張・奏讞書 144

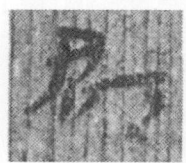

敦煌簡 0051

敦煌簡 1913

○武威郡張掖長

敦煌簡 2026

金關 T30:202

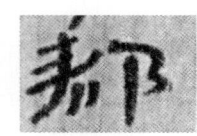

金關 T10:182

○河南郡雒陽南胡里

金關 T09:237

○犍爲郡

金關 T01:128

北壹・倉頡篇 75

○郡邊

吳簡嘉禾・四・二六三

魏晉殘紙

歷代印匋封泥

廿世紀璽印三-GP

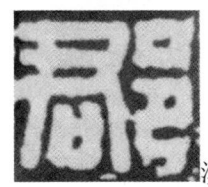

漢晉南北朝印風

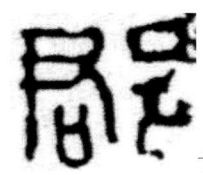

廿世紀璽印三-GP

廿世紀璽印三-GP

歷代印匋封泥

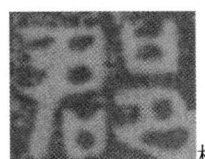

柿葉齋兩漢印萃

柿葉齋兩漢印萃

漢印文字徵

漢代官印選

漢代官印選

漢代官印選

漢代官印選

漢代官印選

漢印文字徵

漢晉南北朝印風

漢晉南北朝印風

漢晉南北朝印風

東漢・曹全碑陽

東漢・東漢・魯峻碑陽

東漢・司徒袁安碑

東漢・鮮於璜碑陰

西晉・荀岳誌

東晉・李緝陳氏誌

北魏・元簡妃誌蓋

○太保齊郡順王常妃誌銘

北魏・崔鴻誌

北魏・韓氏誌

北魏・韓顯宗誌

北魏・司馬金龍墓表

北魏・趙超宗誌

2940

東魏・元光基誌蓋

西魏・吳輝誌蓋

北齊・路衆及妻誌

北齊・路衆及妻誌

北齊・劉悅誌

○太安郡狄那人也

北周・尉遲將男誌蓋

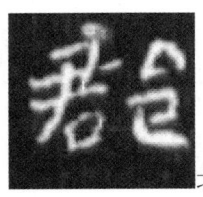

北周・尉遲將男誌

戰晚・九年相邦呂不韋戈

戰晚・十二年上郡守壽戈

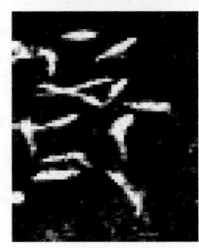

戰晚・二十五年上郡守廟戈

漢銘・信都食官行鐙

漢銘・大司農權

漢銘・平都犁䥏

漢銘・蜀郡成都何師作洗

【都】

《說文》：䣚，有先君之舊宗廟曰都。从邑者聲。周禮：距國五百里爲都。

漢銘・山都杯

漢銘・平都主家鍾

睡・秦律十八種 73

睡・效律 52

睡・法律答問 95

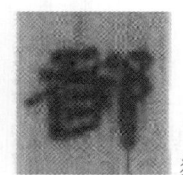

睡・日甲《盜者》77

獄・魏盜案 153

里・第八層 38

里・第八層 6

里・第八層背 704

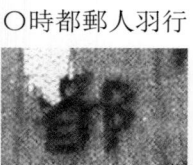

○時都郵人羽行

馬壹 127_63 下

馬壹 86_161

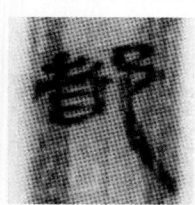

張・秩律 452

張·奏讞書 1

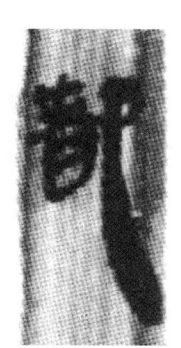

張·奏讞書 89

張·算數書 143

銀貳 1474

敦煌簡 0060
○大泉都

敦煌簡 2281
○高都吏卒張廣宗

金關 T07:036
○字君都

金關 T30:071

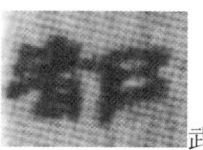

武·儀禮甲《服傳》20

東牌樓 020 正

吳簡嘉禾·一一三四

廿世紀璽印二-SP
○都船工疕

歷代印匋封泥
○都市

廿世紀璽印二-GP
○易安都王卩鍴

○都船兵　歷代印匋封泥

○都廄　歷代印匋封泥

秦代印風

秦代印風

○都亭　秦代印風

○呂都　廿世紀璽印三-SY

○閔都君印　漢晉南北朝印風

漢晉南北朝印風

漢晉南北朝印風

廿世紀璽印三-GP

廿世紀璽印三-GY

○長沙都尉

廿世紀璽印三-SY

○姚都昌印

漢晉南北朝印風

漢晉南北朝印風

○都田

廿世紀璽印三-GP

廿世紀璽印三-GP

漢晉南北朝印風

漢晉南北朝印風

漢晉南北朝印風

廿世紀璽印三-SY

○侯遂都

漢晉南北朝印風

○騎都尉印

歷代印匋封泥

○始建國四年保城都司空

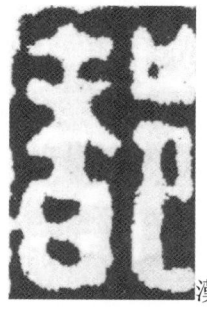

漢代官印選

○侍中駙馬都尉

漢代官印選

漢代官印選

漢代官印選

○騎都尉奉車光祿大夫

漢代官印選

○都內令印

漢代官印選

○左輔都尉印

漢印文字徵

歷代印匋封泥

○都元始五年

歷代印匋封泥

漢代官印選

○京輔都尉

柿葉齋兩漢印萃

柿葉齋兩漢印萃

漢印文字徵

○王子都印

歷代印匋封泥

○盧都司馬

漢印文字徵

○田克都

柿葉齋兩漢印萃

歷代印匋封泥

○琅邪都尉章

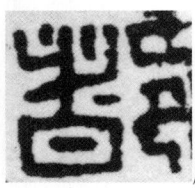

歷代印匋封泥

漢印文字徵

○盧都

漢印文字徵

○都市

歷代印匋封泥

廿世紀璽印四-GY

○將兵都尉

漢印文字徵

漢晉南北朝印風

○任印蓋都

○侯遂都

廿世紀璽印四-GY

○騎都之印

漢晉南北朝印風

漢晉南北朝印風

漢晉南北朝印風

漢晉南北朝印風

○楊都

廿世紀璽印四-SY

漢晉南北朝印風

○大都督印

○都鄉侯印

漢晉南北朝印風

東漢·西狹頌

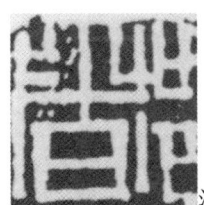

東漢·成陽靈臺碑

東漢·泰山都尉孔宙碑額

東晉·高句麗好太王碑

北魏·鞠彥雲誌蓋
〇黃縣都鄉石羊里鞠彥雲墓志

北魏·元天穆誌

北魏·爾朱紹誌

北魏·元子直誌

北魏·王蕃誌

北魏·元朗誌

北齊·房周陀誌

北齊·雲榮誌

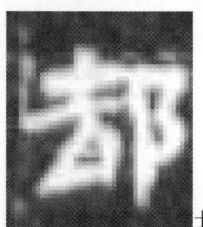

北周·乙弗紹誌
〇兼六州大都督府司馬

【鄰（隣）】

《説文》：㷠，五家爲鄰。从邑粦聲。

睡·法律答問 98

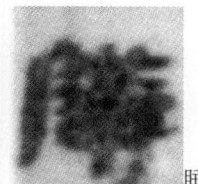

睡·日甲 89
〇午室四隣（鄰）也

嶽・為吏 62

馬壹 218_110

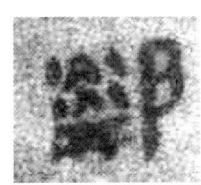

馬壹 7_32 上

張・蓋盧 48

銀貳 1471

北貳・老子 119

敦煌簡 0845
○相聞鄰里對門

廿世紀璽印三-GP
○鄰鄉侯印

漢印文字徵

漢印文字徵

漢印文字徵

東漢・北海相景君碑陽
○鄰邦歸向

東漢・鮮於璜碑陽
○外睦遠鄰

東漢・析里橋郙閣頌
○香風有隣（鄰）

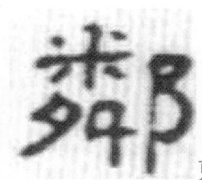

東漢・譙敏碑

西晉・徐義誌

○稱於四隣（鄰）

北魏・元徽誌

○隣（鄰）台安與

北魏・元顯俊誌

北魏・王普賢誌

○挺節隣（鄰）聖

北魏・李媛華誌

北魏・劉玉誌

○不磨自隣（鄰）

北魏・和醜仁誌

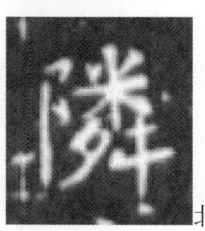

北魏・元曄誌

○唯善是隣（鄰）

東魏・妻李豔華誌

東魏・閭叱地連誌

○茹茹隣（鄰）和公主

北齊・庫狄業誌

○往還隣（鄰）閣

【鄻】

《說文》：鄻，百家為鄻。鄻，聚也。从邑贊聲。南陽有鄻縣。

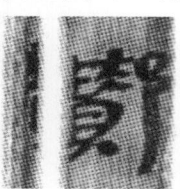

張・秩聿449

○降(絳)鄻

歷代印匋封泥
〇鄭丞之印

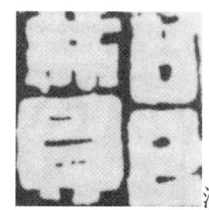

漢晉南北朝印風
〇鄭丞之印

漢印文字徵
〇鄭丞之印

漢代官印選
〇鄭侯之印

北周·王德衡誌
〇葬於石安原前臨鄭侯之墳

【鄁】

《說文》：鄁，五鄭爲鄁。从邑咠聲。

漢銘·聖主佐宮中行樂錢

睡·為吏9

睡·為吏5

馬壹84_104

北貳·老子175

北壹·倉頡篇13
〇韶津邙鄁祁緅

漢印文字徵
〇任鄁私印

北魏·元液誌

北魏·元繼誌

北魏·元悌誌

北魏·元新成妃李氏誌

北魏·李端誌

東魏·崔鷫誌

北齊·高建妻王氏誌

【郊】

《說文》：郊，距國百里爲郊。从邑交聲。

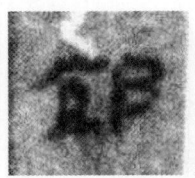

馬壹142_9/183上

○生於郊

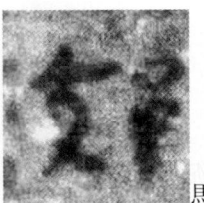

馬壹95_19

○生於郊

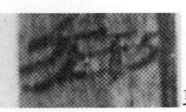

敦煌簡0817

○川郡郊邑子長里狐

廿世紀璽印三-GP

○郊侯邑丞

漢印文字徵

○郊侯邑丞

東漢·曹全碑陽

北魏·元誨誌

北魏·元璨誌

北周·尉遲將男誌

【邸】

《說文》：邸，屬國舍。从邑氏聲。

漢銘·山陽邸鐙

漢銘·山陽邸鴈足長鐙

漢銘·羽陽宮鼎

里·第八層 904

○益治邸代處謁

金關 T21:049

○雒陽邸里趙世

北壹·倉頡篇 44

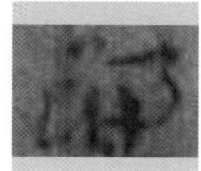

○梧域邸造

吳簡嘉禾·四·二六四

○男子潘邸田

歷代印匋封泥

秦代印風

廿世紀璽印三-GP

廿世紀璽印三-GP

廿世紀璽印三-GY

漢印文字徵

漢印文字徵

漢晉南北朝印風

北魏·馮會誌

○自來媛蕃邸

北魏·元隱誌

○卒於荊州之邸

北魏·薛伯徽誌

○於雍州邸館薨

東魏·王令媛誌

○來儀蕃邸

東魏·馮令華誌

○薨於國邸

東魏·邸珍碑額

○定州刺史司空邸公之碑

北齊·邸明玉造像

○佛弟子邸明玉

【郛】

《説文》：郛，國也。从邑孚聲。

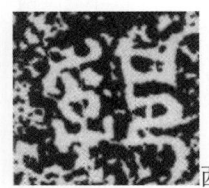

西晉·郛休碑額

○郛府君侯之碑

北魏·元融誌

○復梁城已陷之郛

【郵】

《説文》：郵，境上行書舍。从邑、垂。垂，邊也。

睡・語書 8
○布以郵行

睡・秦律十八種 3
○縣令郵行之盡八月

獄・質日 3512
○康□郵壬申辛未

里・第六層 2
○陵以郵行洞庭

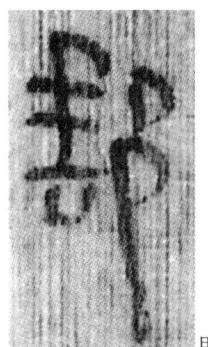

里・第八層 1147
○以郵行

張・行書律 265
○一郵十二室長

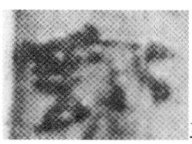

敦煌簡 1322
○柏郵

敦煌簡 0662A
○□以郵行君辱幸臨

金關 T23:285
○水以郵行

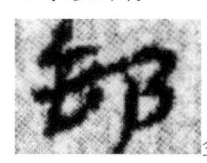

金關 T02:023
○北界郵印詣居延都

東牌樓 035 正
○督郵

魏晉殘紙
○督郵

魏晉殘紙
○督郵

魏晉殘紙
○督郵

秦代印風
○郵印

廿世紀璽印四-GY
○隴西中部督郵印

漢印文字徵
○郵異人

東漢・孫仲隱墓刻石
○督郵

東漢・北海相景君碑陰
○故中部督郵都昌羽忠

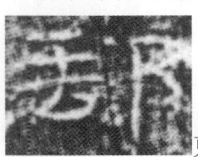

東漢・禮器碑陰
○故督郵

東漢・鮮於璜碑陰
○故督郵

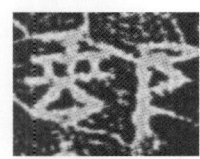

東漢・執金吾丞武榮碑

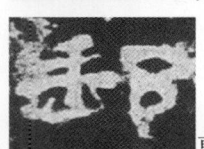

東漢・相張壽殘碑
○督郵周紘

東漢・西狹頌
○督郵部職

東漢・趙寬碑
○召署督郵

東漢・曹全碑陽

2956

○甚於置郵

東漢·曹全碑陰

○故督郵楊勳子豪千

東漢·夏承碑

○督郵

北魏·崔鴻誌

○置郵非擬

南朝齊·劉覬買地券

○土中督郵

【䣙】

《說文》：䣙，國甸，大夫稍。稍，所食邑。从邑肖聲。《周禮》曰："任䣙地。"在天子三百里之內。

漢印文字徵

○䣙辟

【鄯】

《說文》：鄯，鄯善，西胡國也。从邑从善，善亦聲。

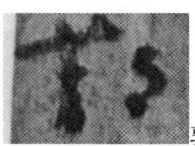

敦煌簡 0066

○己與鄯善不和

敦煌簡 0114

○奴言鄯善反我

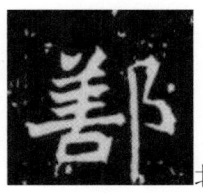

北魏·鄯乾誌

○鄯鄯王寵之孫

北魏·鄯月光誌

○妻鄯月光墓銘

北齊·賀拔昌誌

○朔州鄯無人也

【䣝】

《說文》：䣝，夏后時諸侯夷羿國也。从邑，窮省聲。

睡·為吏 47
○毋竆（窮）

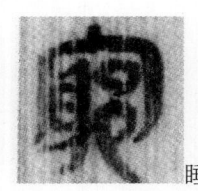

睡·為吏 2
○孤寡竆（窮）困

睡·日甲 22
○不竆（窮）必刑

關·日書 262
○直竆（窮）得

獄·學為偽書案 236
○謹竆（窮）以瀘論之

里·第八層 970
○言事不竆（窮）

馬壹 13_90 上
○亓（其）竆（躬）无咎

馬壹 4_10 下
○大（六）四艮（根）亓（其）竆（躬）

張·捕律 152
○及竆（窮）之而自殺也

張·奏讞書 211
○竆（窮）困出入

銀壹 569
○不驁（傲）竆（窮）

北貳・老子23

○其用不窡（窮）

秦代印風

○高窮

漢印文字徵

○□窡

【鄭】

《說文》：鄭，周封黃帝之後於鄭也。從邑奠聲。讀若薊。上谷有鄭縣。

【邰】

《說文》：邰，炎帝之後，姜姓所封，周棄外家國。從邑台聲。右扶風斄縣是也。《詩》曰："有邰家室。"

漢印文字徵

北魏・弔比干文

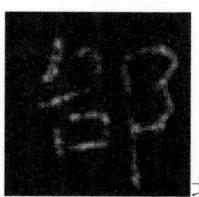

北齊・元子邃誌

○旗行邰皂

【郊】

《說文》：郊，周文王所封。在右扶風美陽中水鄉。從邑支聲。

【岐】

《說文》：岐，郊或從山支聲。因岐山以名之也。

【𨙶】

《說文》：𨙶，古文郊從枝從山。

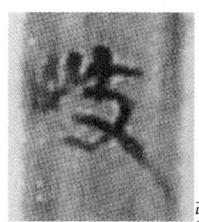

張・秩律456

○岐、陽武

漢印文字徵

○岐丞之印

歷代印匋封泥

○岐丞之印

漢晉南北朝印風

○徐岐

北周·叱羅協誌

○以公行南郊州刺史

東漢·劉熊碑

○岐嶷逾絕

北魏·胡明相誌

北魏·康健誌

○作令岐陽

北魏·馮會誌

北魏·□伯超誌

北魏·李伯欽誌

○幼而岐悟

北魏·張寧誌蓋

○魏故岐州刺史張君銘

北齊·雲榮誌

○岐州刺史

【邠】

《說文》：邠，周太王國。在右扶風美陽。从邑分聲。

【豳】

《說文》：豳，美陽亭，卽豳也。民俗以夜市，有豳山。从山从豩。闞。

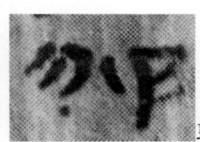

敦煌簡 0288

吳簡嘉禾·五·四五六

北魏·元舉誌

北魏·元融誌

○都督東秦邠夏三州

北魏·元彬誌

○都督東秦邠三州諸軍事

東漢·馮使君神道闕

東漢·西岳華山廟碑陽

北魏·青州元湛誌

○都督東秦豳夏三州諸軍事

北魏·元引誌

北魏·元楨誌

北周·賀屯植誌

【郿】

《說文》：郿，右扶風縣。从邑眉聲。

廿世紀璽印三-GP

漢印文字徵

歷代印匋封泥

漢代官印選

三國魏·曹真殘碑

【郁】

《說文》：郁，右扶風郁夷也。从邑有聲。

里·第八層 1277
〇上造郁郅往舂曰田

張·秩律 451
〇密、郁郅

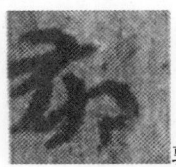

敦煌簻 0067
〇呼郁立師

廿世紀璽印三-GP
〇郁秩丞印

漢印文字徵
〇郁陽虎印

漢印文字徵

漢印文字徵

歷代印匋封泥
〇郁秩丞印

漢晉南北朝印風
〇鄧鬱

漢晉南北朝印風
〇楊鬱

西晉·臨辟雍碑

2962

東魏·劉靜憐誌

○郁穆外成

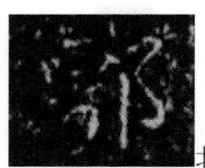

【鄠】

《說文》：鄠，右扶風縣名。从邑雩聲。

戰晚或秦代·梡陽鼎

漢銘·萯陽鼎

漢印文字徵

○鄠丞之印

漢代官印選

○鄠邑令印

東漢·司馬芳殘碑額

○故吏金曹佐鄠縣周範

北魏·皇甫驎誌

○葬於鄠縣中鄉洪渷里

【扈】

《說文》：扈，夏后同姓所封，戰於甘者。在鄠，有扈谷、甘亭。从邑戶聲。

【岵】

《說文》：岵，古文扈从山、马。

銀貳 2090

金關 T28:030

漢印文字徵

漢印文字徵

漢印文字徵
〇扈康印信

漢印文字徵
〇扈奉之印

漢印文字徵
〇扈遂

漢印文字徵
〇扈年之印

漢印文字徵

東漢・曹全碑陰
〇故市掾扈安子安千

三國魏・三體石經尚書・篆文
〇陟臣扈佫于囗帝巫咸乂王

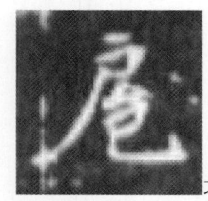

北魏・元瞱誌

北魏・長孫盛誌

北魏・元隱誌

東魏・王僧誌

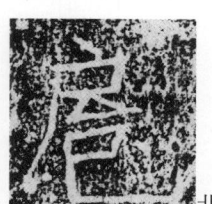

北齊・扈歲銘磚

北齊·赫連子悅誌

【䣃】

《說文》：䣃，右扶風鄠鄉。從邑崩聲。沛城父有䣃鄉。讀若陪。

漢代官印選
○䣃成侯印

【䣅】

《說文》：䣅，右扶風鄠鄉。從邑且聲。

【郝】

《說文》：郝，右扶風鄠、盩厔鄉。從邑赤聲。

秦代印風
○郝氏

秦代印風
○郝印

廿世紀璽印三-SY
○郝歆私印

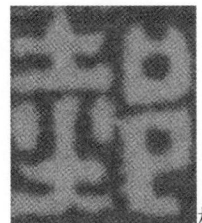

柿葉齋兩漢印萃
○朱郝私印

柿葉齋兩漢印萃

漢印文字徵
○郝印延季

漢印文字徵
○郝孝昌

漢印文字徵

○郝國

漢印文字徵

○郝女印

漢印文字徵

漢印文字徵

漢印文字徵

○郝印護衆

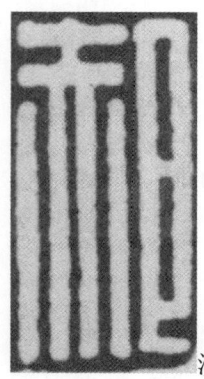

漢晉南北朝印風

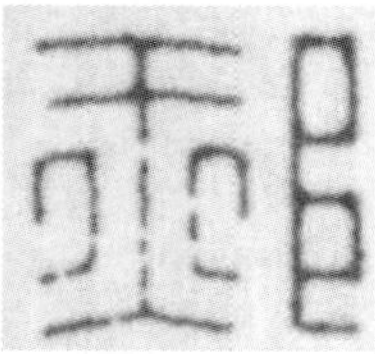

漢晉南北朝印風

○郝成之印

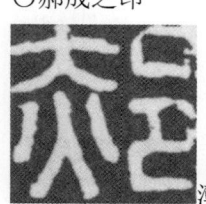

漢晉南北朝印風

漢晉南北朝印風

東漢・洛陽黃腸石四

北魏・四十一人等造像

○邑子劉昇王俊郝神

北魏·李端誌

【酆】

《說文》：酆，周文王所都。在京兆杜陵西南。从邑豐聲。

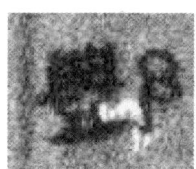

馬壹36_23上
○《酆（豐）》之虛盈

銀壹677
○文王才（在）酆

武·甲《燕禮》2
○兩有酆（豐）幕

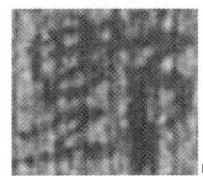

吳簡嘉禾·五·七一七

廿世紀璽印三-GY

漢晉南北朝印風

漢印文字徵
○公孫酆印

漢印文字徵

漢印文字徵
○酆睦子則執姦

漢晉南北朝印風
○董酆印信

【鄭】

《說文》：鄭，京兆縣。周厲王子友所封。从邑奠聲。宗周之滅，鄭徙潧洧之上，今新鄭是也。

戰晚・十九年大良造鞅鐓

漢銘・高平宮金鼎

睡・封診式 34

睡・日甲《盜者》81

獄・質日 3525

里・第八層 850

馬壹 86_162

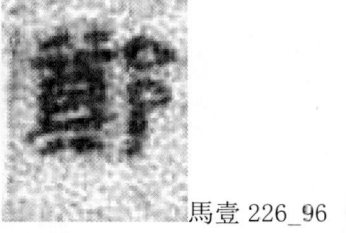

馬壹 90_240

馬壹 226_96

張・盜律 81

○盜律鄭書

敦煌簡 1972C

金關 T28:100

武·儀禮甲《士相見之禮》9

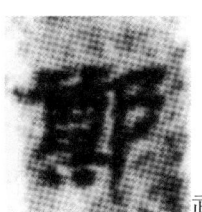

武·甲《有司》8

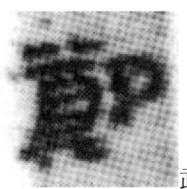

武·甲《有司》73

武·甲《泰射》26

北壹·倉頡篇 33

○鄭舞炊芊

吳簡嘉禾·四·五一一

○倉吏鄭黑凡爲布一

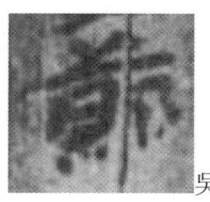

吳簡嘉禾·七二八二

○倉吏鄭黑受

吳簡嘉禾·四·三九三

○男子鄭佔佃田三町

吳簡嘉禾·四·二三三

○倉吏鄭黑凡爲布一

廿世紀璽印二-SY

廿世紀璽印二-SY

廿世紀璽印三-SY

○鄭印

秦代印風

漢晉南北朝印風
○新鄭邑長

廿世紀璽印三-SY

廿世紀璽印三-SY

廿世紀璽印三-SY

柿葉齋兩漢印萃
○鄭虜

漢印文字徵

○張鄭印信

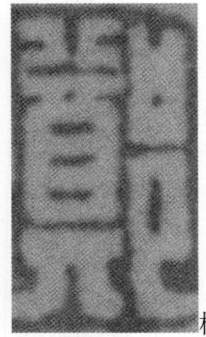

柿葉齋兩漢印萃

漢代官印選
○鄭令之印

漢印文字徵

漢印文字徵
○鄭觸

漢印文字徵
○鄭丞之印

○鄭山

廿世紀璽印四-SP

○鄭鳳

漢晉南北朝印風

○鄭不識

漢晉南北朝印風

○鄭崇私印

漢晉南北朝印風

漢晉南北朝印風

○鄭勝之

東漢・禮器碑側

○時令漢中南鄭趙宣字子雅

東漢・石門頌

東漢・郎中鄭固碑

○鄭君之碑

東漢・西狹頌

東漢・從事馮君碑

○踊于鄭人

三國魏·三體石經春秋·隸書
○丑鄭伯捷卒衛人侵

三國魏·三體石經春秋·篆文
○鄭歸于衛

北魏·李媛華誌

北魏·中明壇題字

北魏·鄭胡誌
○開封縣鄭胡銘

北魏·元悌誌

北魏·鄭長猷造像
○鄭長猷

北魏·元弼誌

東魏·趙秋唐吳造像
○社民大中大夫潁川鄭

北齊·鄭子尚誌蓋
○鄭長史銘

北齊·石信誌

北周·鄭術誌蓋
○大周開府清淵元公鄭君墓誌

【郃】

《說文》：郃，左馮翊郃陽縣。從邑合聲。《詩》曰："在郃之陽。"

戰晚·十七年丞相啟狀戈

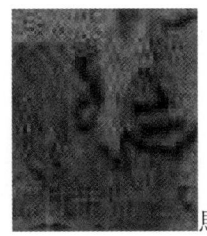

馬貳 159_86

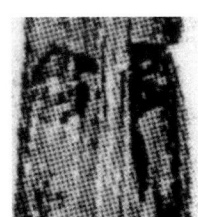

○邰里□□□今毋人

張·秩律 443

○沛邰陽郎中

北壹·倉頡篇 43

○弇焉宛邰篡埒

漢印文字徵

柿葉齋兩漢印萃

漢晉南北朝印風

東漢·樂安利等字殘碑

○馮翎邰陽□

東漢·曹全碑陽

東漢·北海相景君碑陰

○故脩行營陵水丘邰

北魏·秦洪誌

【䢵】

《説文》：䢵，京兆藍田鄉。从邑囗聲。

【䣹】

《説文》：䣹，京兆杜陵鄉。从邑樊聲。

漢印文字徵

○鬱雍

【酅】

《說文》：酅，左馮翊縣。从邑巂聲。

漢銘·酅廚金鼎

【鄅】

《說文》：鄅，左馮翊郿陽亭。从邑屠聲。

【邮】

《說文》：邮，左馮翊高陵。从邑由聲。

北壹·倉頡篇 74

○陝邮郡

【郰】

《說文》：郰，左馮翊谷口鄉。从邑棄聲。讀若寧。

【邽】

《說文》：邽，隴西上邽也。从邑圭聲。

張·秩律 448

○下邽蓼鄭

廿世紀璽印二-SP

○上邽□明

廿世紀璽印三-GP

○下邽丞印

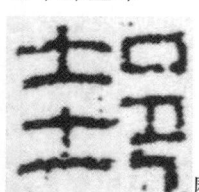

歷代印匋封泥

○下邽丞印

漢印文字徵

○下邽之印

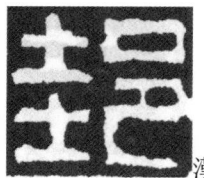

漢代官印選

〇上邽騎士

東漢・趙寬碑

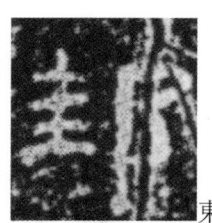

東漢・趙寬碑

北魏・元肅誌

北魏・楊侃誌

〇誅暴康邽（邦）

【部】

《說文》：䣖，天水狄部。从邑咅聲。

漢銘・建武卅二年弩䥟

睡・法律答問 157

獄・為吏 10

獄・癸瑣案 4

里・第八層 573

馬壹 171_12 上

馬壹 171_11 上

張・盜律 76

敦煌簡 0533A

金關 T07:034

○巳東部候

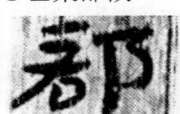

金關 T07:095

○北部候長番和陽

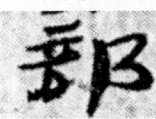

金關 T07:090

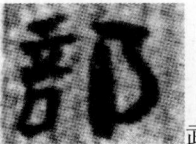

武・王杖 7

東牌樓 070 正

漢晉南北朝印風

○中部護軍章

漢晉南北朝印風

○魏部牧貳印

漢晉南北朝印風

○部曲將印

漢晉南北朝印風

○騎部曲將

漢晉南北朝印風

○騎部曲將

廿世紀璽印三-GY

○別部司馬

廿世紀璽印三-GY

○部曲督印

漢晉南北朝印風
○部曲督印

漢印文字徵
○游部將軍章

歷代印匋封泥
○西部

漢印文字徵
○東部監之印

漢晉南北朝印風
○左部將印

廿世紀璽印四-GY
○部曲督印

漢晉南北朝印風
○部曲將印

漢晉南北朝印風
○騶部私印

漢晉南北朝印風
○部曲督印

東漢・曹全碑陽

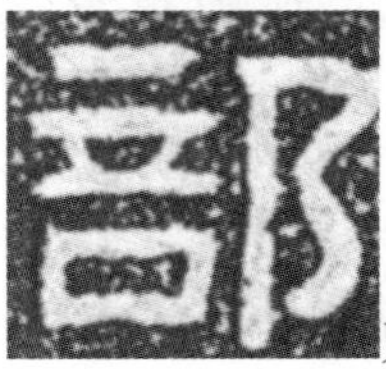

東漢・從事馮君碑

北魏・王禎誌

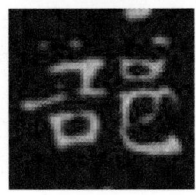

北魏・穆紹誌

【鄂】

《說文》：鄂，弘農縣庾地。从邑豆聲。

北壹・倉頡篇 13

○錯䚯津䣙鄙祁

【鄏】

《說文》：㕞，河南縣直城門官陌地也。从邑辱聲。《春秋傳》曰："成王定鼎于郟鄏。"

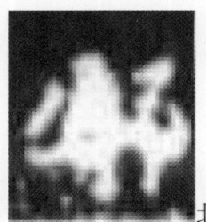

北魏・楊播誌

○定鼎於郟鄏

【鄴】

《說文》：㗊，周邑也。从邑䶜聲。

【䣛】

《說文》：䣛，周邑也。从邑祭聲。

【邙】

《說文》：䣋，河南洛陽北亡山上邑。从邑亡聲。

西晉・華芳誌
○北邙恭陵之東

北魏・元端誌
○邙山之陽

北魏・高英誌
○遷葬於邙山

北魏・元道隆誌
○北邙之西陵

北魏・辛穆誌
○邅迴邙路

北魏・元䛒誌
○于邙山陪帝之陵

北魏・元略誌
○薨於洛陽之北邙

北魏・劉氏誌
○洛邙之原陵也

北魏・吳子璨妻秦氏誌

2978

○葬于邙山之陽

北齊·吳遷誌

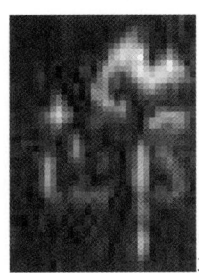

○又北過寢邱

北周·賀蘭祥誌

【鄩】

《説文》：鄩，周邑也。从邑尋聲。

【郗】

《説文》：郗，周邑也。在河内。从邑希聲。

漢印文字徵

○郗惲私印

東魏·郗蓋族誌

○前山莊縣令郗蓋

【鄆】

《説文》：鄆，河内沁水鄉。从邑軍聲。魯有鄆地。

金關 T09:105

○佗石鄆亭長婁孝君

【邶】

《説文》：邶，故商邑。自河内朝歌以北是也。从邑北聲。

【邘】

《説文》：邘，周武王子所封。在河内野王是也。从邑于聲。又讀若區。

【鄝】

《説文》：鄝，殷諸侯國。在上黨東北。从邑称聲。称，古文利。《商書》："西伯戡鄝。"

【邵】

《説文》：邵，晉邑也。从邑召聲。

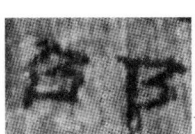

東牌樓 094 背

廿世紀璽印三-SY

漢印文字徵

漢印文字徵
○邵石

漢印文字徵
○邵乃始

漢晉南北朝印風

漢晉南北朝印風
○邵願

詛楚文・沈湫
○宗祝邵譽布告于不顯

東漢・白石神君碑

東漢・石門頌

北魏・于纂誌

北魏・元恪嬪李氏誌

北魏・元邵誌

北魏・元液誌

東魏・唐小虎造像
○邵陽之侍佛時

2380

北周・寇嶠妻誌

北周・寇嶠妻誌蓋

【鄍】

《說文》：鄍，晉邑也。从邑冥聲。《春秋傳》曰："伐鄍三門。"

【鄐】

《說文》：鄐，晉邢矦邑。从邑畜聲。

敦煌簡 1451
○鄐郚傅贛董僕

金關 T01:016
○河卒鄐釘

漢印文字徵
○鄐臣

漢印文字徵
○鄐成之印

東漢・開通褒斜道摩崖刻石
○大守鉅鹿鄐君

【鄇】

《說文》：鄇，晉之溫地。从邑矦聲。《春秋傳》曰："爭鄇田。"

【邲】

《說文》：邲，晉邑也。从邑必聲。《春秋傳》曰："晉楚戰于邲。"

【郤】

《說文》：郤，晉大夫叔虎邑也。从邑谷聲。

睡・日書乙種《家（通嫁）子□》199
○正東郤（隙）逐

睡·日書乙種《家（通嫁）子□》197

○正西郶（隙）逐

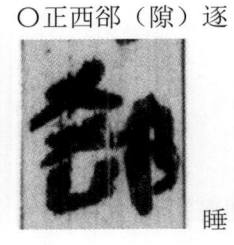

睡·日書乙種《家（通嫁）子□》198

○正北郶（隙）

武·甲《特牲》48

○用郶（絡）即

武·甲《燕禮》2

○如郶（絡）如

北壹·倉頡篇70

○罪蠱訟郶

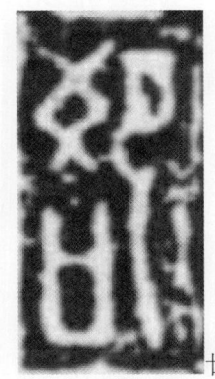

廿世紀璽印二-SY

○郶佗

廿世紀璽印三-SY

○孟郶適印

漢晉南北朝印風

○得降郶胡侯

漢晉南北朝印風

○郶里長壽

北魏·元隱誌

○退遵郶穀之務

【䣱】

《說文》：䣱，河東聞喜縣。从邑非聲。

【䣈】

《說文》：䣈，河東聞喜聚。从邑虡聲。

【郖】

《說文》：郖，河東聞喜鄉。从邑匽聲。

【�】

《说文》：�，河東臨汾地，即漢之所祭后土處。从邑癸聲。

【邢】

《说文》：邢，周公子所封，地近河內懷。从邑开聲。

漢晉南北朝印風
○邢戒印信

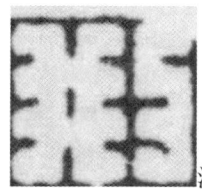

漢晉南北朝印風
○邢未央印

漢晉南北朝印風
○邢忘之印

西晉・石尠誌
○邢霸護喪

北魏・李媛華誌
○邢茅凡蔣

【鄔】

《说文》：鄔，太原縣。从邑烏聲。

秦代印風
○鄔

秦代印風
○中鄔

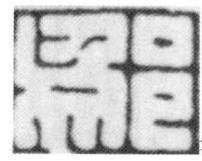

漢晉南北朝印風
○鄔福之印

三國魏・曹真殘碑
○州民玉門侯京兆鄔靖幼

【祁】

《说文》：祁，太原縣。从邑示聲。

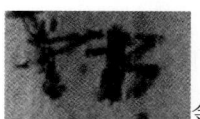

金關 T21:425
○瞿里祁道年廿五

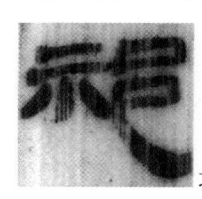

北壹・倉頡篇 13
○津邞鄔祁絑鐔

廿世紀璽印三-GP
○祁鄉

漢印文字徵

漢印文字徵

漢印文字徵

歷代印匋封泥
○祁鄉

漢晉南北朝印風

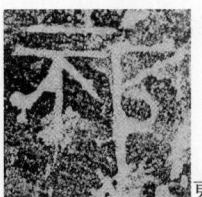

東漢・門生等字殘碑陰
○門生祁山

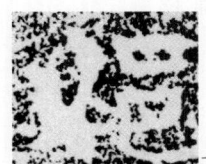

三國魏・陳蘊山誌
○葬於祁麓

東晉・温嶠誌
○并州太原祁縣

北魏・薛伯徽誌
○祁祁婦道

北魏・元譚妻司馬氏誌

【鄴】

《說文》：鄴，魏郡縣。从邑業聲。

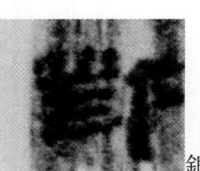

銀壹 521
○其鄴（業）賈

金關 T05:018
○魏郡鄴呂廣里士五

漢印文字徵
○鄴令之印

2984

廿世紀璽印四-GY

○鄭令之印

漢晉南北朝印風

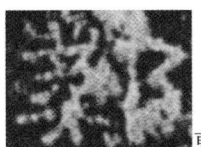

○鄭宮監印

東漢・孔宙碑陰

○門生魏郡鄭暴香

東漢・子游殘碑

東漢・譙敏碑

西晉・石尠誌

西晉・石定誌

北魏・元顼誌

北魏・元晫誌

東魏・張瑾誌

東魏・徐府君妻李氏誌

○春秋六十有二卒於鄭

東魏・李挺誌

○葬於鄭城之西南七里

北齊・高百年誌

【邢】

《說文》：邢，鄭地邢亭。从邑井聲。

2985

廿世紀璽印二-GP
○邢公

漢印文字徵
○邢昌

漢印文字徵
○邢偃

漢印文字徵
○邢安

漢印文字徵
○邢佳

北齊·報德像碑
○就邢□關榆交戒

【邯】

《說文》：邯，趙邯鄲縣。从邑甘聲。

漢銘·陽信家甗

馬壹82_68

張·奏讞書24

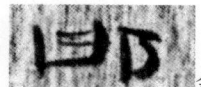

金關T01:019

第六卷

金關 T26:059

歷代印匋封泥

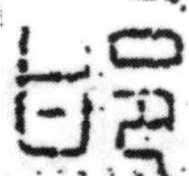

歷代印匋封泥

廿世紀璽印三-GP

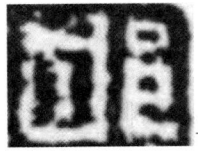

廿世紀璽印三-SY

○邯鄲循印

廿世紀璽印三-GP

○邯鄲丞印

漢印文字徵

漢印文字徵

漢印文字徵

漢晉南北朝印風

漢晉南北朝印風

東漢·三老諱字忌日刻石

東漢·三老諱字忌日刻石

北魏·元固誌

北齊·趙熾誌

【鄲】

《說文》：鄲，邯鄲縣。从邑單聲。

2987

漢銘·陽信家鼎

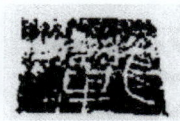

漢銘·陽信家鼎

馬壹 89_230

馬壹 82_68

張·奏讞書 24

金關 T07:038

○邯鄲臺郵里

廿世紀璽印三-GP

歷代印每封泥

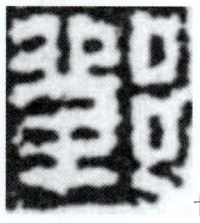

廿世紀璽印三-SY

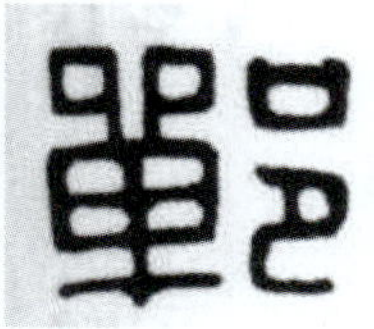

漢印文字徵

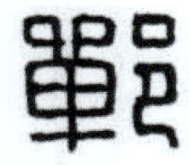

漢印文字徵

漢晉南北朝印風

漢晉南北朝印風

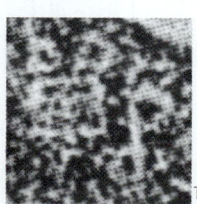

東漢·陶洛殘碑陰

北魏・元固誌

〇邯鄲舊風

【郇】

《説文》：郇，周武王子所封國，在晉地。从邑旬聲。讀若泓。

敦煌簡 1260

〇駢郇部郢功

漢印文字徵

漢印文字徵

漢晉南北朝印風

〇郇□私印

南朝梁・蕭融誌

〇祚啓郇滕

【鄃】

《説文》：鄃，清河縣。从邑俞聲。

金關 T09∶235

漢代官印選

東漢・西岳華山廟碑陽

北魏・崔勤造像

〇齊州東清河郡鄃縣人崔

【鄗】

《説文》：鄗，常山縣。世祖所卽位，今爲高邑。从邑高聲。

馬壹 86_156

馬壹 86_154

北貳・老子 25

廿世紀璽印三-GP

○鄌丞之印

漢印文字徵

○朱鄌

漢印文字徵

○鄌丞

【鄡】

《説文》：鄡，鉅鹿縣。从邑梟聲。

【鄚】

《説文》：鄚，涿郡縣。从邑莫聲。

漢印文字徵

○鄚縣馬丞印

北魏・邢偉誌

○河間鄚人也

【郅】

《説文》：郅，北地郁郅縣。从邑至聲。

里・第八層 1277

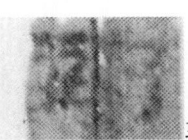

敦煌簡 1048

○郅賓一日

吳簡嘉禾・五・六四九

○男子徐郅佃田五町

廿世紀璽印三-SY

廿世紀璽印三-SY

○居郅千万

漢印文字徵
○郅襲

漢印文字徵
○郅多之印

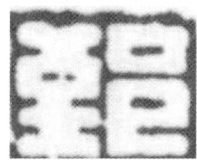

漢晉南北朝印風

漢晉南北朝印風

北魏·尹祥誌

北魏·奚智誌

【鄋】

《說文》：鄋，北方長狄國也。在夏爲防風氏，在殷爲汪茫氏。从邑叟聲。《春秋傳》曰："鄋瞞侵齊。"

【鄦】

《說文》：鄦，炎帝太嶽之胤，甫矦所封，在潁川。从邑無聲。讀若許。

【邟】

《說文》：邟，潁川縣。从邑亢聲。

【郾】

《說文》：郾，潁川縣。从邑匽聲。

北魏·元顥誌

○顧郾宛之無擊

【郟】

《說文》：郟，潁川縣。从邑夾聲。

張·秩律 458
○偃、郟、尉氏

秦代印風
○郟野

○郲丞之印
廿世紀璽印三-GP

○郲丞之印
漢印文字徵 

○郲印闇
漢印文字徵

北魏·元隱誌

○分郲誰嗣
東魏·劉懿誌 

○郲州刺史
東魏·劉懿誌 

○都督郲州諸軍事

【郪】

《說文》：郪，新郪，汝南縣。从邑妻聲。

戰晚·新郪虎符

里·第八層1023

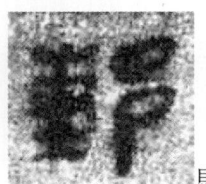

馬壹9_58 上

張·奏讞書75

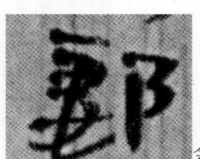

金關T02 C71

廿世紀璽印三-GP

○新郪丞印

漢印文字徵

【郎】

《說文》：郎，姬姓之國，在淮北。從邑息聲。今汝南新郎。

【郎】

《說文》：郎，汝南邵陵里。從邑自聲。讀若奚。

【鄒】

《說文》：鄒，汝南鮦陽亭。從邑旁聲。

【郪】

《說文》：郪，蔡邑也。從邑㚔聲。《春秋傳》曰："郪陽封人之女奔之。"

【鄧】

《說文》：鄧，曼姓之國。今屬南陽。從邑登聲。

漢銘·鄧中孺洗

獄·質日 355

里·第八層 136

○隸臣鄧

張·秩律 457

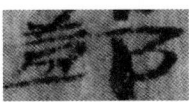

金關 T31:070

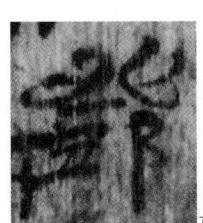

東牌樓 153 背

○鄧周

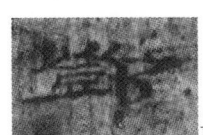

東牌樓 095

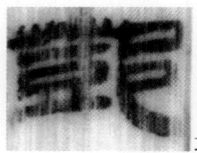

北壹・倉頡篇46
○愷襄鄠鄧析鄘

吳簡嘉禾・五・七五二
○男子鄧術佃田廿三

吳簡嘉禾・四・四五四
○男子鄧草佃田二町

吳簡嘉禾・五・一○三
○丘男鄧即佃田五町

廿世紀璽印三-SP
○鄧

廿世紀璽印三-SY
○鄧弄

廿世紀璽印三-SY
○鄧信之印

漢印文字徵
○王鄧印信

漢印文字徵
○鄧印長壽

漢印文字徵
○鄧丞之印

漢印文字徵
○鄧強

漢印文字徵
○鄧遂之印

2994

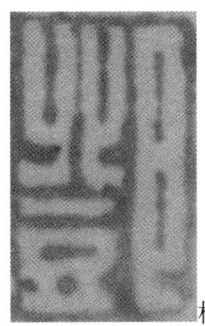

柿葉齋兩漢印萃

○鄧尼

漢晉南北朝印風

○鄧客

漢晉南北朝印風

○鄧強

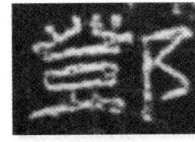

東漢・桐柏淮源廟碑

東漢・張盛墓記

北魏・元譚誌

東魏・崔令姿誌蓋

北齊・崔芬誌

○鳥亂鄧楊

北齊・暴誕誌

北齊・劉悅誌

○王比鄧禹之北渡

北周・尉遲將男誌蓋

北周・拓跋虎誌蓋

【鄾】

《說文》：鄾，鄧國地也。從邑憂聲。
《春秋傳》曰："鄧南鄙鄾人攻之。"

○午宿鄾鄉癸巳壬辰

【鄂】

《說文》：䚡，南陽淯陽鄉。从邑号聲。

北壹·倉頡篇 47
○項宛鄂鄂□

【鄛】

《說文》：䚡，南陽棗陽鄉。从邑巢聲。

【鄴】

《說文》：䚡，今南陽穰縣是。从邑襄聲。

北壹·倉頡篇 47
○鄂鄂鄴閱

【鄿】

《說文》：䚡，南陽穰鄉。从邑妻聲。

【鄳】

《說文》：䚡，南陽西鄂亭。从邑里聲。

【䣝】

《說文》：䚡，南陽舞陰亭。从邑羽聲。

【郢】

《說文》：䚡，故楚都。在南郡江陵北十里。从邑呈聲。

【邳】

《說文》：䚡，郢或省。

睡·日甲《盜者》69
○孔午郢

馬壹 87_181

敦煌簡 1260

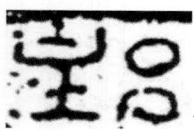

廿世紀璽印二-GP
○郢稱

2996

○郪稱 廿世紀璽印二-GP

○上官郰 秦代印風

○蘇郰 廿世紀璽印三-SY

漢印文字徵

○王郰之印 漢印文字徵

○郰相私印 漢印文字徵

○上官郰 漢印文字徵

○侯郰 漢印文字徵

○張郰 漢印文字徵

○蘇郰 漢晉南北朝印風

○王郰人 漢晉南北朝印風

東漢·景君碑

北魏·韓顯宗誌

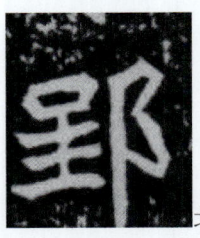

北魏·寇臻誌

北周·寇熾誌

【鄢】

《說文》：𨙼，南郡縣。孝惠三年改名宜城。从邑焉聲。

睡·編年記 14

嶽·質日 2749

里·第八層 807

馬壹 93_305

馬壹 92_294

北壹·倉頡篇 46

漢印文字徵

漢印文字徵

漢晉南北朝印風

北齊·堯峻誌

【䣜】

《說文》：䣜，江夏縣。从邑黽聲。

【䣕】

《說文》：䣕，南陽陰鄉。从邑葛聲。

【鄂】

《說文》：鄂，江夏縣。从邑㖾聲。

漢銘·鄂邑家鈁

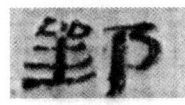

金關 T10:120B

○西鄂守丞印

北壹·倉頡篇 47

○項宛鄂鄂

漢印文字徵

○鄂丞之印

東漢·洛陽刑徒磚

○右部無任江夏鄂

東漢·楊淮表記

東漢·季度銘

○西鄂長

東魏·張瑾誌

【邔】

《說文》：邔，南陽縣。从邑己聲。

【邾】

《說文》：邾，江夏縣。从邑朱聲。

馬壹 137_62 下/139 下

○爲兵邾（主）不爲

廿世紀璽印二-GP

○邾

歷代印匋封泥

○邾吳

廿世紀璽印三-GP

○邾厲邑印

三國魏·三體石經春秋·隸書

○率師伐邾

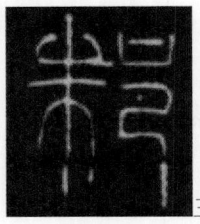

三國魏·三體石經春秋·篆文

○率師伐邾晉人敗狄于

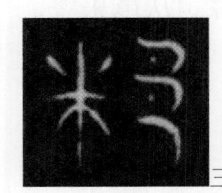

三國魏·三體石經春秋·古文

○率師伐邾晉人敗狄于

【鄖】

《說文》：䢵，漢南之國。从邑員聲。漢中有鄖關。

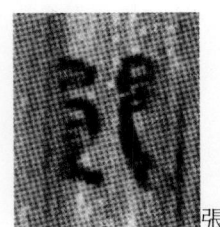

張·津關令492

○鄖關

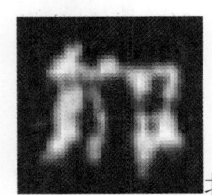

北周·宇文瓘誌

○此州控隋、鄖之沃壤

【鄘】

《說文》：鄘，南夷國。从邑庸聲。

北魏·弓比干文

北魏·辛穆誌

【�】

《說文》：鄨，䍧縣也。从邑卑聲。

里·第八層1025

○郫士五（伍）小

廿世紀璽印三-GP

○郫令之印

漢印文字徵

○郫令之印

漢晉南北朝印風

○郫令之印

【䣏】

《說文》：䣏，蜀江原地。从邑壽聲。

【䣛】

《說文》：䣛，蜀地也。从邑耤聲。

【䣢】

《說文》：䣢，蜀廣漢鄉也。从邑蔓聲。讀若蔓。

【邡】

《說文》：邡，什邡，廣漢縣。从邑方聲。

廿世紀璽印二-GP

○邡

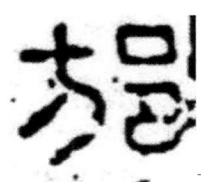

廿世紀璽印三-GP

漢印文字徵

○邡就印

漢印文字徵

東漢·西狹頌

○下辨道長廣漢汁邡任詩

【䣕】

《說文》：䣕，存䣕，犍爲縣。从邑馬聲。

漢印文字徵

○存鄢右尉

【䣕】

《說文》：䣕，牂牁縣。从邑敝聲。讀若鷩雉之鷩。

【䣌】

《說文》：䣌，地名。从邑包聲。

【䣭】

《說文》：䣭，西夷國。从邑冄聲。安定有朝䣭縣。

漢銘・張君郎君馬

漢晉南北朝印風

○朝那左尉

漢印文字徵

○朝那右尉

【鄱】

《說文》：鄱，鄱陽，豫章縣。从邑番聲。

東晉・劉媚子誌

【鄮】

《說文》：鄮，長沙縣。从邑需聲。

廿世紀璽印三-GY

○鄮右尉印

【郴】

《說文》：郴，桂陽縣。从邑林聲。

銀貳 2132

漢印文字徵

○王郴私印

廿世紀璽印四-GY

○郴令之印

【耒】

《說文》：耒，今桂陽耒陽縣。从邑

耒聲。

【鄮】

《說文》：鄮，會稽縣。从邑貿聲。

【鄞】

《說文》：鄞，會稽縣。从邑堇聲。

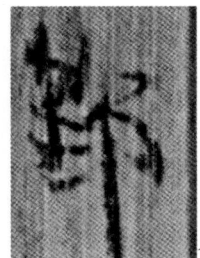

金關 T10:300

○稽郡鄞高成里

【邨】

《說文》：邨，沛郡。从邑市聲。

【邴】

《說文》：邴，宋下邑。从邑丙聲。

金關 T24:557

金關 T23:731A

○以邴政敬

漢印文字徵

○邴肆

漢印文字徵

○邴甿

漢印文字徵

○邴章印

漢印文字徵

○邴調之印

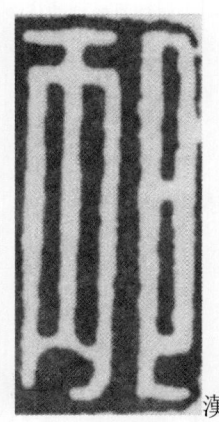

《説文》：鄑，宋魯閒地。从邑晉聲。

【郜】

《説文》：郜，周文王子所封國。从邑告聲。

金關 T01∶023
○隧卒郜賢爲張定刑

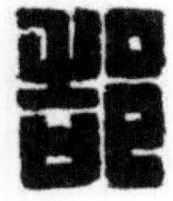

漢印文字徵
○魏郜人

【鄄】

《説文》：鄄，衛地。今濟陰鄄城。从邑㐫聲。

【邛】

《説文》：邛，邛地。在濟陰縣。从邑工聲。

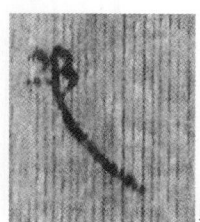

里·第八層背 1515
○邛手

漢晉南北朝印風

漢晉南北朝印風
○邴右車

東漢·北海相景君碑陰
○故書佐劇邴鍾

西晉·趙氾表

【酇】

《説文》：酇，沛國縣。从邑虘聲。

【邲】

《説文》：邲，地名。从邑少聲。

【邸】

《説文》：邸，地名。从邑臣聲。

【鄹】

《説文》：鄹，宋地也。从邑巤聲。讀若讒。

【鄑】

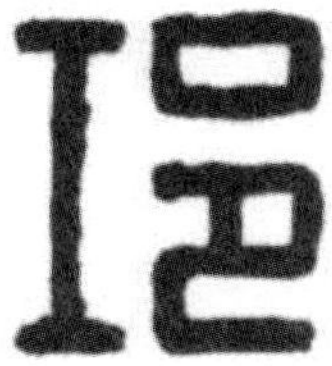

漢印文字徵

漢代官印選

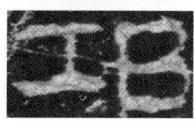

東漢・何君閣道銘

○臨邛舒鮪

北周・須蜜多誌

○問政邛都

北周・鄭術誌

○邛笮未賓

【郐】

《說文》：郐，祝融之後，妘姓所封。溝洧之間。鄭滅之。从邑會聲。

歷代印匋封泥
○郐負

東魏・鄭君殘碑
○號郐之□

【邧】

《說文》：邧，鄭邑也。从邑元聲。

【𨛷】

《說文》：𨛷，鄭地。从邑延聲。

【郠】

《說文》：郠，琅邪莒邑。从邑更聲。《春秋傳》曰："取郠。"

【䣥】

《說文》：䣥，妘姓之國。从邑禹聲。《春秋傳》曰："䣥人籍稻。"讀若規榘之榘。

【鄒】

《說文》：鄒，魯縣，古邾國，帝顓頊之後所封。从邑芻聲。

秦代印風
○鄒劉

廿世紀璽印三-SY
○鄒齒

廿世紀璽印三-GP
○梁鄒丞印

漢印文字徵
○鄒廣意

歷代印匋封泥
○梁鄒邑丞

柿葉齋兩漢印萃
○鄒應奎印

漢印文字徵
○梁鄒邑丞

漢印文字徵
○鄒官之印

漢印文字徵
○鄒明

漢印文字徵
○鄒光

漢印文字徵
○鄒印定國

漢印文字徵

○鄒喜

漢晉南北朝印風

○鄒閔之印

漢晉南北朝印風

○鄒覃私印

東漢·孔宙碑陰

○門生濟南梁鄒趙震

東晉·高句麗好太王碑

○就鄒城

北魏·張正子父母鎮石

○合葬於先妣鄒氏孺人塋域

北魏·楊熙儼誌

○亦今古於鄒枚

北魏·元乂誌

○業通鄒魯

北魏·元暐誌

○鄒牧之侶

東魏·房悅誌

○託鄒馬於後車

【邾】

《説文》：邾，邾下邑地。从邑余聲。魯東有邾城。讀若塗。

【郱】

《説文》：郱，附庸國。在東平亢父郱亭。从邑寺聲。《春秋傳》曰："取郱。"

【郰】

《説文》：郰，魯下邑。孔子之鄉。从邑取聲。

【郕】

《說文》：郕，魯孟氏邑。从邑成聲。

【郁】

《說文》：郁，周公所誅郁國。在魯。从邑奄聲。

【鄪】

《說文》：鄪，魯下邑。从邑畁聲。《春秋傳》曰："齊人來歸鄪。"

【郎】

《說文》：郎，魯亭也。从邑良聲。

漢銘・中山內府銅盆二

漢銘・中山內府鈁一

漢銘・青羊畢少郎葆調

漢銘・建武卅二年弩鐖

漢銘・張君郎君馬

漢銘・中山內府銅銷三

漢銘・中山內府銅銷二

漢銘・中山內府銅銷一

漢銘・建武卅二年弩鐖

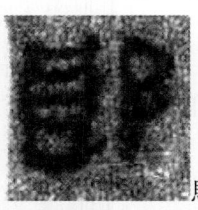

馬壹 120_11 上

張・津關令 513

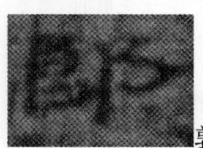

敦煌簡 1871

金關 T23:619

武・王杖 5

東牌樓 031 背

○知中郎將至

北壹·倉頡篇 54

歷代印匋封泥

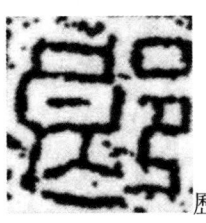

歷代印匋封泥

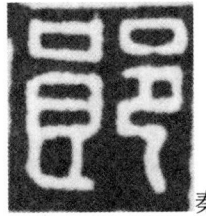

秦代印風

廿世紀璽印三-GP

○郎中西田

廿世紀璽印三-GP

廿世紀璽印三-SY

漢晉南北朝印風

漢印文字徵

○郎印弘之

漢印文字徵

○常充郎印

漢印文字徵

○郎中户將

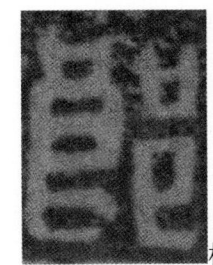

柿葉齋兩漢印萃

第六卷

柿葉齋兩漢印萃

漢代官印選

柿葉齋兩漢印萃

漢印文字徵

歷代印匋封泥

歷代印匋封泥

漢代官印選

漢代官印選

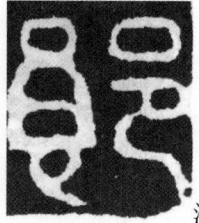

漢代官印選

漢印文字徵

○馬克郎

漢代官印選

漢代官印選

漢代官印選

廿世紀璽印四-GY

漢晉南北朝印風

廿世紀璽印四-GY

漢晉南北朝印風

漢晉南北朝印風

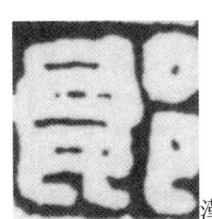

漢晉南北朝印風

東漢·呂仲左郎刻石

○左郎□

東漢·永平四年畫像石題記

東漢·尚博殘碑

東漢·馮緄碑

○上病辟同產弟徵議郎

東漢·張角等字殘碑

東漢·趙菿殘碑額

○漢故郎中

東漢·曹全碑陽

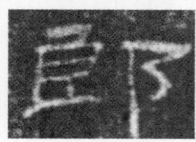

東漢・西狹頌	西晉・石尠誌
東漢・孔宙碑陽	西晉・荀岳誌
東漢・禮器碑陰	北魏・馮迋男誌
東漢・譙敏碑	北魏・元恭誌
三國魏・孔羨碑	北魏・元熙誌
三國魏・曹真殘碑	北魏・元悝誌
三國魏・張君殘碑	北魏・封魔奴誌
西晉・石尠誌	

第六卷

北魏·元進誌
○魏故符璽郎中元進墓誌

北魏·長孫瑱誌

北魏·元廣誌

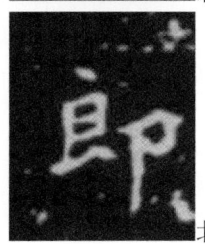

北魏·元悅誌
○辟員外郎

北魏·趙超宗誌
○拜左中郎將尋陽伯

北魏·韓顯宗誌蓋
○魏故著作郎韓君墓誌

北魏·段峻德誌

北齊·石信誌

北齊·暴誕誌

北齊·赫連子悅誌

北齊·雲榮誌

【邳】

《說文》：𨘣，奚仲之後，湯左相仲虺所封國。在魯薛縣。从邑丕聲。

東牌樓095
○鄧邳再拜

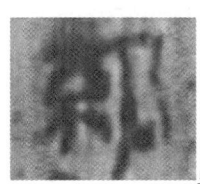

吳簡嘉禾·四·二二一
○男子黃邳

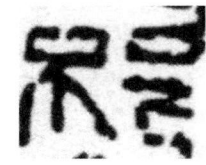

廿世紀璽印三-GP

3013

○邳亭

廿世紀璽印三-GP

○下邳丞印

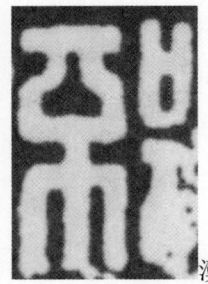

漢晉南北朝印風

○下邳中尉司馬

漢代官印選

○下邳丞印

歷代印匋封泥

○下邳丞印

漢印文字徵

○下邳丞印

漢印文字徵

○下邳中尉司馬

東漢·建寧三年殘碑

○下邳令

東漢·孔宙碑陰

○弟子下邳朱班

東漢·楊淮表記

○字伯邳

東漢·楊淮表記

○伯邳從弟諱彌

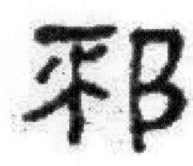

東漢·成陽靈臺碑

○遷下邳尉

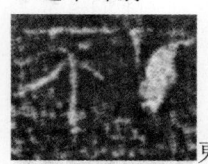

東漢·禮器碑陰

○下邳周宣光二百

北魏・元龍誌

北魏・皮演誌

南朝齊・劉岱誌

〇夫人下邳趙淑媛

【鄣】

《說文》：鄣，紀邑也。从邑章聲。

獄・為吏 21

馬壹 266_8 欄

馬壹 266_8 欄

張・賊律 1

敦煌簡 1998

〇玉門鄣尉

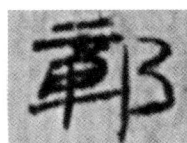

金關 T05:068A

北壹・倉頡篇 62

漢印文字徵

漢晉南北朝印風

北齊·三十五佛名經

【邗】

《説文》：邗，國也，今屬臨淮。从邑干聲。一曰邗本屬吳。

北壹·倉頡篇47

北齊·高建妻王氏誌

北齊·韓裔誌

【郪】

《説文》：郪，臨淮徐地。从邑義聲。《春秋傳》曰："徐郪楚。"

懷后磬

【郈】

《説文》：郈，東平無鹽鄉。从邑后聲。

【郯】

《説文》：郯，東海縣。帝少昊之後所封。从邑炎聲。

廿世紀璽印三-GP

漢印文字徵

東晉·劉克誌

北齊·嚴□順兄弟造像

【郚】

《説文》：郚，東海縣。故紀侯之邑也。从邑吾聲。

【酅】

《説文》：酅，東海之邑。从邑巂聲。

【鄫】

《説文》：鄫，姒姓國。在東海。从邑曾聲。

北齊·劉悅誌

○耗鄲滅虢

【邪】

《說文》：𨙻，琅邪郡。从邑牙聲。

[图] 戰晚・十七年丞相啓狀戈

[图] 漢銘・上林量

[图] 睡・語書 6

○養匿邪避（僻）

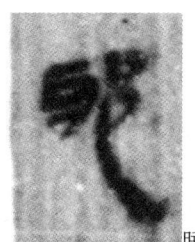

[图] 睡・秦律十八種 89

○繕參邪可殹也

[图] 里・第八層 2129

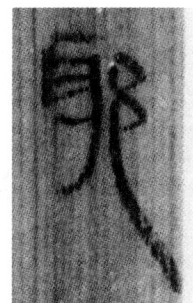

○狼（琅）邪

[图] 馬壹 92_293

○爲存邪是計一得

[图] 馬壹 77_81

○大邦邪

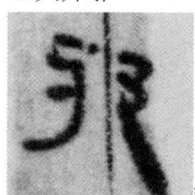

[图] 銀壹 898

○爲禁邪除害

[图] 銀貳 1017

○處邪是是而弗能居

[图] 北貳・老子 83

○無爭邪

[图] 敦煌簡 0241

○言人邪將留外也

第六卷

○琅邪左鹽

廿世紀璽印三-GP

○琅琊邑丞

廿世紀璽印三-GP

○琅邪尉丞

漢晉南北朝印風

○琅邪左鹽

歷代印匋封泥

○琅邪相印章

漢晉南北朝印風

○琅邪相印章

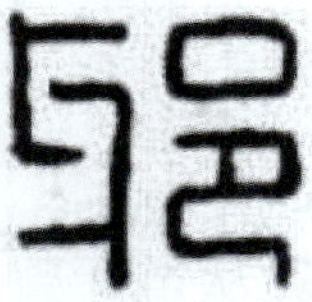

漢印文字徵

○琅左邪鹽

漢印文字徵

○趙良邪

漢印文字徵

漢印文字徵

○□驕邪印

漢代官印選

○琅邪太守章

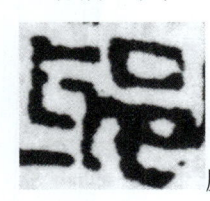

歷代印匋封泥

○琅邪邑丞

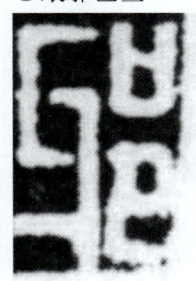

廿世紀璽印四-GY

○琅邪典書令印

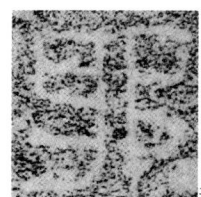

新莽・蘇馬灣刻石

○琅邪郡柜爲

東漢・曹全碑陽

○彈枉糾邪

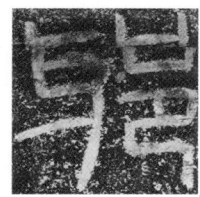

東漢・劉君石柱殘石

○琅邪相劉

東漢・元嘉元年畫像石墓題記一

○主守中雷辟邪央

北魏・司馬顯姿誌

○曾祖司徒琅邪貞王

北魏・王誦誌

○徐州琅邪臨沂人

東魏・廣陽元湛誌

○母琅邪王氏

北周・叱羅協誌

○値興州刺史楊辟邪率民反叛

【郱】

《說文》：郱，琅邪縣。一名純德。从邑幷聲。

廿世紀璽印三-GP

○郱丞

漢印文字徵

○郱平印

漢印文字徵

○郱丞

歷代印匋封泥

○郱丞

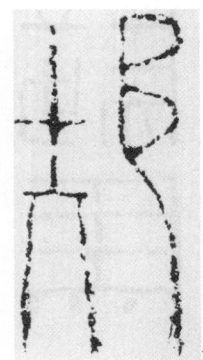

漢晉南北朝印風

○郱郭

【郱】

《說文》：郱，齊地也。从邑幷聲。

【郭】

《說文》：郭，齊之郭氏虛。善善不能進，惡惡不能退，是以亡國也。从邑章聲。

漢銘·永元六年鐎

漢銘·館陶郭小鐎

漢銘·永和二年鐎

漢銘·永元六年弩鐖

睡·為吏3

獄·為吏19

○郭道不治

獄·占夢書27

馬壹45_69上

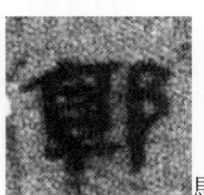

馬壹45_68上

馬貳8_12中\16

馬貳 243_252

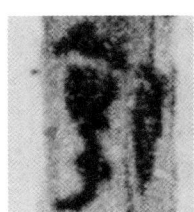

銀壹 783

敦煌簡 2425

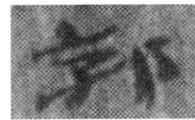

敦煌簡 1028

○鄣卒郭縱病

金關 T25:049

吳簡嘉禾·五·四九四

吳簡嘉禾·五·六〇二

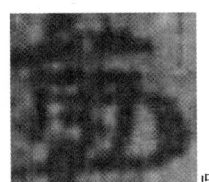

吳簡嘉禾·五·一六七

○錢其郭田畝收錢

秦代印風

秦代印風

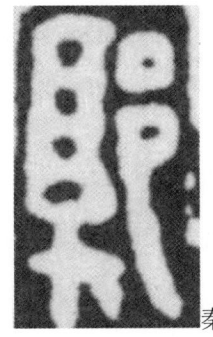

秦代印風

廿世紀璽印三-SY

廿世紀璽印三-SY

廿世紀璽印三-SY

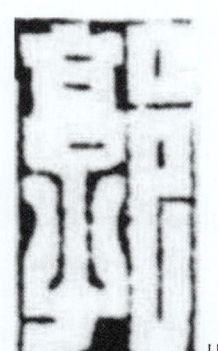

廿世紀璽印三-SY
○郭安

漢印文字徵
○郭敞之印

柿葉齋兩漢印萃

柿葉齋兩漢印萃

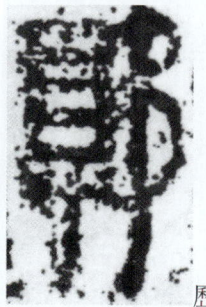

歷代印匋封泥
○郭賢

歷代印匋封泥
○郭音私印信

柿葉齋兩漢印萃

漢印文字徵
○郭尚之印信

柿葉齋兩漢印萃

漢印文字徵
○郭雠

漢印文字徵

○郭立印

漢印文字徵

○郭昂之印

漢印文字徵

○請郭邑丞

漢晉南北朝印風

○郭建德印

漢晉南北朝印風

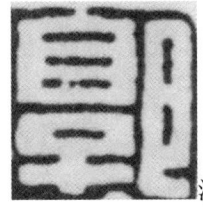

漢晉南北朝印風

漢晉南北朝印風

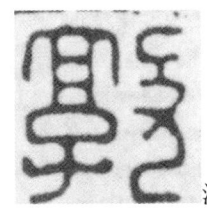

漢晉南北朝印風

○郭忠印信

漢晉南北朝印風

○郭世之印

漢晉南北朝印風

漢晉南北朝印風

漢晉南北朝印風

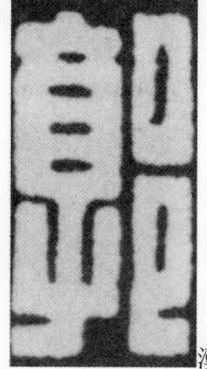

漢晉南北朝印風

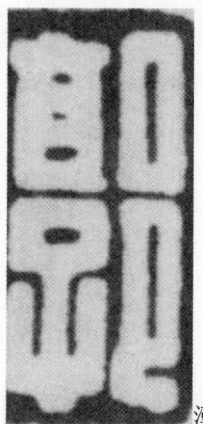

漢晉南北朝印風

漢晉南北朝印風

漢晉南北朝印風

漢晉南北朝印風

漢晉南北朝印風

漢晉南北朝印風

漢晉南北朝印風

○郭安國

漢晉南北朝印風

○郭襄私印

漢晉南北朝印風

○郭諫信印

漢晉南北朝印風

漢晉南北朝印風

○郭康私印

西漢·楚王墓塞石銘

○天述葬棺郭（椁）

東漢·華岳廟殘碑陰

東漢·乙瑛碑

東漢·元嘉元年畫像石墓題記一

東漢·元嘉元年畫像石墓題記一

東漢·郭稚文畫像石墓題記

○郭稚文萬年室宅

東漢·曹全碑陽

東漢·郭季妃畫像石墓題記

○西河圜陽郭季妃之郭（椁）

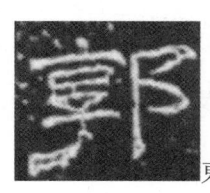

東漢·桐柏淮源廟碑

東漢·郭季妃畫像石墓題記
○西河圜陽郭
東晉·張鎮誌 
北魏·郭□買地券 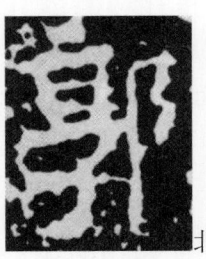
北魏·郭定興誌 
○魏故河澗太守郭君墓誌
北魏·郭顯誌 
北魏·王悅及妻郭氏誌 

【郳】

《說文》：郳，齊地。从邑兒聲。《春秋傳》曰："齊高厚定郳田。"

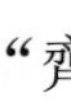

【郭】

《說文》：郭，郭海地。从邑𦎧聲。一曰地之起者曰郭。

里·第八冊220

漢印文字徵
○股郭之印

漢印文字徵
○郭郭

漢印文字徵
○臣郭

漢印文字徵
○李郭

漢印文字徵
○□郭

漢印文字徵
○蒋郭

北魏·封魔奴誌
○冀州刺史郭（勃）海定公

東魏·高盛碑
○郭（勃）海條人

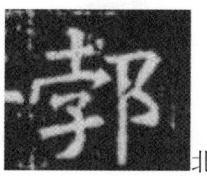

北齊·高湑誌

【鄆】

《說文》：鄆，國也。齊桓公之所滅。从邑覃聲。

【郇】

《說文》：郇，地名。从邑句聲。

【郂】

《說文》：郂，陳留鄉。从邑亥聲。

【䣜】

《說文》：䣜，故國。在陳留。从邑戔聲。

廿世紀璽印二-GP
○䣜

【鄢】

《說文》：鄢，地名。从邑燕聲。

【邱】

《說文》：邱，地名。从邑丘聲。

秦文字編 1017

北魏·翟普林造像

北周·王通誌

【挐】

《說文》：挐，地名。从邑如聲。

【邒】

《說文》：邒，地名。从邑丑聲。

【邟】

《說文》：邟，地名。从邑几聲。

【郐】

《說文》：郐，地名。从邑僉聲。

【邟】

《說文》：邟，地名。从邑求聲。

【鄹】

《說文》：鄹，地名。从邑嬰聲。

【鄗】

《說文》：鄗，地名。从邑尚聲。

北周·叱羅協誌

○上鄗

【邢】

《說文》：邢，地名。从邑并聲。

【鄘】

《說文》：鄘，地名。从邑虖聲。

【𨛜】

《說文》：𨛜，地名。从邑火聲。

【鄝】

《說文》：鄝，地名。从邑翏聲。

【鄥】

《說文》：鄥，地名。从邑爲聲。

漢印文字徵

○鄥福之印

【邨】

《說文》：邨，地名。从邑屯聲。

【舍】

《說文》：舍，地名。从邑舍聲。

里·第八層背 60

○燓道郤敢告

馬壹 43_40 上

○君卑體（體）屈貌以郤（舒）孫（遜）以下

廿世紀璽印三-SY

○郤晏

漢印文字徵

○李郤私印

漢印文字徵

○呂寬郤印

漢印文字徵

○高寬郤印

漢印文字徵

○杜印溫郤

【郃】

《説文》：郃，地名。从邑盇聲。

【䣊】

《説文》：䣊，地名。从邑乾聲。

【鄌】

《説文》：鄌，地名。从邑酓聲。讀若淫。

【邖】

《説文》：邖，地名。从邑山聲。

【鄞】

《説文》：鄞，地名。从邑臺聲。臺，古堂字。

【鄸】

《説文》：鄸，姬姓之國。从邑馮聲。

【郲】

《説文》：郲，汝南安陽鄉。从邑，黐省聲。

漢印文字徵

〇郥儀之印

【郙】

《說文》：郙，汝南上蔡亭。從邑甫聲。

【酈】

《說文》：酈，南陽縣。從邑麗聲。

漢銘·酈偏鼎

里·第八層 316

張·秩律 457

張·奏讞書 74

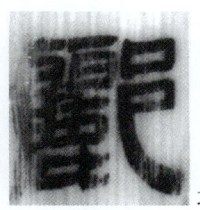

北壹·倉頡篇 46

漢印文字徵

漢印文字徵

漢晉南北朝印風

東漢・桐柏淮源廟碑

北周・若干雲誌

【酇】

《說文》：酇，地名。从邑贊聲。

【㔿】

《說文》：㔿，从反邑。䢔字从此。
闕。

〖邔〗

秦文字編 1019

〖邚〗

金關 T24:255

○陽紘邚里黃充年廿

〖那〗

漢銘・朝那鼎

張・秩律 451

○朝那、陰密

居・EPT51.477

○穀那丹

歷代印匋封泥

○郍公

東漢・西狹頌

○下辨丞安定朝那皇甫彥

北魏・解伯都等造像

○唯那解伯都卅二人等

北魏・四十一人等造像

○唯那潘伯年

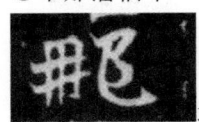

北魏・韓顯祖造像

東魏·杜文雅造像
○唯那杜英俊

東魏·王蓋周造像
○維那王承祖

東魏·王蓋周造像
○維那王承祖

東魏·廉富等造像側

北齊·張洪慶等造像
○唯那張蒲昌三十五人

北齊·王貴姜等造像
○大維那王貴姜□佛

北齊·無量義經二

北齊·邑羲等造靈塔記
○詎照刹那之性

北齊·惠旻造像
○敬造盧舍那像一

〖邜〗

里·第八層1025
○小莫邜

〖郝〗

北壹·倉頡篇76
○擊陬雋陼郝鄧

〖郟〗

漢印文字徵
○張郟之印

【都】

漢印文字徵

○便都

【郜】

秦文字編 1019

【鄄】

北壹・倉頡篇 76

○擊陬隽豬郝鄄

漢印文字徵

○鄄種己

【郥】

馬壹 105_57\226

○能鬘（差）郥（池）亓（其）羽

【鄯】

里・第八層 1712

○病有鄯廱

【郊】

廿世紀璽印二-SP

○咸郊里眛

廿世紀璽印二-SP

○咸郊里夫

【郭】

漢印文字徵

○郭遷印信

3033

〖郔〗

漢印文字徵
○郔印萬年

〖邟〗

詛楚文・巫咸

〖郾〗

廿世紀璽印二-SP
○咸郾里紀

廿世紀璽印二-SP
○咸郾小有

廿世紀璽印三-SP
○咸郾里善

秦代印風
○咸郾里竭

歷代印匋封泥
○咸郾里善

歷代印匋封泥
○咸郾里誇

歷代印匋封泥
○咸郾里致

歷代印匋封泥
○咸郾里稿

歷代印匋封泥

○咸郿小有

〖邧〗

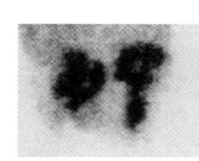

銀壹 36

○千邧（仞）

〖郹〗

漢印文字徵

○郹丞

〖䣈〗

吳簡嘉禾・五・二〇四

○男子烝䣈

〖鄍〗

漢印文字徵

○鄍笑

漢印文字徵

○鄍毋方

詛楚文・巫咸

〖鄻〗

漢印文字徵

○鄻赤之印

〖鄏〗

北魏・于景誌

○幽鄏（隔）兩宮

〖䢵〗

秦文字編 1018

【鄒】

漢印文字徵

○鄒纍

【鄳】

廿世紀璽印二-GP

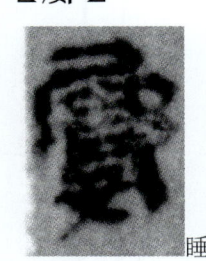

○鄳竽

【鄐】

漢印文字徵

○鄐詘

【酈】

西魏·辛養志

○□戎酈落

【䣜】

北魏·郭□各造像

【鄾】

睡·日甲《詰》53

○繹（釋）鄾（屨）

【鄭】

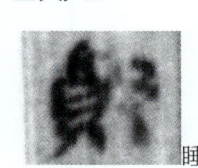

睡·日甲《毀弃》103

○鑿井鄭以

【鄩】

秦文字編1019

【鄶】

廿世紀璽印二-SP

○鄜

㠱部

【㠱】

《說文》：𨙻，鄰道也。从邑从㠱。凡㠱之屬皆从㠱。闕。

【鄉】

《說文》：𨞰，國離邑，民所封鄉也。嗇夫別治。封圻之内六鄉，六鄉治之。从㠱皀聲。

漢銘・西鄉鈁

漢銘・西鄉頂蓋

睡・秦律十八種 21
○及倉鄉相雜以印之

睡・效律 28

睡・日甲 21
○東方鄉（嚮）井

睡・日甲《馬祿》158

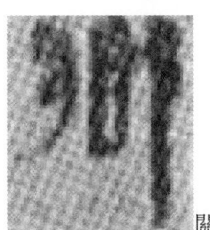

關・日書 263

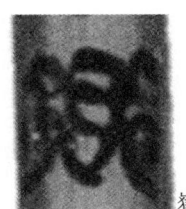

嶽・質日 3513

里・第八層 1147

馬壹 90_259

馬壹 44_36 下

馬貳 20_27 上

張・具律 104

張・蓋廬 20

張・引書 36

銀貳 1020

北貳・老子 46

敦煌簡 2367A

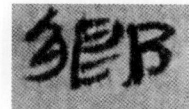

金關 T10:315A

武・儀禮甲《士相見之禮》4

武・甲《秦討》9

東牌樓 131

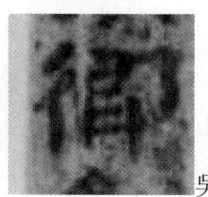

吳簡嘉禾・六零三六
〇右樂鄉入民所貸

吳簡嘉禾・八三二七
〇廣成鄉調麂皮一鹿

秦代印風

秦代印虱

秦代印匡

第六卷

秦代印風

廿世紀璽印三-GY

秦代印風

秦代印風

漢晉南北朝印風

廿世紀璽印三-GY

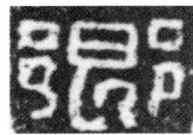

廿世紀璽印三-GY

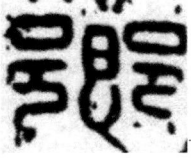

廿世紀璽印三-GP

廿世紀璽印三-GP

廿世紀璽印三-GP

漢晉南北朝印風

漢晉南北朝印風

漢晉南北朝印風

漢晉南北朝印風

漢晉南北朝印風

漢晉南北朝印風

廿世紀璽印三-GY

漢晉南北朝印風

漢晉南北朝印風

漢晉南北朝印風

漢晉南北朝印風

漢晉南北朝印風

漢晉南北朝印風

漢印文字徵

○鄉仁之印

柿葉齋兩漢印萃

漢印文字徵

漢印文字徵

漢印文字徵

○高鄉

漢印文字徵

漢印文字徵

○北鄉之印

歷代印封泥

漢代官印選

漢代官印選

歷代印匋封泥

歷代印匋封泥

歷代印匋封泥

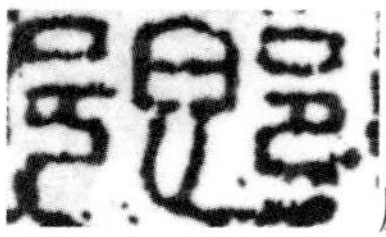

歷代印匋封泥

歷代印匋封泥

歷代印匋封泥

歷代印匋封泥

歷代印匋封泥

漢印文字徵

○宜造鄉印

漢晉南北朝印風

漢晉南北朝印風

○膂鄉

廿世紀璽印四-GY

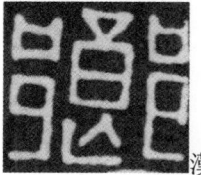

漢晉南北朝印風

東漢・孫琮畫像石墓題記

東漢・李固殘碑

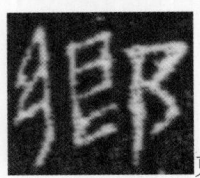

東漢・薌他君石柱題記額

東漢・張景造土牛碑

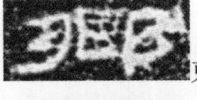

東漢・倉頡廟碑側

東漢・尹宙碑

東漢・曹全碑陽

東漢・曹全碑陰

○鄉三老司馬集仲裳五百

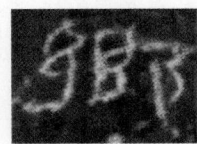

東漢・曹全碑陰

○故鄉嗇夫曼駿安雲

東漢・張遷碑陽

東漢・任城王墓黃腸石

○金鄉陳能

東漢・從事馮君碑

三國魏・張尋殘碑

西晉・乳休碑額

○南鄉太守

西晉・裴晃碑

北魏・元引誌

北魏・韓彥雲誌蓋

○黃縣都鄉石羊里

北魏・王翊誌

北魏·郭顯誌

北魏·崔承宗造像

北魏·檀賓誌

北魏·元子直誌

北魏·李榘蘭誌

北魏·王誦妻元妃誌

○臨沂縣都鄉南仁里

北魏·馮會誌

○窆於中鄉穀城里

北魏·楊胤誌

北魏·鄭君妻誌

○蕪沒佐鄉

北魏·司馬金龍墓表

○肥鄉孝敬里

北魏·元理誌

○鄉遂忽以延興四年春秋

北魏·楊穎誌

東魏·李次明造像

○鄉故縣村安

北齊·石信誌

○南鄉縣開國子

北周·宇文儉誌

北周·安伽誌

【巷】

《說文》：𨞵，里中道。从𨙨从共。皆在邑中所共也。

【衖】

《說文》：衖，篆文从𨙨省。

睡·法律答問 186

獄·數 67

○居之巷

馬壹 11_75 上

○遇主于巷无咎

張·秩律 53

銀貳 1834

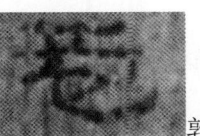

敦煌簡 1113

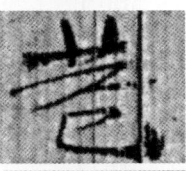

金關 T01 121

北壹·蒼頡篇 53

○街巷垣廧

廿世紀璽印三-GP

○永巷

廿世紀璽印三-GP

○長信永巷

廿世紀璽印三-GY

○楚永巷印

漢印文字徵

○薛巷

漢印文字徵

○魯巷夫印

漢印文字徵

○王巷

漢印文字徵

○楚永巷丞

歷代印匋封泥

○長信永巷

漢晉南北朝印風

○薛巷

東漢・曹全碑陽

北魏・李超誌

北魏・元寧誌

北魏・元悌誌

北魏・元敷誌

北齊・姜纂造像

〖嚮〗

東漢・成陽靈臺碑

西晉・臨辟雍碑

北魏・趙廣者誌

北魏・元瑛誌

北魏・王基誌

東魏・杜文雅造像

東魏・馮令華誌

東魏・陸順華誌